Deutschdidaktik aktuell

Hrsg. von Günter Lange · Karl Schuster · Werner Ziesenis

Band 4

Spielen mit Sprache im ersten bis sechsten Schuljahr

von

Wilhelm Steffens

Schneider Verlag Hohengehren GmbH

Deutschdidaktik aktuell

Herausgegeben von Günter Lange, Karl Schuster, Werner Ziesenis

Umschlaggestaltung: Wolfgang H. Ariwald, BDG, 59519 Möhnesee

Gedruckt auf umweltfreundlichem Papier (chlor- und säurefrei hergestellt).

Die Deutsche Bibliothek – CIP-Einheitsaufnahme

Steffens, Wilhelm:
Spielen mit Sprache im ersten bis sechsten Schuljahr / von Wilhelm Steffens. –
Baltmannsweiler : Schneider-Verl. Hohengehren, 1998
   (Deutschdidaktik aktuell ; Bd. 4)
   ISBN 3-89676-096-3

© Schneider Verlag Hohengehren, 1998.
   Printed in Germany – Druck: Wilhelm Jungmann Göppingen

Inhaltsverzeichnis

Vorwort der Reihenherausgeber

Deutschdidaktik aktuell ist eine neue Studienreihe, in der möglichst viele relevante Themen des Faches Deutsch in grundlegenden Monographien behandelt werden. Alle Bände dieser Reihe besitzen in der Regel eine vergleichbare Struktur. In einem ersten Teil werden jeweils die theoretischen Grundlagen eines Themas dargestellt, und zwar sowohl die fachwissenschaftlichen Voraussetzungen als auch die entsprechende didaktische Diskussion. In einem zweiten Teil werden Fragen der Unterrichtspraxis behandelt und, wenn möglich, konkrete Unterrichtsmodelle vorgestellt.

Deutschdidaktik aktuell plant und bietet Einzelbände:

– zu den Fragen der Deutschdidaktik
  (z.B. Schriftspracherwerb, handlungs- und produktionsorientierter Literaturunterricht, projektorientierter Deutschunterricht)

– zur Sprachdidaktik
  (z.B. Grammatikunterricht, mündlicher Sprachgebrauch, schriftlicher Sprachgebrauch, Didaktik des Rechtschreibens)

– zur Literatur- und Mediendidaktik
  (z.B. Drama, Roman, epische Kurzformen, Kinder- und Jugendliteratur, Theater, Zeitung und Zeitschrift, Film und Fernsehspiel im Unterricht).

Dabei können die einzelnen Themen mit Stufenschwerpunkt oder schulstufenübergreifend behandelt werden.

Deutschdidaktik aktuell richtet sich an ein breites Lesepublikum, also nicht vorrangig an Hochschullehrerinnen und -lehrer, sondern vielmehr an Studentinnen und Studenten, Referendarinnen und Referendare, Lehrerinnen und Lehrer.

„Spielen mit Sprache" hat seit der Reformpädagogik eine lange und wechselvolle Geschichte hinter sich gebracht. Der Kreativitätsgedanke, der diesem Ansatz zugrunde liegt, war ein zentraler Gedanke der Kunsterziehungsbewegung; er war gegen die traditionelle, autoritäre Lernschule, gegen Verwissenschaftlichung und Intellektualismus gerichtet und zielte auf eine „Erziehung zur Genussfähigkeit", aber nicht als Selbstzweck, sondern zur Veränderung des allgemeinen Kulturverständnisses.

Nach dem Zweiten Weltkrieg knüpfte man recht unkritisch an diese reformpädagogischen und kunsterzieherischen Gedanken wieder an, bis sie durch die Reformdiskussion um 1970, durch die Propagierung eines „kritischen Deutschunterrichts" und die Curriculumdiskussion mit ihrer Forderung nach operationalisierbaren Lernzielen einer massiven Kritik unterworfen wurden. Seit Mitte der 70er Jahre konnte man in der deutschdidaktischen Diskussion dann wieder Gegenbewegungen erkennen, in denen der „kritische Deutschunterricht" wie die analytischen Verfahren in Frage gestellt wurden und u. a. der Gedanke eines kreativen Umgangs mit Sprache sich Bahn brach.

Einen wichtigen Vertreter dieses anderen Deutschunterrichts haben wir in Wilhelm Steffens vor uns, der als engagierter und kenntnisreicher Praktiker und Hochschullehrer schon früh den Einseitigkeiten eines „kritischen Deutschunterrichts" entgegensteuerte und zusammen mit einigen anderen Kolleginnen und Kollegen die verschütteten und z. T. diskreditierten Prinzipien der Reformpädagogik in der deutschdidaktischen Diskussion der 70er Jahre wieder belebte. Seine Monographie „Spielen mit Sprache" von 1981 war das Ergebnis jahrelanger praktischer und theoretischer Arbeit.

Dieses wichtige Buch liegt hier nun in einer völlig überarbeiteten Form vor. Die Diskussion der letzten zwanzig Jahre wurde von Wilhelm Steffens gründlich aufgearbeitet, die Fülle der Sprachspiele in der Erwachsenen-, Kinder- und Jugendliteratur hat er einer sorgfältigen fachwissenschaftlichen und fachdidaktischen Analyse unterzogen und ihre anregendsten Beispiele im Unterricht praktisch erprobt. Von den dabei entstandenen Schülertexten breitet er hier zahlreiche überzeugende Beispiele aus, die den Studierenden, den Referendarinnen und Referendaren, aber auch den „gewieften Praktikern" Mut machen sollen, ihren Deutschunterricht kreativ und produktiv zu gestalten.

Wilhelm Steffens entwirft keine „Meisterlehre", denn das Besondere an seinem Buch ist es, dass das „Spielen mit Sprache" eine differenzierte fachwissenschaftliche und fachdidaktische Begründung erfährt und dass die einzelnen Beispieltexte einer genauen literarischen und linguistischen Analyse unterzogen werden. Wilhelm Steffens entwickelt in diesem Zusammenhang ein Modell, das es auf einfache Weise möglich macht, Sprachspiele literarisch und linguistisch zu durchschauen und didaktisch zu reflektieren. Dem Praktiker bietet das Buch zahlreiche konkrete Beispiele für den eigenen Unterricht.

„Spielen mit Sprache" ist keinem der traditionellen Lernbereiche des Deutschunterrichts eindeutig zuzuordnen, vielmehr liegt dieses „Lernfeld" quer zu den Lernbereichen, da es Aspekte besitzt, die in den Grammatikunterricht, den Literaturunterricht, den Aufsatzunterricht, z. T. sogar in den Rechtschreibunterricht gehören. „Spielen mit Sprache" erweist sich also als ein lernbereichsübergreifendes Verfahren zur Auseinandersetzung mit Sprache.

Bamberg/Göttingen   im Sommer   Günter Lange
                                                              Karl Schuster
                                                              Werner Ziesenis

Vorwort

Spielen und Kreativität haben seit dem pädagogischen und kinderpsychologischen Aufbruch der Reformpädagogik zu Beginn unseres Jahrhunderts eine nahezu beständige Wertschätzung erfahren. In der Zwischenzeit galt es jedoch auch, deren pädagogische, didaktische und fachdidaktische Aspekte angesichts gegenläufiger Strömungen zur Geltung zu bringen. Eine solche Phase haben wir beispielsweise in den 60er und frühen 70er Jahren durchlebt. Im Zeichen der Curriculumdiskussion, der ihr eingelagerten Lernzieleuphorie und der sie begleitenden Strömungen schien es tatsächlich eine Zeitlang, als könnten sie verdrängt werden. Sowohl unter allgemein- als auch unter fachdidaktischen Aspekten erwiesen sich Kreativität und Spielen aber aufs neue als Fundamente einer humanen Schule und fröhlichen, motivierenden und zugleich ertragreichen Unterrichts. Die Feststellung gilt insbesondere für die Grundstufe 1.–6. Schuljahr, wie sich dies unter den Prämissen eines neuen Kindbezugs, offeneren Formen des Unterrichts, freien Arbeitens und handlungsorientierten Umgangs mit Texten in den 80er und 90er Jahren abzeichnet.

Spielen mit Sprache bildet eine fachdidaktische Variante des aufgezeigten Sachverhalts. Dieser deutschdidaktische Ansatz begleitet den Verfasser seit seinem Studium und den ersten Jahren seiner Lehrertätigkeit: in der Unterrichtspraxis, der Ausbildertätigkeit der Zweiten Phase, als Schulleiter und als Vertreter von Allgemeiner Didaktik, Grundschul- und Fachdidaktik Deutsch im Hochschulbereich. Die weiter zurückliegenden Erfahrungen der Ausbildung und ersten Lehrerjahre, unter dem Begriff „sprachschöpferischer Unterricht" zusammengefaßt, konnten in der Folgezeit nicht zuletzt dank eines parallel laufenden Entwicklungsstrangs der modernen Kinderliteratur, aber auch angesichts der fachdidaktischen Diskussion neu strukturiert, erweitert und vertieft werden. Dieser Arbeit liegen somit theoretische Klärungen und unterrichtspraktische Versuche einer vier Jahrzehnte umfassenden Lehrertätigkeit bis in die neunziger Jahre zugrunde, sie basiert nicht zuletzt auf einer Fülle von Schülerbelegen. Sie stellt eine durchgreifende Überarbeitung und Weiterentwicklung der 1981 vorgelegten Untersuchung „Spielen mit Sprache. Aspekte eines kreativen Sprach- und Literaturunterrichts" dar.

Dank gilt einer großen Zahl von Lehrerinnen und Lehrern, Studentinnen und Studenten, die die unterrichtlichen Erprobungen begleitet und zum Teil mitgetragen haben, insbesondere Gisela Dorst und Erwin Kunold.

1 Einleitung und Überblick

1.1 Allgemeine Prämissen von Kreativität und Spielen mit Sprache

Der Sprachlernprozeß und der tägliche Gebrauch von Sprache für Kommunikation, Welterschließung, Selbstfindung und -darstellung vollziehen sich in den von der Primärsprache vorgegebenen Bahnen. Die Lautbestände und Artikulationsregeln, der Wortschatz, sein Aufbau und seine Differenzierung, die syntaktischen Strukturen, kommunikativen Signale, die Ausprägung spezifischer Textsorten umstellen uns als ein Geflecht von Vorgaben. Dieser bekannte Tatbestand, von Wilhelm v. Humboldt bewußtgemacht, kann nun unterschiedlich gedeutet werden. Idealistisch ausgerichtete Sprachwissenschaft sieht darin das Wirken der Sprachgemeinschaft, die jeweils muttersprachenspezifische Konturierung einer Weltsicht, den überreichen Schatz des Erbes von Generationen bei dem unendlichen Prozeß des sprachlich-geistigen Anverwandelns von Welt (vgl. Weisgerber 1962). Die Erkenntnis des Eingebundenseins in die spezifische Weltsicht einer Primärsprache wird deren Stärken und Schwächen, z. B. Lücken in bestimmten Bauplänen, sichtbar machen sowie die sinnenhafte und soziale Gebundenheit von Sprache verdeutlichen (Whorf 1963).

In den 70er Jahren kehrt sich diese idealistische Sprachauffassung geradezu um. Sprache wird als Teilmenge sozialen Handelns definiert (Kochan 1974). Ihre Bedeutung für Kommunikation, die mit ihr gegebenen Möglichkeiten, sozial und politisch auf Gesellschaft und Individuum einzuwirken, rücken in das Interesse einer vorrangig an pragmatischen Positionen ausgerichteten Deutschdidaktik (Wunderlich 1970, 1972).

Die nicht durchgehend neuen, aber jetzt stark sozialpolitisch motivierten Ansätze der Erforschung von sozialschichtabhängigen sprachlichen Lernprozessen, als sprachliche Sozialisation bezeichnet, legen zweifelsohne eine andere Sichtweise und Wertung von Sprache nahe (Bernstein 1959, Oevermann 1969). Verstärkt wird diese Tendenz angesichts der durch Massenkommunikation potenzierten Möglichkeiten sprachlicher Manipulation und der daraus resultierenden sprachlichen Abhängigkeiten. Jetzt wird die Vorgabe festgefügter Sprache, wie sie vor allem dem lernenden Kind und Jugendlichen gegenübersteht, als Fessel gesehen, als Herrschaftsinstrument der Lehrer und Erzieher, politischer Gruppen und gesellschaftlicher Stände bzw. Klassen.

Die mit diesem sprachtheoretischen Paradigmenwechsel verbundenen didaktischen Neuerungen, genannt seien Wertschätzung mündlicher Sprache und Kommunikation, das Rollenspiel als Instrument der Einübung sozialen Verhaltens, die Aufdeckung der Manipulationsmöglichkeiten in einer Mediengesellschaft durch sprachkritische Reflexion, die Ausweitung der Textsorten im Deutschunterricht, haben bis heute weiterwirkende deutschdidaktische Anstöße vermittelt. Die nahezu ausschließliche Definition von Sprache als Mittel der Kommunikation unter

Zurückdrängung anderer Funktionen stellt sich jedoch bald als zu einseitig und einengend heraus. In starker Verkürzung kann das folgende und bis heute anhaltende Auspendeln des Reformschubs als Rückbesinnung auf die kognitiven, emotionalen und individuell-personalen Dimensionen und Leistungen von Sprache bezeichnet werden. Die kommunikative Funktion bleibt jedoch als ein Standbein deutschdidaktischer Modelle bedeutsam.

Die angedeuteten deutschdidaktischen Entwicklungsphasen haben sowohl die Kreativitätsdiskussion als auch Entwürfe zu Spielen mit Sprache unmittelbar beeinflußt. Wir vertreten hier, unter Bezug auf Helmers (1971), das Akzeptieren dieser polaren Spannung und zugleich die Notwendigkeit dialektischer Vermittlung, wie sich dies bei ihm in der Begriffskoppelung „Integration und Emanzipation" oder, aus etwas anderer Perspektive, „Tradition und Innovation" bei Jutta Wermke (1994) spiegelt. Dies legen die Kreativitätsdiskussion und die Analyse des Phänomens Spiel mit Sprache nahe, und zwar sowohl bezogen auf das sprachlernende Kind, auf die Autoren, die in spezifischer Weise mit Sprache spielten und spielen, sowie auf die Sprachspieltexte. Zum kreativen Aufbrechen und Infragestellen von Sprache, einzelnen Sprachformen und Sprachkonventionen – Konstituenten jeden Sprachspiels – treiben sowohl Freude am sprachlichen Tun, Selbstvergewisserung vollzogenen Sprachlernens, neugieriges Experimentieren und Probieren und das Bewußtsein sicherer Sprachbeherrschung als auch Reaktionen auf Lerndruck, soziale Zwänge, Absichten von „Zerstörung im Dienst einer neuen Ordnung", „Resignation" und „Sprachskepsis" (Liede 1963, Bd. 1). Dieser differenzierte Katalog mit seiner polaren Struktur ist jedoch nur eine Dimension oder Grundrichtung des Phänomens Spielen mit Sprache. Die genannten Einstellungen setzen nämlich immer schon ein Wissen um Spielmöglichkeiten voraus, so daß die aufgezeigten Intentionen und Motivationen ihre Zielrichtung auf Sprache hin erhalten können. Eine weitere Dimension oder Grundrichtung geht vom Material „Sprache" selbst aus, seinen Spielreizen, den in ihm begründeten Spielmöglichkeiten. Jeder ungewollte Versprecher mit humoristischer Wirkung, an die Artikulationsstruktur unserer Sprache gebunden, jedes Mißverständnis, hervorgerufen durch ein Homonym, die Freude an plötzlich auftretenden Klanggleichheiten (Stab-, Endreim) in Alltagsrede zeigen uns, wie sich das Material „Sprache" gleichsam zu spielerischen Varianten, Verstärkungen, unkonventionellen Prägungen usw. anbietet. Dies gilt auch für ein zumeist unerwartetes Aufeinanderprallen zweier Wörter auseinanderfallender und sich aneinander reibender Bedeutungsräume, von G. Rodari als „phantastische Binomen" bezeichnet (1992, S. 21–25).

Dieser Vorgang nun des Hin- und Herschwingens zwischen dem Spielmaterial mit seinen potentiellen Möglichkeiten und dem Spieler, seinen Intentionen und Motivationen ist, wie die Fachliteratur belegt (u. a. Scheuerl 1969, S. 19 u. 126), eines der wesentlichen konstituierenden Merkmale des Spiels.

Bei Kindern können wir beobachten, daß beide Grundrichtungen, die erste mit ihrer polaren Struktur der Integration und Emanzipation und die zweite, die sich als ein Hin und Her zwischen Spieler und Sprachmaterial erweist, bereits deutlich hervortreten. Wir wollen deshalb, ehe das Problemfeld historisch-systematisch entfaltet wird, den Sachverhalten Kreativität und Spielen mit Sprache phänomenologisch mit einer locker gefügten Beispielreihe auf die Spur kommen.

1.2 Beispiele eines kreativen Umgangs und Spielens mit Sprache

Bei der Lektüre des Kinderbuchs „Lillebror und Karlsson vom Dach" von Astrid Lindgren (1956, vgl. auch Anna Krüger 1963, S. 44–68) entzündet sich das Interesse der Kinder eines zweiten Schuljahrs schlagartig an zwei Details.

Im sechsten Kapitel spielt Karlsson Gespenst, um zwei Einbrecher zu verjagen. Der Dieb Fille ruft in der Aufregung seinem Freund Rolle zu: „Spulle, ein Gerenst" (S. 113). Dieser Versprecher aus Angst und Aufregung ruft schallendes Gelächter hervor. Über Wochen hin klingt es dann durch das Schulhaus, wenn sich die Kinder in spaßiger Weise ihrer Freude und Zusammengehörigkeit vergewissern wollten: „Spulle, ein Gerenst", einfach als Kommunikationssignal und Ausdruck guter Laune. Die Wirkung, bei Schüttelreimen wohlbekannt, wird durch die Umstellung / Vertauschung der Anfangskonsonanten der betonten Silben hervorgerufen: Rulle, ein Gespenst – Spulle, ein Gerenst. Während das Normengefüge der „rechtlautenden" Namen aufgebrochen wird, also sprachliche Normenverletzung vorliegt, verdichtet sich in umgekehrter Weise das positiv geladene soziale Feld. Diese Wechselwirkung von sprachlicher Emanzipation und gruppengebundener, sozialer Integration kann als eine fundamentale Funktion des Spielens mit Sprache bezeichnet werden.

Das zweite nachwirkende Detail der Lektüre ist die Prahlerei Karlssons, die sich in unterschiedlichen Situationen zeigt: Er nennt sich den besten Kunstflieger der Welt, den besten Dampfmaschinenaufpasser der Welt, Gockelhahnmaler, Kinderaufpasser, Streichemacher. In der Folgezeit präsentieren sich immer wieder Kinder, bezogen auf gerade ausgeführte Tätigkeiten, als beste Kringelmaler(innen), beste Wandtafelabwischer, Klecksemacher, Küchensachenmitbringer (im Rahmen einer Unterrichtseinheit) der Welt. Dabei ist auffällig, daß sie sich bemühen, möglichst unübliche Namen zu erfinden. Linguistisch gesehen, wird eine Wortbildungsmöglichkeit, gebunden an eine dreigliedrige Komposition in Analogiemustern durchgespielt.

Im Anschluß an den Text von Hans Manz „Rede und Gegenrede" (1974, S. 70, jetzt 1996, S. 64 – nach dieser erweiterten Neuauflage wird im folgenden zitiert) versuchen Kinder eines 4. Schuljahrs im Rahmen einer Praktikumsstunde Parallelkonstruktionen. Bei Hans Manz lautet das erste Beispiel:

> „Zum Teufel, dieser Hahn weckt mich jeden Morgen um drei!"
> „Warum drehst du ihn dann am Abend nicht zu?"

Die Kinder finden u. a.:

> „Ich gehe eben mal zur Bank."
> „Ja, eine Pause muß man machen."
> „Die Mandeln schmecken mir gar nicht."
> „Dann laß sie dir doch rausnehmen."
> „Gestern hab' ich beim Kegeln einen Pudel geworfen."
> „Der wird aber gejault haben."

Diese Variante des Teekesselchenspiels fußt auf dem linguistischen Faktum, daß bei Homonymen einem Wortkörper mehrere Bedeutungen zugeordnet sind – eine „ideale" Quelle für Mißverständnisse, wobei „Pudel" hier ein Fachausdruck beim Kegeln bedeutet. Bei der Skizzierung der Entwicklung, die Kinder beim Spielen mit Sprache durchlaufen, gewinnt nach neueren Untersuchungen, wie Andresen / Januschek, bezogen auf Kinderwitze, herausstellen, für Zehnjährige der Bezug auf Homonyme größte Beliebtheit (1995, S. 24).

Einer anderen Praktikumsgruppe, die bereits mehrere Sprachspiele initiierte, wird das Modell „Zungenbrecher" angetragen. Die Unterrichtsstunde überrascht Praktikanten, die eine auffällige Abwehrhaltung der Textsorte gegenüber zeigen, Mentor und Hochschullehrer durch den überaus hohen Motivationsgrad, den der gemeinsame Lern- und Spielprozeß zeigt. Die Kinder warten mit guter Textkenntnis auf. Ihre Verweise auf außerschulische Erfahrungen und Aktivitäten belegen den auch noch im Medienzeitalter wirksamen Reiz dieser volksliterarischen Textsorte. Das umfassende Arsenal dieses kinderlyrischen Bereichs einschließlich seiner poetischen Strukturen wird in der Untersuchung „Wunderhorn und Sprachgitter" transparent (Vogdt 1998), wobei der Titel dessen Fruchtbarkeit auch für die modernen Kunstformen signalisiert. – Die Versprecher führen zu lautem Gelächter, selbst nach mehrmaligem Abhören eines Tonbandes. Die Analyse der Aufnahmen führt dazu, daß die Kinder fast fachmännisch Strukturmerkmale der Zungenbrecher aufzulisten vermögen. – Eine noch größere Überraschung ist für alle Beteiligten Engagement und Ergebnis beim Erfinden eigener Zungenbrecher:

> Kleine Kinder kleben gern mit Klebstoff. Große Kinder kleben lieber mit Kleister.
>
> Klitze kleine Knirpse knöpfen gritzegraue Knopflöcher zu, weil klitzekleine Knirpsenknöpfe stecknadelkopfklein sind.
>
> Beim Bauer Berlich beißen Bären sich ins Bein. Bären beißen sich beim Bauer Berlich ins Bein.
>
> Viele Fledermäuse fliegen flatternd für Freunde von Frankreich nach Finnland feines Fledermäusefutter.

Die beachtenswerten Texte, die hier nicht analysiert werden sollen, sind deshalb ein bedeutsamer Beleg, weil sie zeigen, daß Spielen mit Sprache neben den neuesten kinderliterarischen Produkten auch Gruppen herkömmlicher Formen und Texte sinnvoller Weise umfassen sollte.

Einem 6. Schuljahr wird der Text von Peter Fringli, „Zuhause", präsentiert (in: Wiemer 1974, S. 184):

Jedermann	Nur ich
Geht bei mir	Weiß bei mir
Ein und aus	Weder aus
	Noch ein

In diesem siebenzeiligen „Gedicht" wird eine Redensart zur Disposition gestellt, indem sie spielerisch auf eine zweite bezogen wird. Zwei Sätze, in alltagssprachlichem Kontext einfachste Prosa, werden durch Strukturierung nach Zeilen neu montiert und dadurch in eine bündige, Aufmerksamkeit erzwingende Form gebracht. Dieser Formungsprozeß gewinnt seine Tragfähigkeit durch den eigentlichen Spielansatz, die Verschiebung der logischen Verknüpfung vom „und" zu „weder-noch", der Inversion des „ein und aus" zu „aus und ein". Interessant ist, daß wie auf der syntaktischen Ebene auch hier mit einfachsten sprachlichen Mitteln, den grundständigen linguistischen Operationen „Oppositionen bilden" und „Elemente umstellen" gespielt wird. Zu beiden Operationsformen lädt Sprache als Material immer wieder ein. Die Wirkung dieses Spiels ist nun geradezu frappierend. Der schablonenhafte Gebrauch einer alltäglichen Redewendung und zugleich die Ausführung einer alltäglichen sozialen Handlung werden aufgebrochen. Die sprachlichen und sozialen Verhaltensklischees von „jedermann" passen nicht zu dem „ich". Unsicherheit des „ich", des Individuums im eingeebneten Spannungsfeld sozialer Riten, wird signalisiert durch die Umstellung von „ein" und „aus". Von der Redewendung „jemand geht bei mir ein und aus" werden wir durch diese spielerische Manipulation zu der zweiten geführt: „ich weiß weder aus noch ein". Die Opposition bewirkt, daß beide Redewendungen in eine neue Dimension gehoben werden, ihr mechanischer Gebrauch in Frage gestellt und der Rezipient veranlaßt wird, weiterzuspielen. Dies kann in zwei Richtungen geschehen,

a) durch ein Aufgreifen und Reflektieren des kritischen Potentials, das der Text umschließt, und

b) durch ein Suchen nach weiteren Spielmöglichkeiten bei Redewendungen dieser syntaktisch-semantischen Struktur.

In größerem Zusammenhang ist der Umgang mit diesem Text zweifelsohne ein Baustein wesentlicher Sensibilisierung für sprachliche Inhalte und Formen alltagssprachlicher Kommunikation. Er grenzt an den von J. Wermke in dem Konzept der Förderung von Kreativität formulierten Zielstrang „Klischeehafte Kommunikation durchschauen" und berührt die ihm untergeordneten Lehrziele „Kritikfähigkeit" und „verantwortungsbewußte Autonomie" (1994, S. 147ff.). Wie weit nun diese hier geleistete Reflexion und Interpretation in einem 6. Schuljahr geführt werden kann, hängt u. a. auch von der Lerngeschichte der Klasse ab. Wir verweisen dazu auf das erhellende Unterrichtsbeispiel in einem 4. Schuljahr zu Gomringers Konstellation „wind" (Schmieder / Rückert 1977, S. 80ff.) sowie auf die Beispielskizzen des 4. Kapitels. Sie belegen, daß je nach der Struktur des Spiels solche Ergebnisse nicht einfach zu erwarten, sondern immer auch Produkt von unterrichtlichen Konstellationen, Anregungen, Anbahnung von Einsichten, Vorarbeiten sind. Auf weitere Diskussionsbelege zu dieser didaktischen Streitfrage gehen wir unten ein (S. 17). Den folgenden Schülerbeispielen geht eine intensive Rezeption des Spieltextes voraus. Durch ein konkretes Ausmalen der Situation eines Hauses, einer Familie, zu der die erste Strophe paßt (viele Leute kommen; immer ist Besuch da; alle reden durcheinander; es geht laut und lustig zu; die Nachbarn denken, das sind fröhliche, glückliche Leute . . .), und der Konfrontation dieses Treibens mit der Bewußtseinslage und Stimmung der zweiten Strophe finden die Schüler zu der Einsicht, daß der Wortverkehrung ein-aus auch eine Sinnverkehrung entspricht und daß die erste Strophe alles von außen und die zweite von innen her zeichnet. Diese Erkenntnis wird dann bei der Produktion eigener Texte und vor allem bei deren Beurteilung aktiviert. Eine zweite wichtige Einsicht ist, daß dieses Spiel an doppelgliedrige Redensarten gebunden ist. Einige finden die Schüler selbst, einige sind vom Lehrer auf einem Arbeitsblatt vorbereitet. Das erste Beispiel wird von einem Mädchen mündlich angestoßen: Wenn es so richtig drunter und drüber geht, möchte ich lieber drüber als drunter wohnen. Der Lehrer bringt den Impuls ein, dieses Beispiel doch mal auf ein Mietshaus mit mehreren Stockwerken zu beziehen und die graphische Form der (von den Schülern erkannten) bündigen Gestalt eines lyrischen Textes anzupassen. So entsteht die endgültige Fassung an der Tafel. Die weiteren Texte werden selbständig geschrieben.

Wenn es	Dann möchte ich
In einem Hause	Lieber DRÜBER als DRUNTER
DRUNTER und DRÜBER	Wohnen
Geht	
Wenn einer	ist er abends
kreuz und quer	so müde
durch die Stadt	daß er
gelaufen ist	quer über die Kreuzung läuft
Wenn sich auf dem Schulfest	dann werden die Alten
JUNG und ALT tummeln	wieder jung
Der Lehrer	Und dann
Erklärt alles	Wird die Stunde
Lang und breit	Breit und lang
Wenn im Bus	Dann werden die KLEINEN
Sich GROSS und KLEIN	Von den GROSSEN
Drängt	An die Wand gedrängt

Sensibilisiert durch diesen kreativen Versuch, können sich die Schülerinnen und Schüler mit vergleichbaren Konstellationen selbständig auseinandersetzen und Einfälle entwickeln, z. B. mit der Vorlage von Franz Mon (in: G. Wolf 1997, S. 51): aus / aus und ein/ mehr aus und ein / nicht mehr aus und ein wissen // weiß / wer weiß / wer weiß wo / wer weiß wo was / wer weiß wo was war . . .

An dieser Stelle verlassen wir die auf den schulischen Bereich bezogenen Beispiele, um wenigstens skizzenartig auf solche des vor- und außerschulischen Sprachhandelns von Kindern zu verweisen. Der knapp zweijährige Christian, noch ohne Geschwister, hatte eine markante Eigensprache entwickelt, die von den Eltern zunächst toleriert und verstärkt wurde. Zum Teil konnten die Besonderheiten artikulatorisch erklärt werden: anstatt „t" erklang „d". Dida nannte sich das Kind selbst. Das „k" wurde auch durch „m" ersetzt: Omi momm! Anstatt: Omi komm! Rotkäppchen war das Odädä – die stimmlosen Explosivlaute wurden ebenfalls auf „d" hin eingeebnet, die Vokalstruktur dreisilbig beibehalten, aber die Abschattierung des „e" in der Silbe „chen" nicht geleistet. Dies sind bekannte kindersprachliche Erscheinungen. Daneben gab es aber Ausdrücke für Gegenstände, die sich nicht erklären ließen. So hieß Zeitung bis zum Alter von 2 1/2 Jahren Daunde. Oft wurde Christian belehrt: Das heißt nicht Daunde, sondern Zeitung. Hartnäckig wie der Mann in Peter Bichsels Erzählung „Ein Tisch ist ein Tisch" blieb das Kind bei Daunde. Eines Tages sagte die Mutter: Christian, jetzt mußt du aber Zeitung sagen. Hör mal her: „Zei" (deutlich artikuliert). Antwort: „Zei." – Gut, nun sag mal „tung". – Antwort: „tung" (sehr deutlich nachgesprochen, geradezu bemüht). – Mutter: So, nun sag „Zeitung". – Antwort, von einem verschmitzten Lächeln begleitet, sehr energisch: „Daunde!" Der Junge vollführt hier offensichtlich ein „Umbenennungsspiel", das für den Vorschulbereich charakteristisch ist. „Indem die Kinder Wörter vertauschen und ersetzen, erkunden sie ein Charakteristikum von Sprache: die *Arbitrarität*." (Andresen / Januschek 1995, S. 23). Die Zuordnung von Inhalt und Form (Wortkörper) erweist sich als beliebig. Eine Folge ist: Konventionen können aufgebrochen werden.

Die knapp dreijährige Hanni erzählt von einem Zumverkehrtwegmachen, das der Papa zu Hause habe. Eine Nachfrage ergibt, daß Hanni das Radiergummi so bezeichnet. Eine Erklärung und die häufige Beobachtung der Funktion hatten zu diesem Akt schöpferischer Namengebung geführt, ein klassischer Vorgang übrigens, Funktionen von Dingen und Menschen als Name zu nutzen. – Wenige Tage später zeigt Hanni auf eine Mandelmühle und sagt: Meine Mama hat auch so eine Sauberemahle. Es war nicht ganz leicht, dieser Wortschöpfung auf die Spur zu kommen. Schließlich ergab sich etwa folgender Hintergrund: Die Tätigkeit „mahlen" war Hanni wohl vertraut. Die Mandelmühle hatte ein weißes Kunststoffgehäuse. Nun kamen oben die „schmutzigen" Mandeln rein und unten das weiße, „saubere" Mandelmehl heraus, „weil die Mahle so schön sauber ist". Die kausalen Bezüge werden noch nicht erkannt, aber aus dem Welthorizont des Kindes heraus, auf die Phase des „magischen Weltbildes" (Hetzer 1948, S. 57ff.) verweisend, gedeutet.

Ein verwandtes Beispiel verdanken wir Stefan Andres, der als 6jähriger Schulanfänger den Bildhinweis des Lehrers, daß es sich um die „Gemahlin" des Kaisers handele, mit folgender Assoziationskette verbindet:

> Was das Wort 'Gemahlin' bedeute, war mir nicht klar, doch nahm ich an, des Kaisers Frau heiße so. Das Wort hatte für mich einen besonderen Klang, weil es an 'ge-

mahlen' denken ließ, – gemahlenes Korn, gemahlenes Weib. Die Worte des Vaters, daß die Menschen in der Lebensmühle gemahlen werden müßten, stiegen in mir hoch; und wenn ich nun das Bild der gekrönten Frau betrachtete, kam mir die Kaiserin als ein solcher schon gemahlener Mensch vor. Nur nach außen hin war sie noch am Leben, in Wirklichkeit war sie bereits tot und im Himmel, gemahlen und eine Nahrung für Gott. Darum auch machte der Lehrer ein so frommes Gesicht, als er mit dem Stock auf sie zeigte. (Andres 1961, S. 81)

Die beiden letzten Beispiele verweisen auf eine Tatsache, die auch sprachdidaktisch von großer Bedeutung ist. Das sprachlernende Kind entfaltet kreative Potenzen und leistet aktive Zugriffe auf Sprache sowohl im Bereich der Produktion (Sauberemahle) als auch der Rezeption (Gemahlin). Im letzten Falle wird ein unverstandenes Wort „bearbeitet", indem über Klangassoziationen, Wortteilkomplexe und Elemente des kommunikativen Kontextes ein Sinngefüge aufgebaut und zugeordnet wird. Ein Parallelbeispiel ist der Engel Jubel, den die 4jährige Gabriele, gebunden an ein unverstandenes Syntagma, bildet (hoch oben schwebt jubelnd der Engelein Chor).

Eine andere Dimension sprachschöpferischer Aktivität von Kindern kommt mit einem weiteren Beispiel von Stefan Andres ins Spiel: die Umsetzung eines überwältigenden Eindrucks in eine sprachlich gebundene Klangassoziation. – Der kleine Stefan fährt das erste Mal nach Trier und erlebt die Porta Nigra. Da bricht es aus ihm heraus:

„Oh, Mutter, de Porta Nigra is aber –."
„Nu, mein Knechtchen, wat is sie?"
„Oh, en Biest! En Massik! En Rommerombomm!"
„Wat sagst du – en Rommerom –?"
„Ja, en Rommerombomm!"
Ich wiederholte dieses Wort einige Male und schaute dabei die Porta Nigra vorsichtig an, als könnte ich sie mit diesem dicken Wort reizen, als würde sie plötzlich wütend und fiele aus ihrer uralten Ruhe heraus und täte einen zornigen Tritt, um mir nachzulaufen. (Andres 1961, S. 16f.)

Das folgende Beispiel ist den „Sonntags-Gespräche(n) mit Nele" entnommen (Heimeran 1960, S. 43ff.). Alfred Liede rekurriert in seinem Standardwerk „Die Dichtung als Spiel" (1963, Bd. 1, S. 400f.) in einem kurzen Exkurs über sprachspielerische Aspekte im Kindesalter bezeichnenderweise auch auf diese Beispielsammlung kindlicher Kreativität beim Spielen mit Sprache. In dieser Beispielreihe hat der Beleg mehrere Funktionen. Er soll noch einmal eine Gruppe sprachspielerischer Aktivitäten eines Kindes im Schuleintrittsalter dokumentieren. Weiter verweist er erstmals auch auf die Dimension des Spielens mit Schriftsprache, mit Buchstaben und dem Prozeß des Schreibens. „Sprache wird jetzt durch sichtbare Zeichen repräsentiert, die neue Impulse auf Sprachphantasie und Sprachexperimente ausüben." (Andresen / Januschek 1995, S. 24) Schließlich vermittelt er uns die wiederum wichtige didaktische Einsicht, daß das Sprachspiel des Kindes sich nicht in einem leeren Raum vollzieht, sondern auf die Sprachumwelt, den sozialen

Rahmen und andere, kindspezifische nicht-sprachliche Weisen der Weltbewälti-
gung bezogen ist.

Gespräch am Schreibtisch

(Nele an Mutters Sekretär, sehr beschäftigt)

Vater: Was kritzelst du denn da Schönes?

Nele: Soweit ich's aus meinem Kopf kann, schreib ich 'Heimeran'.

Vater: Wo hast du das denn überhaupt her?

Nele: Das hab ich gar nicht her, das kann ich notwendig.

Vater: Auswendig, meinst du.

Nele: Nein, inwendig. Schreib auch mal 'Heimeran', Dati. Sind das jetzt dieselben Heimerans? Merkt da keiner, daß es nicht dieselben sind? Welcher Heimeran gefällt dir besser: der von dir oder der von mir?

Vater: Mir gefallen sie eigentlich beide gleich gut.

Nele: Gefällt dir einer nicht wenigstens ein Tüpfelchen besser?

Vater: Dein Heimeran ist größer, aber meiner steht fester. Halt jeder in seiner Art.

Nele: Also mir gefällt mein Heimeran am besten, Dati, und dir gefällt vielleicht dei-
ner am besten, gell? Schreib mal bitte meine Vordernamen.

Vater: Du hast nur einen Vornamen. Du heißt Cornelia. Nichts sonst. Nele ist nur eine Abkürzung.

Nele: Nein, nicht den Vornamen, die Vordernamen, die man ins Taschentuch stickt.

Vater: Ach so, die Anfangsbuchstaben. Da. Die kannst du doch aber schon.

Nele: Ja, aber ich hab vergessen, wie sie stehen, welcher im Westen und welcher im Osten. Aha. Kannst du mir auch etwas hinschreiben, das wie Heimeran aussieht?

Vater: Aussieht? Heimat sieht geschrieben so ähnlich aus, von vorn wenigstens.

Nele: Nein, das ist zu kurz. Und da ist hinten etwas anderes dran; es muß genauso aussehen wie Heimeran, nur anders aufgestellt.

Vater: Ja wozu denn eigentlich? Schreiben lernst du in der Schule noch früh genug.

Nele: (vorwurfsvoll): Wir spielen doch, Dati! Wir wollen Schreiben spielen! Einfach so herumwurschteln.

Vater: Leicht gesagt. Ich glaube nicht, daß man aus Heimeran etwas anderes machen kann. Da muß ich schon erst mal nachdenken.

Nele: Ist es eigentlich schwer, zu denken? Gelt, es hängt darauf an, von was? Was denkst du denn jetzt, Dati?

Vater: An Heimeran natürlich. An was denn sonst. Aber das einzige, was ich finde, das dieselben Buchstaben hat, ist 'Eiermann'. Aber ganz stimmt das auch nicht, da fehlt wieder das H, und das ist eigentlich die Hauptsache

Nele: Gibt's denn überhaupt Eiermänner, Dati?

Vater: Gegeben hat es sie jedenfalls. Als ich noch so klein war wie du, kam alle Samstage einer zu uns. Der trug in einem großen Huckelkorb die Eier von Tür zu Tür. Butter brachte er auch mit, in grüne Blätter eingeschlagen, und zu Drei König eine Gans.

Nele: Dann schreiben wir einfach Gansbraten, Dati, magst du?

Vater: Und ob. (Heimeran 1960, S. 43 ff.)

Überblicken wir diese Beispielreihe, dann wird deutlich, daß bereits im Sprachlernprozeß des Kindes Kreativität als aktives, unkonventionelles, das Sprachfeld
ausweitendes, Regeln überspielendes Phänomen eine bedeutsame Verhaltenskom-
ponente ist. Schule hat die Chance, diese Verhaltensweisen offenzulegen und zu
aktivieren. Die Form, in der Kinder sich sprachlich kreativ betätigen, ist die des
mehr unbeabsichtigten oder mehr bewußt intendierten Probierens, Manipulierens,
Experimentierens, Spielens mit dem Material Sprache und dessen Möglichkeiten.
Die Grundhaltungen, die hinter den spielerischen Zugriffen auf Sprache stehen,
sind differenziert. Die Beispiele zeigen eher die Perspektive der Integration, der
unmittelbaren Freude am sprachlichen Handeln und Aspekte der sprachlichen und
sozialen Vergewisserung. Es gibt aber auch Belege bereits im frühkindlichen Alter,
stärker dann noch aus dem schulischen Bereich, daß Abwehr gegenüber dem Lerndruck, der Vorgabe und Festlegung durch Sprache zum kritischen Verändern an-
regt, daß also stärker die emanzipatorische Komponente hervortritt. Die Beispiele
belegen auch die Vielfalt kreativer Ansätze und spielerischer Möglichkeiten. Sie
beziehen sich auf die Klang- und Artikulationsstruktur gesprochener und die graphische Struktur geschriebener Sprache, sie operieren mit Umstellungen auf lautlicher und morphemischer Ebene, sie richten sich auf Aspekte von Wortschöpfung,
-bildung und -komposition, auf Spezifika des Sprachbestandes wie Homonyme und
Redewendungen, sie zielen mit Intensität auf die semantische Ebene und dringen
in Lücken sprachlicher Baupläne vor (etwas auswendig oder inwendig wissen!). Sie
sind zwar meist freies Spiel, laden dieses aber auch schon mit kritischen Tendenzen
auf. Häufig stehen sie in einem für das Sprachhandeln konstitutiven sozialen Kontext.

1.3 Historischer Abriß didaktischer Positionen

Eine Analyse der Standardwerke der Sprachentwicklungspsychologie der ersten
Hälfte des 20. Jhs belegt die Sensibilität der Mehrzahl der Autoren für die kreativen Verhaltensweisen bzw. die schöpferischen Kräfte, die das Kind beim Sprachlernprozeß offenbart. Die Methodik und Didaktik des Deutschunterrichts, besonders der unteren Schuljahre, hat diese Einsichten als eines der Fundamente zur Begründung von Lehrplanentscheidungen, Schulbuchkonzeptionen und Unterrichts-
verfahren benutzt. Einzelne Modelle des Deutschunterrichts der Reformpädagogik sind durch diesen sprachschöpferischen Ansatz geradezu mitgeprägt worden.
Im letzten war dies Teil einer neuen Auffassung vom Kinde, wie sie sich in der Wertschätzung der Produkte kindlichen Spielens und Gestaltens, dem Glauben an den
Genius im Kinde und in der Strukturierung kindlicher Entwicklung nach einer Stu-
fenfolge unterschiedlicher Welthaltungen niederschlug, deren jede als ein in sich
wertvoller Kosmos angesehen wurde. Man entdeckte, daß Kinder sich in tradierten
und erfundenen Abzählversen, Buchstaben- und Lautspielen, Worterfindungen,

Sprachrätseln, Phantasieerzählungen, Kinderwitzen u. ä. aktiv und schöpferisch
der Sprache bemächtigten. Die durchgreifenden Neuerungen werden in ihrem vollen Gewicht deutlich, wenn man sie mit den rigiden, vorrangig auf Übernahme von
Erwachsenenmustern geprägten Lernprozessen des 19. Jhs vergleicht.

Die geistigen Strömungen, die die Reformpädagogik trugen, brachten ihrerseits
wiederum pädagogische und psychologische Forschungen in Gang, in deren Mittelpunkt schöpferisches Handeln sowie produktives Denken stehen und die als Vor-
läufer oder auch erste Phase der in den 60er/70er Jahren intensiv diskutierten
Kreativitätsforschung angesehen werden können (Duncker 1935, Wertheimer
1945). Vor diesem pädagogischen und psychologischen Hintergrund steht ein ein-
flußreiches deutschdidaktisches Standardwerk der reformpädagogischen Epoche,
das die schulische Praxis nachweislich beeinflußte. Es handelt sich um Artur und
Erwin Kern „Sprachschöpferischer Unterricht" (Freiburg 1951). Bereits der Titel
belegt die Bezüge zu den zentralen Kriterien vorliegender Arbeit, nämlich Spiel
und Kreativität. Eine große Zahl sprachschöpferischer Möglichkeiten hat A. Kern
in drei Sprachbüchern entfaltet, für das 2. Schuljahr „bim bam beier", für das 3.
„Ri-ra-rumpelstiez" und für das 4. „klipper klapper klötze". Das Lehrerheft „Muttersprache Mutterlaut" konturiert die Praxis des Sprachschöpferischen Unterrichts
noch deutlicher und zeigt die enge Verbindung zum heimatkundlichen Sachunter-
richt einerseits und zum volksgutgebundenen literarischen Unterricht andererseits
auf (A. Kern 1958). Selbstverständlich kann heute keine lineare Tradierung erfolgen. Wie bei allen Versuchen des Auspendelns unterschiedlicher Reformschübe
müssen auch die hier aufgezeigten Ansätze der Reformpädagogik durch die Erfahrungen der Schulreform (1965/67 – 1977/79) und deren modifizierte Weiterentwicklung in den 80er/90er Jahren gefiltert werden. Die einseitige Anbindung des Entwurfs „Sprachschöpferischer Unterricht" an die Position der damals führenden inhaltsbezogenen Sprachwissenschaft (vgl. Weisgerber 1962/1950) ist kritisch zu rela-
tivieren. Dies gilt von den sprachphilosophischen und sprachpsychologischen Begründungen, von der einseitigen Auffassung von „Dichtung" als Gehalt-Gestalt-
Einheit (Seidemann 1926) und auch von der Interpretation einiger linguistischer
Einheiten (vgl. Steffens 1973, S. 104 – 108). Die heute so bedeutsame Spielebene
des Graphischen (Konkrete Poesie, Visuelle Poesie, Ideogramme, Piktogramme)
fand noch keine Berücksichtigung. Die Polung auf literarisches Volksgut und die
sprachkundlichen Elemente des Sachunterrichts sind Ausfluß deutschdidaktischer
Positionen der 20er und 50er Jahre (vgl. Reumuth 1954). Die Spielbelege, die Adaptionen von Formen der Sprachspiele von Erwachsenen sind, lagen noch nicht
vor. Schließlich sind die Sprachübungen und Zielvorstellungen ganz auf sprachliche Affirmation gerichtet, sie korrespondieren einer gesteigerten idealistischen
Sprachauffassung. Der Pol der Normverletzung, sprachkritische Einstellung, die
Auffassung von Sprache als Manipulations- und Täuschungsinstrument, die Berücksichtigung von Massenmedien und Massenkommunikation, endlich die kommunikative Funktion von Sprache selbst sind nicht tangiert. Die primäre Intention

bleibt jedoch bis heute aktuell, nämlich den Sprachunterricht aus „den Fesseln eines logisch-grammatischen, technisch-mechanischen Unterrichtsbetriebs" herauslösen zu wollen. Sie deckt sich in verblüffender Weise mit dem Begleittext, den Hans Manz seinem Kompendium von Sprachspielen „Worte kann man drehen" 20 Jahre später zuordnet (1974, neu: 1996, S. 344 ff.). Bedeutsam bleiben weiterhin:

a) die Sensibilität des Entwurfs für kindersprachliche Entwicklung, wobei natürlich Aspekte sprachlicher Akzeleration in Ansatz gebracht werden müssen;

b) der Doppelbezug zu Sache und Sachverhalt einerseits und vorgegebener sprachlicher Form andererseits als Anstöße zu sprachlich-kreativem Tun;

c) die Wertschätzung der Volksliteratur als Sammelbecken sprachschöpferischen Tuns und sprachlicher Alltagskreativität;

d) die konkreten Belege, wie kreatives Verhalten des Kindes methodisch angeregt werden kann;

e) die Ablehnung mechanischer Übungsformen des Grammatikunterrichts zugunsten kreativ-spielerischen Umgangs.

Zusammenfassend gesagt: Es bleibt eine Teilmenge an Sprachspielen und kreativen sprachlichen Lernweisen. Sie sind teils an Sachbezüge und Volksliteratur gebunden, teils aber auch (wieder) Elemente der jüngeren Kinderliteratur, wie etwa die Texte von Elisabeth Stiemert „Angeführt! Angeführt" (1977) oder von Marieluise Bernhard-v.Luttitz „Bumfidel ist nicht auf den Mund gefallen. Lauter Lachgeschichten" (1976) belegen.

In den 60er Jahren wird die Position des heimatkundlichen Gesamtunterrichts der Grundschule kritisch reflektiert und schrittweise aufgebrochen. In einer ersten Phase erfolgt eine Verfachlichung des Deutschunterrichts in der Breite, sprachliche und literarische Strukturen rücken ins Blickfeld des Interesses. Parallel dazu heben didaktische Konzepte auf kognitive Prozesse ab, wie sich dies vor allem in einer massiven Lernzielorientierung spiegelt. Der oben bereits angesprochene Paradigmenwechsel der Definition von Sprache mit dem Kernstück „Kommunikation", zugleich einem allgemeinen gesellschaftskritischen Ansatz sowie einem sozialpädagogischen Engagement (Stichwort: Chancengleichheit), stellt eine zweite, diesmal noch einschneidendere Entwicklungsphase des Deutschunterrichts dar. Beiden Phasen ist eigen, daß Aspekte des Spielens mit Sprache und von Kreativität zurückgedrängt oder gar völlig ausgeblendet werden. Dies gilt für Lehrpläne und Schulbücher gleichermaßen. Die als progressiv gewerteten Lesebücher der 60er Jahre sind beispielsweise vorrangig nach Gattungsgesichtspunkten aufgebaut, die der frühen 70er Jahre nach gesellschaftspolitischen und soziologischen Kriterien organisiert. Diese enthalten eine Fülle gesellschaftskritischer Texte, unter denen problemorientierte Kurzgeschichten, aggressive lyrische und Sachtexte dominieren (vgl. Steffens 1975). Andererseits aktivieren die gesellschaftlichen und sozialpolitischen Anstöße parallel dazu einmal die Wiederaufnahme der Diskussion um Kreativität und kreatives Verhalten im Konzept des Lernens (Sputnikschock).

Zum anderen motivieren sie eine Gruppe von Kinderliteraturautorinnen und -autoren, mit Hilfe kritischer Spieltexte, nicht zuletzt angeregt durch die literarischen Strömungen der Konkreten und Visuellen Poesie, ihren Beitrag in die gesellschaftliche und schulische Reform einzubringen. Geradezu Signalwirkung haben das Sprachspielkompendium „Worte kann man drehen" von Hans Manz (1974) und „Das Sprachbastelbuch" von Domenego u. a. (1975, jetzt 1996[12]). In der DDR erscheint 1978 Franz Fühmanns „Spielbuch in Sachen Sprache" (jetzt 1996) mit dem auffälligen Titel „Die dampfenden Hälse der Pferde im Turm zu Babel". Es entwickelt sich ein quantitativ und qualitativ bedeutsamer Schub kinderliterarischer Produktion von Sprachspielen und sprachspielerisch akzentuierten Texten. Eine Teilmenge betreffend, vermerkt Magda Motté, daß Sprachspiele ein Novum der Kinderlyrik der 60er Jahre seien (1983, S. 177). Die von ihr zusammengestellte Übersicht von Spielkompendien zeigt jedoch, daß erst in den 70er Jahren eine explosionsartige Steigerung der Veröffentlichungen zu verzeichnen ist (S. 159). In den 80er und 90er Jahren ebbt die Welle an Sprachspielproduktionen deutlich ab. M. Motté resümiert aus der Sicht von 1983: „Hervorstechendstes Merkmal der neueren Kinderlyrik ist der spielerische Umgang mit Buchstaben, Lauten, Silben, Wörtern, Satzmustern und Texten." (S. 182) Warum nun gerade jetzt in einer bestimmten gesellschaftlichen und didaktischen Konstellation Sprachspiele, auch über den lyrischen Bereich hinaus, eine solche deutschdidaktische Bedeutung gewinnen, ist zum Teil bereits mit der Skizzierung der Schulreform angedeutet. Ein Grund liegt in dem sprachlich-literarischen Vakuum, das durch die Herauslösung aus gesamtunterrichtlichen und ganzheitlichen didaktischen Positionen entstand. Regelverletzung, Relativierung des sprachlichen Normensystems, Auflehnung gegen Herrschaftssysteme aller Art, Abheben auf gesellschaftliche Veränderung und damit von Literatur und Sprache sind Verhaltensreflexe, die sich idealiter in einer Gruppe von Sprachspielen spiegeln. Schließlich zeigen die oben aufgeführten sprachentwicklungspsychologischen Beispiele die Faszination, die Veränderung von und Experimentieren mit Sprache als einem zu gestaltenden Material auf Kinder ausübt, was zugleich dem Literatur- und Sprachunterricht neue, schüleraktive Unterrichtsformen ermöglicht (vgl. Motté 1983, S. 179).

Das Potential sprachlicher Kreativität überrascht noch heute. Es hat sich in dieser Dichte und Dynamik nicht fortgesetzt. – Einen erhellenden Beleg stellt das Buch „Die Welt der Wörter. Sprachspielbuch für Kinder und Neugierige" von Hans Manz dar (1991, 1996[4]), ein vorzügliches Materialkompendium für die vorliegende Untersuchung. Zu übersehen ist aber nicht, daß der Hauptteil der Texte ungekürzt aus dem Kompendium von 1974 und dem Folgeband „Kopfstehn macht stark oder Die Kunst zwischen den Zeilen zu lesen" (1978) übernommen wurde. Neu ist dagegen das Bändchen „Mit Wörtern fliegen. Neues Sprachbuch für Kinder und Neugierige" (1995). – Zugleich sind die 70er und frühen 80er Jahre eine Hochphase der Kreativitätsdiskussion und, in zeitlicher Versetzung, der Sprachspieldiskussion. Auf eine Reihe von Schlüsselbelegen, sowohl Aufsätze und Monographien, ist im folgenden zu verweisen.

Die Unterrichtspraxis reagiert deutlich später. Erst nach und nach dringen Sprachspieltexte in Lesebücher und Gedichtbände ein und kommen entsprechende Arbeitsmittel auf den Markt.

Dem Auspendeln einiger Einseitigkeiten der Schulreform entsprechen in den 80er und 90er Jahren eine partielle Zurücknahme der gesellschaftskritischen Tendenzen in den Spielkompendien, die Öffnung des Spielfeldes und Spielmaterials für die personale und emotionale Dimension und die Wiederaufnahme der großen Gruppe der volksliterarischen Spielformen. Parallel dazu greift eine dynamische deutschdidaktische Bewegung auf Elemente kreativen und spielerischen Umgangs mit Sprache in den Modellen kreativen und freien Schreibens zurück, auf die weiter unten eingegangen wird.

Ein letzter Entwicklungsstrang ist bis heute aktuell. Neben die originären kinderliterarischen Spieltexte treten Adaptionen der Erwachsenenliteratur, insbesondere aus den Bereichen der Konkreten und Visuellen Poesie. Dies belegt die beeindrukkende Sammlung „Antons liebste Wort-Spiel-Verse" von G. Wolf (1997). – Die Breite der Möglichkeiten des Spielens mit Sprache berücksichtigt H.-J. Gelberg bis heute in den Jahrbüchern der Kinderliteratur (ab 1971), wie der 10. Band „Oder die Entdeckung der Welt" (1997) wiederum belegt, insbesondere durch die Tatsache, daß zahlreiche Sprachspieltexte Originalbeiträge sind.

Eine frühe relevante Untersuchung zum Gegenstandsbereich liefert H. Helmers mit „Lyrischer Humor. Strukturanalyse und Didaktik der komischen Versliteratur" (1971). Zwar ist er, wie bereits der Untertitel belegt, darin noch partiell der Deutschdidaktik der 60er Jahre verhaftet. Aber Beispiele aller sechs Gattungen, die er dort vorstellt, sind für Spielen mit Sprache bedeutsam: Klanglyrik, Buchstaben und Reimspiele, Verkehrte Welt und Parodie, Lachende Moral und Komische Erzählgedichte. Entsprechendes gilt für die von ihm angewandten Analyseprozeduren.

Die Zeitschrift Praxis Deutsch präsentiert zwei Hefte, die wesentliche Anstöße vermitteln: „Spiele mit Sprache" (1974) und „Kreativität" (1977). Wolfgang Menzel leistet in den einleitenden Artikeln eine Verzahnung von Aspekten der Allgemeinen Didaktik, der Kreativitätsforschung, erziehlicher, lernpsychologischer und unterrichtstheoretischer Komponenten mit dem Aufgabenkomplex „Spiele mit Sprache". Noch heute haben wesentliche Faktoren des von ihm aufgezeigten Bedingungsgefüges Gültigkeit. Weniger beachtet werden aber die strukturellen, binnensprachlichen Faktoren des Phänomens Sprache mit ihren linguistischen und literarischen Komponenten, die Spiele mit Sprache ermöglichen bzw. herausfordern (vgl. dagegen J. Wermke 1994, S. 128–134). Diese fachwissenschaftlichen und fachdidaktischen Systemelemente sind für Textauswahl bedeutsam. Sie können mit den Fragen verdeutlicht werden, wie es denn kommt, daß sich Sprache und Sprachmaterial dem spielerisch-kreativen Umgang ebenso anbieten wie etwa Ton, Papier und Farbe in der Bildenden Kunst – und zwar so sehr, daß bereits das sprachlernende Kind in frühem Alter darauf reagiert und sich Schulkinder auf diesem Feld oft hochmotiviert zeigen und daß Sprachspiele sowohl konstitutiv für die Volks- als auch die allgemeine Literatur sind?

Die letztgenannten Aspekte treten in zwei Aufsätzen deutlicher hervor. Klaus Schmidt (1979) reflektiert vor allem sprachwissenschaftliche und anthropologische Hintergrundphänomene, die die Grundhaltung des Spielens mit Sprache (vgl. oben, Abschnitt 1.2) bzw. die „Quellen des Sprachspiels" (ebd. S. 65) transparent machen.

Fritz Winterling (1971), der von einem vergleichbaren Begründungszusammenhang ausgeht wie Schmidt, betont, daß beim Spielen mit Sprache nicht das Werk, sondern Versuch und Prozeß im Mittelpunkt stehen sollen (S. 251 f.). Vor allem aber hebt er auf den oben genannten Pol der Emanzipation (Normenkritik) ab. Er will dem Schüler „Mittel in die Hand geben, sich von den Zwängen der Sprache zu distanzieren" (S. 250). So wichtig dieser „Distanzierungs- und Befreiungsaspekt" ist (S. 254), wir sehen darin jedoch nur eine Funktion, nicht die Totalität des Spielens mit Sprache.

Zwei Titel vermitteln in der Frühphase der Aktivierung des Spielens mit Sprache bedeutsame theoretische und unterrichtspraktische Anstöße. Sowohl Schmieder / Rückert, „Kreativer Umgang mit Konkreter Poesie" (1977), als auch Claus Langheinrich, „Konkrete Poesie. Visuelle Texte" (1979), beziehen sich, wie die Titel belegen, auf eine Teilmenge der Spiele mit Sprache. Beide Veröffentlichungen sind ein eindringliches Dokument für die deutschdidaktischen Möglichkeiten des Spielens mit Sprache und der Erziehung zu sprachbezogenem kreativem Verhalten 6- bis 12jähriger Kinder.

Die dieser Diskussionsphase folgenden Veröffentlichungen bemühen sich, vorrangig als Monographien, um Theorie und Praxis umfassende Gesamtdarstellungen. 1981 erscheint die Erstveröffentlichung des Verfassers, deren Weiterentwicklung diese Untersuchung darstellt. Die zentralen Aspekte sind die Verzahnung von spiel- und kreativitätstheoretischen Bedingungen, die gleichwertige Berücksichtigung der literarischen und sprachlichen Dimension sowie die Dokumentation einer größeren Zahl von Unterrichtsmodellen. Übergeordnet ist der Bezug auf die Fülle der Sprachspieltexte traditioneller und moderner Kinderliteratur sowie auf Adaptionen sprachspielerischer Texte der Erwachsenenliteratur. Lyrische und Prosatexte sind dabei gleichermaßen berücksichtigt.

Magda Motté verweist in der bereits genannten Untersuchung zur modernen Kinderlyrik (1983) auf den gewichtigen, für die dynamische kinderlyrische Entwicklung des genannten Zeitraumes geradezu konstitutiven Anteil an Sprachspielformen.

Brigitte Seidel richtet ihre theoretischen sowie praxisbezogenen Ausführungen in ihrer Untersuchung „Schüler spielen mit Sprache" (1983) auf die sprachunterrichtliche Bedeutung der Spieltexte vom 1. bis 10. Schuljahr. Zur Begründung greift sie dabei auf literarische, kinderliterarische, sprachliche, auf kreativitäts- und spieltheoretische Positionen zurück. Im didaktischen Teil deckt sie die sprachunterrichtlichen Bezüge in ihrer Breite auf, indem sie die Lernbereiche Reflexion über Sprache, Sprachkunde, Grammatikunterricht, Schrift und Verschriftlichung sowie Rechtschreibunterricht einbezieht.

Ein umfassendes Resümee der theoretischen und unterrichtlichen Entwicklung, Diskussion und Erprobung von „Aspekten der Kreativität in der Literaturdidaktik" seit den endsechziger Jahren präsentiert Jutta Wermke in der zweibändigen Untersuchung „Kreativität als paradoxe Aufgabe" (1989, 1994²). Der erste Band gilt der „Entwicklung eines Konzepts der Kreativität und ihrer Förderung durch Literatur", wobei der Begriff „Literatur" den zentralen Bezug auf „Spiele mit Sprache" signalisiert. Der zweite Band umschließt eine „Empirische Überprüfung literaturdidaktischer Möglichkeiten der Kreativitätsförderung" und stellt damit ein bedeutsames Element der Entwicklung didaktisch-wissenschaftlicher Forschung dar. Die vorliegende Arbeit ist in ihren kreativitätstheoretischen Bezügen Wermkes Untersuchung in besonderer Weise verpflichtet.

Das Abklingen des dominanten deutschdidaktischen Bezugs auf Sprachspiele im Laufe der 80er Jahre, damit auch das Abebben einiger euphorischer Erwartungen bezüglich Kreativität und Spielvermögen von Kindern, berührt nicht nur die Primärtexte, sondern ebenfalls die didaktische Diskussion. Über die genannten Untersuchungen hinaus werden in den Folgejahren einige Aufsätze, vorrangig zu Teilaspekten, publiziert, auf die wir an den entsprechenden Stellen verweisen werden, sowie Erwähnungen in anderen deutschdidaktischen Zusammenhängen geleistet (vgl. z. B. G. Mattenklott 1992). Die relevanten Periodika zur Grundschul- und Deutschdidaktik der Sekundarstufe veröffentlichen in lockerer Folge Aufsätze und Themenhefte zum Konzept „Spielen mit Sprache" (z. B. Die Grundschulzeitschrift, Heft 111/1998). Daneben wächst das Angebot von Materialhilfen, Arbeitsblättern und konkreten Unterrichtsvorschlägen. Sie vermitteln einerseits beachtenswerte Anregungen für die Unterrichtspraxis, lassen jedoch teilweise schlüssige Rückbindungen an den fachdidaktischen Begründungshorizont vermissen, so daß die Perspektive eines zwar spielerisch anreizenden, aber zugleich unreflektierten Machens dominiert.

Einen Nebenstrang mit dynamischer Diskussion, theoretischer Klärung und praktischer Erprobung stellen die Bereiche kreatives und freies Schreiben sowie Schreibwerkstatt dar (vgl. E. M. Kohl 1994; G. Spitta 1985 u. 1992). Jedoch gewinnen dabei, im Gegensatz zur Intention vorliegender Untersuchung, die Sprachspieltexte als Ausgangselement weniger oder kaum an Gewicht. Diese Ansätze zeichnen sich durch den Alltagsbezug und eine kreative sprachliche Sensibilisierung aus, die ihren Ausgangspunkt zumeist im konkreten Sprech- und Schreibverhalten der Lerngruppe sucht. Als Variante des Spielens mit Sprache stellen sie ein bedeutsames komplementäres Modell vorliegender Untersuchung dar. Im Vergleich gewinnt unser Ansatz sein Gewicht vor allem dadurch, daß Kinder ihr Sprachkönnen, Sprachwissen und -verhalten nicht immer oder einfach durch konkrete Aktivierung des schon Gekonnten und Gewußten erweitern, anreichern oder weiterführen, daß vielmehr Sprachanregungen, wie sie die Sprachspiele in ihrer Fülle darstellen, Initialzündungen vielfältiger Art bewirken und auch über den gewonnenen Sprachhorizont hinausführende Spiel- und Lernanreize bieten. Die sprachliche Sensibilisierung außerhalb des Textangebots wird dabei nicht übersehen, sie erhält lediglich einen anderen didaktischen Ort. Im letzten stoßen wir hier auf ein spannungsreiches Verhältnis zwischen Sprachspielen und Spielen mit Sprache, wie dies in folgendem Beleg deutlich wird:

> Spielen mit Sprache – Sprachspiele, das ist ein enger Zusammenhang: Aus dem Spiel mit der Sprache ... können geformte Sprachspiel-Texte entstehen, die mündlich weitergegeben oder schriftlich fixiert werden und ihrerseits wieder Ausgangspunkt für eigenes Weiterspielen mit Sprache sein können. (Born 1988, S. 2)

Die Bedeutsamkeit vorauslaufender sprachlicher Lernprozesse i. w. Sinne, die hier zunächst auf den literarischen Bereich bezogen wurden, betont N. Kruse für den linguistischen Sektor. In einer nüchtern-kritischen Auseinandersetzung mit Funktion und Reichweite des Spielens mit Sprache verweist er darauf, daß dem Kind der soziale Funktionsrahmen sprachlichen Handelns transparent sein bzw. daß es in ihm sozial und sprachlich-kommunikativ zuhause sein muß, ehe es vor dem Hintergrund dieser Fähigkeiten Sprache spielerisch um- und einsetzen kann (Kruse 1998). Dies entspricht weithin dem hier, insbesondere im Praxisteil des 4. Kap. vertretenen pädagogischen und didaktisch-methodischen Ansatz. Unter der Perspektive unterrichtlichen Handelns wird er von H. J. Zechner in vergleichbarer Weise vertreten. In seinem Beitrag „Gedichte schreiben: ein Weg zu dir selbst" (in: Gelberg 1993, S. 146 f.) betont er insbesondere den Anregungscharakter von sprachspielerischen Gedichten und Rätseln und daß sie ihre Wirkung resp. Vorbildfunktion besonders dann entfalten, wenn deren Aufbau betrachtet wurde. Gestützt werden diese didaktischen und lernpsychologischen Argumente durch Forschungsergebnisse der Kreativitätstheorie (vgl. S. 21 und 26).

Insgesamt läßt sich beobachten, daß häufig mit Ausschließlichkeit vorausgesetzt wird, daß Kinder Sprache aus sich selbst heraus entwickeln. Jedoch selbst hinter kreativen Sprachprodukten, offensichtlich durch subtile Anregungen ganz spontan aus dem Kind herausgelockt, lassen sich bei genauerer Analyse oft die sprachlichen Lernfelder zumindest bruchstückhaft aufdecken, die vorab das sprachliche Spielmaterial gleichsam zur Verfügung stellten. Dies sind z. B. spezifische sprachliche Anregungen des Elternhauses, Lektüreerfahrungen im Bereich der Kinderliteratur oder über den Literaturunterricht, verbale Anregungen von Kinderfilm oder Hörkassetten u. ä. Die hier im Mittelpunkt stehenden Sprachspiele sind nicht nur Spielanregungen, sie vermitteln zugleich, u. E. mit gleichrangigem Gewicht, Sprachanregungen im Sinne weiterführender sprachlicher und literarischer Angebote über das von Kindern erreichte Sprachniveau hinaus.

Überblickt man nun aus der Sicht von heute die Entwicklung des Teilbereichs „Spielen mit Sprache", zeigt sich, daß dieser nach dem Jahrzehnt eines unübersehbaren Booms in der Primär- und Sekundärliteratur – der nicht ohne Aufgeregtheit

und Übersteigerung verlief – ein wesentliches, selbstverständliches, in den
Deutschunterricht unspektakulär integriertes Element geworden ist. Dies belegen
neuere Lesebuchwerke (s. unten, S. 66) und Gedichtbände, so z. B. die repräsen-
tative Sammlung „Überall und neben dir. Gedichte für Kinder" von H.-J. Gelberg
(1986) oder „Gefunden. Gedichte für die Grundschule" (Kleinschmidt / Kolbe
1985, Lehrerband 1987) mit einem eigenen Kapitel von Sprachspielen. Dies belegen aber auch durchgehend die deutschdidaktischen Beiträge etwa zum kreativen
Schreiben (u. a. G. Brenner 1990, K.-H. Spinner und andere Beiträge in Praxis
Deutsch 1993, H. 119, K. Schuster 1995), diejenigen, die sich unter den Stichworten „handlungs- und produktionsorientierter Deutschunterricht" zusammenfassen
lassen (Praxis Deutsch 1993, H. 119, G. Haas 1997), Didaktikentwürfe zur Lyrik
(G. Waldmann 1994, G. Schulz 1997), schließlich spezielle Didaktikbeiträge wie
„Die Buchstaben beim Wort genommen" von Franz Mon (1987) oder „Mit Sprache
spielen: Sprachbewußtheit – Sprachkritik" (Andresen / Januschek 1995)

2 Die pädagogische Dimension von Kreativität und Spielen mit Sprache

Spielen mit Sprache begründet kein neues Teilfach des Deutschunterrichts. Am besten läßt sich dieser Ansatz als ein pädagogisches und didaktisches Prinzip bezeichnen, das Konsequenzen für die Art der Strukturierung von Unterricht, seiner schulischen und didaktischen Einbettung hat und mit Freiräumen des Schülers und der Einstellung des Lehrers zusammenhängt. Kreativität stellt sich so als ein Lern- und Sozialisationsprinzip dar, als eine Haltung, die Sprache gegenüber immer wieder neu eingenommen und die zugleich von Sprache und Literatur herausgefordert wird. Ehe wir die sprachliche Dimension unter fachwissenschaftlichen und fachdidaktischen Fragestellungen genauer erschließen, gilt es, wenn auch in gedrängter Form, Kreativität und Spiel als pädagogische Faktoren vorzustellen.

2.1 Kreativität

Die Kreativitätsdiskussion ist seit der Initialzündung, die von Guilfords Aufsatz „Kreativität" ausging, breit geführt worden (1950, in: Mühle / Schell 1970, S. 13–36). Ursachenanalysen des zu verzeichnenden Kreativitätsbooms erbrachten große Übereinstimmung. Seine Wurzeln liegen zweifelsohne in spezifischen Bedingungen unseres wissenschaftlich-technischen Zeitalters (Flechsig 1966, S. 133f.). Ähnlich argumentiert Heinelt. Er leitet die Aktualität des Themas aber noch aus einer weiteren Wurzel ab, nämlich aus dem sich verstärkenden Mißtrauen gegenüber der einseitigen Wertschätzung von Intelligenz (Heinelt 1974, S. 14). Bereits Guilford vermerkte, „daß Kreativität und schöpferische Produktivität weit über den Bereich der Intelligenz hinausgehen" (in: Mühle / Schell 1970, S. 15). Wichtig ist, zu registrieren, daß Schule als Institution eher dazu neigt, Faktoren der Intelligenz zu aktivieren als solche der Kreativität und daß sie entsprechend intelligente Schüler höher einschätzt als kreative. Am Rande sei vermerkt, daß die Ergebnisse der Kreativitätsdiskussion deutlich Bezüge zu dem in der reformpädagogischen Phase gebräuchlichen Begriff des „produktiven Denkens" haben, wie W. Metzger belegt (1971, S. 132f.). Dies rechtfertigt ein weiteres Mal den ausführlichen Rückgriff auf das Modell des Sprachschöpferischen Unterrichts von A. und E. Kern.

An das Schlagwort Kreativität knüpften sich schnell gesteigerte Erwartungen für eine grundlegende Änderung von Erziehung, Schule und Unterricht. In wichtigen Fragen bildete sich ein Konsens und setzte sich die optimistisch gestimmte Auffassung durch, „daß: 1. Kreativität eine mehr oder weniger verfügbare Grunddimension eines jeden Menschen ist; 2. durch Einsicht in die Wirkweise kreativen Verhaltens latente kreative Potenzen auf nahezu jeder Verhaltensebene aktualisiert werden können; und 3. geeignete Erziehungsmaßnahmen kreative Kräfte schon beim Kind entscheidend wecken und fördern können" (Heinelt 1974, S. 10).

Auch auf deutschdidaktische Entwürfe sind Modellvorstellungen der Kreativitätstheorie übertragen worden. Wolfgang Menzel hat, wie wir bereits vermerkten, diese in bündiger Form, auf Spiele mit Sprache bezogen, zusammengestellt (1974, 1977). Hier soll der für die vorliegende Arbeit notwendige pädagogische Begründungshorizont im folgenden kurz abgesteckt werden.

Kreativität tritt uns in der wissenschaftlichen Literatur zunächst als ein hochkomplexer Faktor entgegen, den exakt und zufriedenstellend zu definieren bis heute nicht gelungen ist. Weinert spricht von einem schillernden Begriff und verweist, bezogen auf die Forschungslage, auf eine Mischung von „Fakten und Mythen" (1991, S. 30). Die dieser Feststellung korrespondierende pädagogisch-didaktische Einstellung wird die einer behutsamen, feinfühligen Unterrichtsführung sein, die die Offenheit und Freiheit des Verhaltens gerade auch des lernenden Kindes in Ansatz bringt. Die hohen Anforderungen, die damit an Lehrende gestellt werden, sind von J. Wermke ausführlich beschrieben (1994, S. 110–117).

Wir selbst haben uns dem Phänomen Kreativität im ersten Abschnitt in Form einer Beispielreihe genähert. Merkmale, die wir diesen Beispielen kreativen Verhaltens oder kreativer Produktion zuordnen können, sind: Neugier, Experiment, spielerisches Manipulieren, entdeckendes Lernen, produktives Denken, Überwindung von Normen, Umstrukturierung, Offenheit, Selbsttätigkeit und Phantasie. Wir stoßen dabei auch auf das Faktum, daß hinter kreativem Verhalten ganz bestimmte Einstellungen transparent werden und daß es nicht nur den kognitiven, sondern ebenso den affektiven und sozialen Bereich umschließt. In diesem Sinne skizziert Flechsig „verschiedene Dimensionen des Begriffs Kreativität", denen er je ein Begriffspaar als Außenpole zuordnet, gleichsam eine Skala menschlichen Verhaltens mit zahlreichen Zwischenstufen umklammernd (Flechsig 1966, S. 131–133):

– anthropologische Dimension: Rezeptivität – Spontaneität
– kulturtheoretische Dimension: Tradition – Innovation
– sozialpsychologische Dimension: Konformität – Nonkonformität
– ethische Dimension: Regel – Freiheit
– kognitive Dimension: konvergierendes – divergierendes Denken
– emotionale Dimension: defensives – expressives Verhalten
– didaktische Dimension: Geschlossenheit – Offenheit
– methodische Dimension: Leitung – Selbsttätigkeit

Tatsächlich erweisen sich die damit aufgezeigten polaren Verhaltensmöglichkeiten bei nahezu jedem Sprachspiel bedeutsam für Unterrichtsplanung, Unterrichtsgestaltung, Einschätzung von Struktur und Funktion des einzelnen Spiels, insbesondere auch für Schülerbeobachtung beim kreativen Prozeß. Allerdings bedeutet nicht der eine Begriff einen absoluten Negativ-, der andere entsprechend einen absoluten Pluswert, wie dies anderenorts häufig interpretiert wird, daß etwa divergierendes gegen konvergierendes Denken einseitig ausgespielt wird. Wie es, bezogen auf dieses Begriffspaar, von Ulmann mit Verweis auf Guilford (1970, S. 48), deutlich gesagt wird, daß nämlich divergierendes Denken immer auf konvergierendes bezogen bleiben muß, so sind auch bei Flechsig diese Begriffspole entsprechend zu werten. J. Werke gebraucht in diesem Zusammenhang den griffigen Terminus

„Bipolarität von Tradition und Innovation" (1994, S. 144). Der Hinweis impliziert zugleich eine gewisse Nüchternheit angesichts mancher emphatischer Erwartungen, die sich im Schulalltag dann allzu schnell in ihr Gegenteil verkehren. Er verstärkt zugleich die oben vertretene These vorlaufender und begleitender Lernprozesse, mit der wir die „Eingabe" von Sprachspieltexten begründeten. So müssen z. B. immer erst Sprachformen und Sprachbestände gelernt sein, zur Verfügung stehen, angewandt worden sein (konvergenter Pol), ehe sie im Spiel gewendet, aus dem Normgefüge herausgelöst, umstrukturiert werden können (divergenter Pol). Überhaupt gilt dies als ein Postulat, das die Autoren immer wieder hervorheben. Magda Motté vermerkt beispielsweise, daß das Spiel mit lyrischen Texten immer voraussetzt, daß die Spieler die grundlegende Norm erkennen und die Spielregel erfassen (Motté 1983, S. 159). Besonders eindringlich vertritt Weinert diesen Standpunkt. Er verweist auf „eine radikal neue Konzeption von wissenschaftlicher Kreativität".

> Danach hängen kreative Leistungen in einem bestimmten Inhaltsbereich vor allem von dem relevanten spezifischen Wissen ab, über das jemand verfügt. Wenn in diesem Zusammenhang von Wissen gesprochen wird, so versteht man darunter sowohl deklariertes („gewußt was") wie prozedurales Wissen („gewußt wie") und meint damit nicht in erster Linie die Quantität der Kenntnisse, sondern deren Qualität. (Weinert 1991, S. 34)

Als didaktische Konsequenz ergibt sich, daß Kenntnisvermittlung, konvergentes Denken, Assoziation, soziale Anpassung, affirmative Einstellung, Übernahme von Aufgaben, Fremdbestimmung in Lernsituationen durch kreative Ansätze ergänzt, in eine polare Spannung gebracht werden müssen und letztlich auch nur so verantwortet werden können, also durch selbständigen Kenntniserwerb, durch divergierendes Denken, durch Bisoziation, durch Entdeckung und Experiment, soziale Innovation, kritisch-dialektische Einstellung, Selbstfindung von Aufgaben, Selbstbestimmung in Lern- und Lebenssituationen. Der Begriff „Bisoziation" ist von Arthur Koestler geprägt worden. Er „bedeutet einen plötzlichen Sprung der schöpferischen Phantasie, der zwei bis dahin unverbundene Ideen, Beobachtungen, Wahrnehmungsgefüge oder 'Gedankenuniversen' in einer neuen Synthese verbindet" (zit nach Menzel 1977, S. 6).

Faßt man, wie Menzel (1974, S. 15 f.), den differenzierten Katalog Flechsigs zusammen, ergibt sich ein für unterrichtliches Handeln griffiges Kategoriensystem. Kreatives Handeln gliedert sich danach in vier Dimensionen: die kognitive, die emotionale, die soziale und die methodisch-didaktische. J. Wermke geht ihrerseits zunächst von vier Aspekten der Kreativität aus: Person, Prozeß, Produkt und Umwelt. Sie können „jeweils sowohl als Ziel wie auch als Mittel von Lernprozessen definiert werden" (Wermke 1994, S. 147). Den vier Aspekten ordnet sie jeweils drei psychische Dimensionen zu: Emotion und Motivation, Wahrnehmung und Kognition, Verhalten und Handeln (S. 144). Diese Ebene ihres Systems entspricht in etwa den genannten Kategorien Flechsigs und Menzels. Schließlich leitet sie aus dem

Zusammenhang von Produkt- und Personenmerkmalen vier thematische Stränge ab. Im Rahmen dieser Stränge werden Unterrichtssequenzen thematisiert, die, horizontal dargestellt, auf die vier Aspekte der Kreativität bezogen sind, vertikal auf die drei genannten psychischen Dimensionen. Diese vier didaktischen Komplexe sind als Rahmenthemen und zugleich zielbezogen formuliert:

- gegen Rollenzwänge: Freiräume des Subjekts entwerfen
- gegen reduzierte Interaktionsformen: klischeehafte Kommunikation durchschauen (s. das folgende Beispiel nach Werner Fink „Der Mut")
- gegen defizitäre Umweltbedingungen: Abenteuer–, Wunschwelten erfinden
- gegen stereotype Weltbilder: alltägliche Umwelt entdecken (Wermke 1994, S. 153)

An diese Gliederungen schließt sich die dringliche Frage der Verwirklichung von Kreativität im Unterricht an. Um einer Antwort näher zu kommen, wenden wir uns zunächst einem „kreativen Produkt" zu, um mit Hilfe einer Produktions- und Rezeptionsanalyse die abstrakten Kategorien, die bisher ins Spiel gekommen sind, zu verdeutlichen und sie auf ihre Tragfähigkeit hin abzutasten. Das Sprachspiel stammt von Werner Finck (in: Wiemer 1974, S. 53):

Beugung
Der Mut
des Mutes
Demut

Spielmaterial sind ein grammatisches Paradigma, nämlich die Beugung des maskulinen Substantivs „Mut", und das denotative und konnotative Merkmalsbündel, das die semantische Struktur dieses Nomens umschließt. Kurz gesagt, gespielt wird auf der morphologisch-grammatischen und semantischen Ebene der Sprache. Das „Spielfeld" weitet sich aber zugleich nach zwei Seiten hin aus. Die Übung „Deklination / Beugung" assoziiert Schule, Deutsch- und Grammatikunterricht, u. U. endlosen Drill und grammatisches Exerzieren. Das Wort „Mut" verweist auf eine Dimension menschlichen Verhaltens mit personalem und sozialem Bezug. Rollenerwartung und Rollenklischees können anklingen, auch die geschichtliche Hypothek im Blick auf zwei Weltkriege und das „Dritte Reich" und den Stellenwert, den dieser Begriff innehatte. In der dritten Zeile erfolgt nun ein Regelverstoß, eine Abweichung, bedingt durch zwei einfache sprachliche Operationen: die Tilgung eines Buchstabens, des „M", und die graphische Umstellung, indem zwei Wörter zu einem zusammengezogen werden. Das neue Wort „Demut" steht nun in semantischer Opposition zu dem Ausgangselement „Mut". Diese Opposition wird durch die Zeilenstruktur des Textes graphisch und morphologisch verstärkt. Die drei Komponenten bewirken vor allem die Überraschung des Rezipienten, dem das Wort „Mut", bezogen auf seine Sinnkonstitution, nun durch die Opposition „Demut" und die von hier aus auf den Anfangsteil rückprojizierte „neue" Sicht plötzlich in einem ganz anderen Licht erscheint. Das Erkennen der Pointe und die semantische und im Hintergrund personale und soziale Sinnverschiebung aktivieren sich gleichsam gegenseitig. Die Nonkonformität und Innovation des Spiels vermittelt die Nonkonformität und Innovation im sprachlich-semantischen und personal-gesellschaftlichen Feld. Das Herausspringen aus dem grammatischen Paradigma aktiviert die Sinnkomponente und zerbricht eine durch Schule geprägte Gewohnheit, Grammatik und Sprachhandeln mechanisch zu vollziehen.

Die im Sprachspiel aufblitzende Erkenntnis der Pointe beim „Mitspieler", wie Mut zu Demut wird, kann sich auf semantischer Ebene als eine Anmutung oder auch ein Betroffensein auswirken, ja ebenfalls als blitzartige Einsicht, die Bedeutung von „Mut" bisher einseitig konturiert bzw. in einseitiger Sozialisation geprägt zu haben.

Kindern und Jugendlichen werden einige Aspekte dieser Rezeptionsanalyse nicht zugänglich sein, aber sie werden andere, ihrer Lebens- und Lerngeschichte adäquate einbringen. Insgesamt haben wir zunächst ein Modell kreativer Produktion mit dem Versuch kreativer Rezeption gekoppelt. Wir wollen diese Unterscheidung zunächst nicht weiter verfolgen. Das Beispiel soll vor allem in Verbindung mit den bisherigen Aussagen zum Begriff der „Kreativität" und der Darstellung der Aspekte und Dimensionen gesehen werden. Die Anlage des Spiels ist ein Musterbeispiel von Bisoziation. In der dritten Zeile wird die Routine der Assoziation verlassen. In einem Sprung der schöpferischen Phantasie wird eine Verbindung gesehen, die dem ursprünglichen Gefüge „dem Mut" im Rahmen der Deklinationsreihe nicht anhaftet. Die Pointe ist ein neues kombinatorisches Muster. Die Erkenntnis, wie dies „gemacht" wurde, welche sprachliche Umstellung vorliegt, gehört der kognitiven Dimension auf Rezipientenseite an, ebenso wie die semantische Umstrukturierung der Feldbezüge von „Mut" in Opposition zu „Demut".

Der Rezeptionsvorgang und seine Auswirkungen lassen sich nicht ohne Verweis auf parallel laufende Umstrukturierungen von Einstellungen im emotionalen und sozialen Bereich beschreiben. Das „Wagnis" der A-Grammatikalität, bezogen auf das Schema der Deklination, in Spannung zum eigenen Sprachlernprozeß und seiner sprachlichen Sozialisation gehört ebenso dazu wie die Bereitschaft einer Umstrukturierung von Einstellungen und eine damit verbundene Rollenausweitung. Denkbar ist sogar, obwohl wir das nicht auf dieses eine Beispiel kreativer Produktion und Rezeption beschränken dürfen, ein nonkonformes Leseverhalten bei einer zukünftigen Textrezeption, wenn durch Buch oder Fernsehen eine jetzt nicht mehr akzeptable Auffassung von „Mut" vertreten wird. Die Komplexität der sprachspielerischen Vorlage spiegelt sich in dem Aspektreichtum der Analyse. Sie berührt die vier Aspekte der Kreativität nach Wermke, und unschwer ist ihr Bezug zu den Zielkomplexen der thematischen Stränge herzustellen. Zugleich bezieht sie sich gleichrangig auf die drei psychischen Dimensionen.

Spielform und Spielwitz unseres Beispiels sind von solcher Singularität, daß wir es wohl der Rezeption, aber nicht ohne weiteres der kreativen Produktion von Schülern zuordnen können. Wir greifen deshalb ein verwandtes, aber einfach strukturiertes Spiel auf (Peter Lehner, in: Wiemer 1974, S. 69):

egosie
egobin
egobist
egoist

Auch in Klassen, die keine Lateinkenntnisse haben, bereitet dieser Text keine Er-
kenntnisschwierigkeiten. Wir stellen ihn hier nur als methodische Zwischenstufe zu
einem Sprachspiel vor, das 4.–6. Schuljahren unmittelbar zugänglich ist:

ich spiele		ich falle	
du spielst		du fällst	
er spielt	nicht mit	es fällt	auf (rein)

ich winke		ich fliege	
du winkst		du fliegst	
sie winkt	ab	er fliegt	raus (rein)

Die Parallele zu dem Beleg „Beugung" ist offensichtlich. Die linguistische Basis
des Spiels ist hier die Konjugationsreihe, Singular Präsens, gebunden an Verben,
die ein Präfix (Verbzusatz mit Morphemcharakter) haben. Dieser Verbzusatz tritt
bei den finiten Formen im Präsens hinter den Verbstamm. Der Spielwitz besteht in
der Wahl solcher Verbkomposita, bei denen sich eine unerwartete, überraschende,
kritische Wendung ergibt. Den Kindern des 4.–6. Schuljahres liegen dann solche
Verben besonders nahe, die ihre Erfahrungs- und Problembereiche unmittelbar berühren: sie winkt – ab; er fällt – auf; sie fällt – rein; er fliegt – raus; sie spielt – falsch.
Anschließend ist u. U. die Rezeptionsbasis für eine spielerisch gefaßte Textcollage
von Hans Manz geschaffen. (Manz 1996, S. 11):

Zeit-Wort
Bestimmt das Wort die Zeit?
Nein.
Bestimmt die Zeit das Wort?
Nein.
Sondern:

ich bestimme die Zeit	Die Zeit bestimmt *mich*
du bestimmst die Zeit	Die Zeit bestimmt *dich*
er bestimmt die Zeit	Die Zeit bestimmt *ihn*
wir bestimmen die Zeit	Die Zeit bestimmt *uns*
ihr bestimmt die Zeit	Die Zeit bestimmt *euch*
sie bestimmen die Zeit	Die Zeit bestimmt *sie*

Nach diesen Beispielverweisen gewinnt die folgende Definition, die wir aus der
Fülle der vorliegenden Versuche zitieren, einen konkreteren Bezug.

Kreativität
• ist die Fähigkeit und Bereitschaft, etwas Neues aufzunehmen, zu verstehen, sich selbst
  erfahrbar zu machen, ist die Realisierung von Phantasie in Perzeptionsvorgängen;

- ist die Fähigkeit, etwas für sich oder andere Sinnvolles zu produzieren, aus gegebenen Materialien etwas Neues zu schaffen, aus Disparatem Ordnungen herzustellen;

- ist das Vermögen, Beziehungen herzustellen, Verhaltensnormen in Frage zu stellen, sich in sozialen Gegebenheiten flexibel zu verhalten oder Veränderungen eines Systems zu erproben. (Menzel 1977, S. 3)

Die gesellschaftliche Bezogenheit von Kreativität des letztgenannten Aspekts tritt uns im Lernprozeß der Schule als gruppenpsychologischer Faktor entgegen. Denn hier ist Kreativität nicht nur individuell zu beziehen, auf den einzelnen Schüler und Lehrer, „also als eine individualpsychologische Kategorie (zu werten), sondern auch als ein Prozeß in der Gruppe, als ein sozialpsychologisches Phänomen" (Heinelt 1974, S. 111). Insofern sind Gruppengröße und Gruppenzusammensetzung als äußere Faktoren für kreatives Lernen relevant, noch stärker sind es die Faktoren wie Gruppenatmosphäre, gruppeninterne Kommunikation, gemeinsame Ziele, Rollenausbildung und Gruppennormen, gegenseitige Anerkennung und Selbstbild der Gruppe (ebd., S. 112–117).

Zweifelsohne ist die Prozeßanalyse kreativer Akte für die Verläufe kreativen Lernens in der Schule von besonderer Bedeutung. Phasen, Stadien oder Stufen kreativer Prozesse werden in der Literatur ausführlich dargestellt. Gisela Ulmann (1970, S. 20–33) führt an: die Vorbereitung – die Inkubationsphase – die kreative Idee und ihre Bewertung – die Verifizierung.

J. Wermke unterscheidet 6 Stadien des kreativen Prozesses: Problemwahrnehmung, Präparation, Inkubation, Illumination, Elaboration, Kommunikation. Das letzte Stadium signalisiert die Bedeutung sozialer Verantwortung der kreativen Person. Für den Aufbau und die Abfolge ihrer thematischen Sequenzen leitet sie daraus nahezu unmittelbar Unterrichtsphasen ab: Expressive Phase, Technische Phase, Inventive Phase mit den Schritten Einzelproduktion, Reflexion, Gruppenproduktion (Wermke 1994, S. 76 u. 191–194). Weinert setzt sich mit dieser Phasentheorie kritisch auseinander. Die vorrangig auf Selbstzeugnissen basierenden Daten legen für ihn eher eine skeptische Einstellung nahe (Weinert 1991, S. 32).

Im Blick auf Prozeßverläufe des Lernens und Gestaltens im Unterricht haben diese Phasenmodelle aufgrund ihres allgemeinen Charakters u. E. keine unmittelbare Steuerungsfunktion. Sie sind eher ein Diagnoseinstrument für den beobachtenden Lehrer als ein Element unmittelbarer Unterrichtsplanung. Wir haben beobachten können, daß Faktoren der Kreativität und Faktoren des Spiels, die zwar zahlreiche Überschneidungen aufweisen, im Blick auf Prozeßverläufe auch deutliche Unterschiede bewirken bzw. markieren. Offene Sprachspiele, für die es nur einer geringen Zurüstung bedarf, die niedrige Lernbarrieren ausweisen, die vor allem durch das Merkmal der Unendlichkeit, d. h. der häufigen Wiederholung, geprägt sind, zeigen kaum Anklänge an den von der Kreativitätstheorie aufgewiesenen typischen Phasenverlauf. Dies ist jedoch bei solchen Spielen der Fall, die an kreative Einfälle besonderer Art gebunden sind, deren Struktur selbst Rätselelemente oder Zuspitzungen im Sinne gedanklicher Pointen umschließen und die über Versuch und Irrtum mit Einschluß zahlreicher Überraschungen zu Ergebnissen führen. Diese Unterschiede werden anhand der didaktisch-methodischen Skizzen des Kapitels 4 verdeutlicht. Im Rahmen des Beispiels 4.9, „Alles umsonst und alles im Eimer", wird ein Prozeßverlauf mit hohem Annäherungswert an den Idealtypus der Kreativitätsforschung belegt.

Im Blick auf die Formen und Möglichkeiten sprachlicher Kreativität ist das Verhältnis zwischen allgemeiner Kreativitätsförderung und spezifischer, an konkrete Lerninhalte bzw. Lernfächer gebundene von Bedeutung. Jutta Wermke hat mit ihrer empirischen Überprüfung literaturdidaktischer Möglichkeiten der Kreativitätsförderung eine Lücke gefüllt (1994, Band 2) und insgesamt die Korrelationen von Kreativität und Spiel mit Sprache aufgedeckt. Es gibt tatsächlich Unterrichtsinhalte, die im Rahmen kreativer Förderung eine spezifische Funktion gewinnen, deren Strukturgefüge oder Anregungspotential auf wesentliche Merkmale des kreativen Prozesses selbst verweisen. Wir meinen, daß dies in obigen Analysebeispielen deutlich anklingt. Der entsprechende Nachweis wird Kernstück dieser Arbeit sein. Die optimale Passung des Lernziels „Förderung der Kreativität" einerseits und des kreativen Potentials eines Unterrichtsinhaltes andererseits lassen die günstigsten Lernerfolge erwarten. Sprachspiele, wie wir sie hier vorstellen, umschließen nun in vielfältiger und differenzierter Weise solche kreativen Potentiale. Sie selbst sind eine Potenzierung der uns von Sprache und Literatur selbst abgeforderten bzw. diesen eingebundenen kreativen Elementen und Möglichkeiten.

Neben Persönlichkeit, Prozeß und Produkt werden die Umweltbedingungen als Variablen kreativen Verhaltens genannt. Schule als Institution, Lehr- und Stundenplan, schulische Organisation bilden immer wieder massive Barrieren für die Entfaltung von Kreativität. Die Listen der hemmenden Faktoren, die in der Literatur aufgeführt werden, sind eine durch und durch negative Bilanz (vgl. Heinelt 1974; Wermke 1994).

Nun läßt sich jedoch die Zeitgebundenheit der Aussagen der frühen Belege nicht übersehen. Der Grund- und Förderstufe darf ein beachtenswertes Maß an didaktisch-methodischem Umdenken bescheinigt werden, wie die Stichworte Schülerbezug, offener Unterricht, freies Arbeiten, Selbständigkeit, die die pädagogische Diskussion in den letzten 10 bis 15 Jahren beherrschten, belegen. Eher sind Öffnungen erfolgt, die, unter anthropologischer Sichtweise, die Grenzen zu Utopien hin haben verschwimmen lassen. Eine Formulierung Weinerts gewinnt in diesem Zusammenhang für die hier vertretene Position leitmotivische Bedeutung:

> Kreative Denkprozesse stehen nicht im Widerspruch zum geordneten logischen Denken, sondern beide Arten sind notwendige Komponenten für die Lösung schwieriger Probleme. (Weinert 1991, S. 35)

Sie verstärkt zugleich die zentrale didaktische These der vorliegenden Untersuchung, daß sich weder Kreativität noch Spielen mit Sprache in einem frei schwebenden Zustand der Beliebigkeit entfalten, sondern immer, auch innerhalb freier Unterrichtsformen, auf Lern- und Unterrichtsvoraussetzungen basieren.

Andererseits ist Unterrichtspraxis ein komplexes Feld, so daß auch bei bester Intention insbesondere hemmende Außenfaktoren kreative Prozesse erschweren können.

Fragen wir abschließend nach den Möglichkeiten der Schule, werden wir uns der realistischen Einstellung Ausubels anschließen müssen, daß nicht aus jedem Kind eine „kreative Persönlichkeit" zu machen sei, es aber sehr wohl sinnvoll ist, kreative Fähigkeiten nüchtern zu fördern (Ausubel, nach Ulmann 1970, S. 131). Ins Positive gewendet: „Erziehung zur Kreativität" bedeutet nicht, daß einige Begabte gefördert, sondern daß das allgemeine Niveau der kreativen Leistungsfähigkeit angehoben werden soll (Ulmann 1970, S. 139). G. Rodari berührt diese Betrachtungsweise von Phantasie und Kreativität in einem vielbeachteten Zitat, das sich auf die befreiende Wirkung des Wortes bezieht (Rodari 1992, S. 9):

> „Alle Gebrauchsmöglichkeiten des Wortes allen zugänglich zu machen" – das erscheint mir als ein gutes Motto mit gutem demokratischem Klang. Nicht, damit alle Künstler werden, sondern damit niemand Sklave sei.

2.2 Spiel

In der zweiten Hälfte der 70er Jahre erfolgte, parallel zur Problematisierung einseitiger Lernzielorientierung, eine Rehabilitierung von Spiel und Spielen als eigene bzw. eigenständige Kategorie menschlichen Weltverhaltens allgemein und in besonderer Weise kindlichen Weltverhaltens. Die Periodika der 80er und 90 Jahre belegen die unmittelbaren Auswirkungen auf die Praxis des Deutschunterrichts der Schule bis in die unteren Schuljahre der Sekundarstufe (vgl. insbes. Die Grundschule ab Heft 1/1978). Der zuvor dominanten Definition des Kindes als „Lernwesen" wurde wieder die des Kindes als „Spielwesen" gleichrangig zugeordnet. Eine partielle Wiederanknüpfung an die besondere Wertschätzung des kindlichen Spiels innerhalb der Reformpädagogik wirkte als fruchtbarer Impuls. Die Faszination des Spielens zeitigt mittlerweile sogar einen so extremen Pendelschlag, daß erste kritische Stimmen auf Defizite im Lernkonzept der Schule verweisen (vgl. Steffens 1997). Die Vermittlung von Spielen und Lernen als zwei fundamentalen anthropologischen Kategorien, die beide ihre Wurzel im frühkindlichen explorativen Verhalten haben (Callies 1973), erweist sich immer wieder als eine zentrale Aufgabe von Pädagogik, Didaktik und Fachdidaktik. Unbestritten ist jedoch, daß Spiel, Geselligkeit, unterrichtliche Freiräume, insgesamt Schule als Lebensraum befruchtende Elemente der bedeutenden, nur in dieser Weise von Schule wahrnehmbaren Kernstücke von Lernen und Unterricht sind. Spiel und Phantasie sind „eine kreative Form von Weltaneignung", beides „sind Formen der Erkenntnistätigkeit" (L. Duncker 1995, S. 4). Mit Bezug auf Ernst Cassirer (1990) begründet er den anthropologischen Ansatz der Spieltheorie:

> *Die Welt für sich erschließen und sich selbst aufschließen für die Welt* – so könnte man die innere Dialektik eines anthropologisch gefaßten Lernbegriffs auf eine kurze Formel bringen. (L. Duncker 1995, S. 4)

Eine solche Auffassung von Lernen zeigt die enge Beziehung zu dem Begriff des explorativen Verhaltens. Lernen spiegelt gleichsam in sich die Dimensionen von Spiel, Phantasie und Kreativität.

> Lernen ist kein passives Aufnehmen des Bestehenden, sondern meint im Grunde einen schöpferischen Akt: Das, was man vorfindet, wird nicht bloß aufgegriffen und wahrgenommen, sondern untersucht und gedeutet, erkundet und abgetastet, verglichen und bewertet. Auf diese Weise entsteht ein Spiel mit Perspektiven und Standpunkten, ein Abwägen von Wesentlichem und Unwichtigem, ein Finden von Originellem und Übertragbarem. (Ebd.)

Neben Kreativität stellt Spiel ein zweites Bedingungsfeld des Spielens mit Sprache dar. Da wir die Spielbezüge in allen Praxisbelegen und Unterrichtsmodellen hervorheben und reflektieren, erfolgt in diesem Abschnitt nur ein kurzer Abriß. Dabei leiten uns zwei Grundgedanken: Einmal sind mit der gerafften, aber doch umgreifenden Darstellung von Kreativität, und in den einleitenden Abschnitten der Spielperspektive, allgemeine und sprachspielerische Komponenten bereits deutlich in das Blickfeld gerückt worden. Insbesondere traten Spielmerkmale als denen der Kreativität verwandte oder gar identische hervor. Diese Überschneidung der beiden pädagogisch-didaktischen Kategorien gilt es zu beachten. Sie ist sogar im Bereich sprachlichen Handelns besonders auffällig. Sanner weist in einer für unsere Thematik wichtigen Arbeit aspektreich nach, „daß das spielerische Element dem Kreativen immanent ist, sogar zur Substanz gehört im reizvollen, aber auch harten Widerstreit von Regel und Freiheit, von selbstgewählter Begrenzung bei gleichzeitiger Nutzung des Spiel-Raums" (Sanner 1973, S. 30). Zum anderen zeitigt Spiel aber auch Erscheinungen, die außerhalb des Rahmens, der mit Kreativität abgesteckt ist, liegen. Man denke nur an ein auf Funktionslust gründendes, auf Regeln und endloser Wiederholung beruhendes Spielen. In diesem Sinne sind Spiel und Kreativität zwar aufeinander verweisende, sich aber auch ergänzende Sachverhalte, die nicht einfach einer aus dem anderen ableitbar sind. Unsere Arbeit soll also weder ein Deduktions- noch ein Identitätsverhältnis signalisieren, sondern ein Korrespondenzverhältnis mit komplementärer Grundstruktur.

Die Zahl der Spieltheorien ist groß. Vor allem haben jene Widerhall gefunden, in denen Spiel auf eine Grundidee, ein leitendes Prinzip zurückgeführt wird. Dies reicht von Locke und Rousseau, Kant und Schiller zu Huizingas „Homo Ludens" (1938, 1987) und zu Freud. Für ihn dient das Spiel der Triebabreaktion, ist es ein Prinzip der Lustökonomie, indem im unbewußten Wiederholungszwang auch Unlustvolles im Spiel bewältigt wird. Charlotte Bühler hebt die Funktionslust beim Spielen hervor. Für Bally ist die Freiheit das zentrale Merkmal des Spiels, für Buytendijk schließlich sind Spielen mit etwas, Spielfeld, Spielregel und Spielplatz bedeutsame Faktoren. (Scheuerl 1969, S. 14–19)

Bezogen auf die Frage „Was ist Spiel?", sagt Scheuerl: „Ein Kanon weniger Hauptmotive kehrt in nahezu allen Spieltheorien wieder." (1979, S. 69) Als solche nennt er (S. 69–98):

- Das Moment der Freiheit

  „Spiel verfolgt keinen außerhalb seiner selbst liegenden Zweck." (S. 69) – „Spiel ist
  frei vom Zwang ungebärdig drängender Triebe, frei von den gebieterischen Nötigun-
  gen des Instinkts. Es ist frei von den Bedürfnissen des Daseinskampfes, von der Not
  des Sich-Wehrens. Spiel ist nicht Ernst im gewöhnlichen Sinne, was nicht ausschließt,
  daß es mit Ernst und mit Eifer betrieben werden kann. Es ist ohne Verantwortung und
  ohne Konsequenzen. Es ist nicht auf Zwecke gerichtet, was nicht ausschließt, daß es
  in sich durchaus zweckvolle Zusammenhänge enthalten kann." (S. 71 f.)

- Das Moment der inneren Unendlichkeit

  Die Spannung des Spiels soll fortdauernd erhalten bleiben, ein Drang nach unermüd-
  lichen Wiederholungen und einer Ausdehnung des Spiels in der Zeit sind beobacht-
  bar.

- Das Moment der Scheinhaftigkeit

  Dem Spiel eignet immer etwas Schwebendes, Schwereloses, ein Als-Ob; Freiheit von
  Triebdruck und Zwecken ist immer auch eine Freiheit vom Zwange der Realität.

- Das Moment der Ambivalenz

  Das Hin und Her im Spielgeschehen, dieses Miteinander von Motivation und Intention des Spielers und den Reizen des Spielmaterials, haben wir bereits mehrfach benannt. Ambivalenz bezieht sich aber auch auf maßvolle Spannung, das Sich-Einlassen
  auf und zugleich Offenhalten von Situationen, bezieht sich auf Spielhingabe und kul-
  turell reflektierte Verhaltensweisen. Der Spieler ist frei und nicht frei, subjekt- und
  objektbezogen zugleich. „Die Bilder des Spiels haben eine Doppelnatur: Sie sind zugleich vertraut und fremd, bekannt und unbekannt." (S. 92) Momente der Unbere-
  chenbarkeit, der Überraschung, des Abenteuers gehören dazu. „Das völlig Bekannte
  ist genausosehr zum Spielen ungeeignet wie das völlig Unbekannte." (S. 92, bezogen
  auf Buytendijk)

- Das Moment der Geschlossenheit

  Spiel hat Begrenzung, Prozeß und Gestalt, es ist eine formgebundene Aktivität.

- Das Moment der Gegenwärtigkeit

  „Das Moment zeitloser Gegenwärtigkeit ist nur die Kehrseite der Momente der
  Zweckfreiheit, der 'inneren Unendlichkeit' und des scheinhaften Schwebens."
  (S. 98) Der Spieler verliert sich nicht einfach im Fluß des Geschehens oder versinkt
  nicht einfach im Zeitstrom, er ist mit seinem Spiel gleichsam herausgelöst aus der
  Kontinuität der Zeitreihe und erlebt dieses auch.

Die Erklärungen zu den aufgezeigten Spielmomenten verweisen an mehreren Stellen auf die unmittelbare Beziehung zu Faktoren des Kreativitätsphänomens, verdeutlichen aber auch ebenso Unterschiede. Dies wird sich fortsetzen, wenn wir uns
jetzt dem Verhältnis Spielen und Lernen sowie einigen pädagogischen Organisationsformen des Spiels zuwenden. Lernen richtet sich auf körperliche und geistige
Fertigkeiten, Kenntnisse, Haltungen und Gesinnungen. Es ist eine zielgerichtete
und zweckgebundene Tätigkeit. Eine erste Korrelation von Lernen und Spielen ergibt sich dadurch, daß auch Spiele gelernt werden. Dieses Lernen ist aber außerhalb des Spiels angesiedelt. „Spielen-Lernen ist also zu einem wesentlichen Teil ein

vorbereitendes Lernen im Dienste des Spiels." (Scheuerl 1979, S. 178) So konnten wir beobachten, daß Kinder, um Unterlagen für das Spiel „Rede und Gegenrede" (s. oben, S. 38f.) zu erhalten, Listen von Homonymen zusammenstellten, dazu Wörterbücher benutzten und sich gegenseitig fragten und informierten, alles in Vorbereitung für das Sprachspiel.

Von „Spielen-Lernen" ist das „Lernen im Spiel" zu unterscheiden, dieses ist ein erprobendes Anwenden, ein Einüben durch Ausüben. Dabei sind Lernerfolge bedeutsam, sei es, indem erlernte Fertigkeiten eingeschliffen oder automatisiert werden, sei es, daß Neues entdeckt und in fruchtbarer Spannung mit schon Gelerntem in eine umfassendere Struktur eingeordnet wird. Einen besonderen Stellenwert hat „Lernen im Spiel" im schulischen Bereich dann, und zwar über Scheuerls Verweise hinaus, wenn Lernaufgaben selbst Spiele sind: z. B. im Sportunterricht wird Handball gespielt, im Werkunterricht wird experimentell mit Bauklötzen operiert, im Musikunterricht mit den Orff-Instrumenten improvisiert, im Kunstunterricht mit Linie, Farbe und Fläche, im Sprachunterricht z. B. mit Palindromen gespielt. Dabei sind zwei Gruppen zu unterscheiden:

a) Materialspiele / Gestaltungsspiele und
b) Darstellungsspiele, Simulations-/Rollenspiele wie Kindertheater, Handpuppenspiele u. a. (s. hierzu K. Schuster 1994)

Das Jahresheft „Spielzeit. Spielräume in der Schulwirklichkeit" (1995) präsentiert eine Artikelserie zu den spezifischen Korrelationen von Spiel / Spielen und Schulfächern bzw. Gegenstandsbereichen, zum Deutschunterricht Harry Böseke „Der Geschichtenzirkus. Kreative Sprach- und Erzählspiele" (S. 106f.).

Sprachspiele, wie wir sie verstehen, gehören vorrangig in die Gruppe a), sie tangieren jedoch in unterschiedlichen pädagogischen Situationen auch die anderen Dimensionen.

Das „spielende Lernen" schließlich verweist auf Lernvorgänge, die spielerische Akzente erhalten. Vor allem vor dem Hintergrund soliden Wissens, bei optimalen Lernvoraussetzungen ereignet sich spielendes Lernen. So ist oft die spezifische Lernphase des Übens geeignet, sich das zu Lernende in Form des „Einspielens" anzueignen. „Voraussetzung des spielenden Lernens ist, daß der Lernende die Möglichkeiten zum Spiel innerhalb der Lernsituation entdeckt." (Scheuerl 1979, S. 189) Hier ist u. E. auch eine wichtige Komponente des Spielens mit Sprache aufgezeigt, denn oft erzeugen Kinder Spielprozesse im Vollzug des Sprachlernens selbst.

Im letzten sind „Lernen im Spiel" und „spielendes Lernen" eng aufeinander bezogen. Spielen ist aber nicht Vorform des Lernens oder umgekehrt, beide haben im Kindesalter eine gemeinsame Wurzel und sind sogar identisch. Sie treten erst nach und nach auseinander. Im schulischen Bereich kann Spielen zum Lernen führen und ebenso Lernen zum Spielen. Wichtig ist, daß wesentliche Merkmale des Spiels jeweils ausgeprägt werden und Spiel nicht als oberflächliche Verkleidung des Lernens pervertiert bzw. lediglich als motivationaler „Trick" benutzt wird, sondern die anthropologische Verflechtung von Lernen, Spielen und Phantasie, wie sie L. Duncker hervorhebt (s. oben, S. 27f.), didaktisch-methodisches Leitmotiv bleibt.

Damit sind wir bei den pädagogischen Konsequenzen und den schulischen Organisationsformen von Spiel. Nach wie vor trägt die von Scheuerl eingebrachte Differenzierung (1979, S. 195–228):

1. das freie Spielen (Wahl der Spieltätigkeit und des Spielinhaltes durch die Kinder);
2. das gebundene Spielen (indirekte Anstöße durch Spielgeräte, direkte und indirekte Anregungen und Vorgaben);
3. das Experimentieren (ein planvoller Handlungszusammenhang – auf Erkenntnis des sachlichen Zusammenhangs gerichtet – nimmt oft spielerische Züge an bzw. geht in ein „Spiel-Betreiben" über bzw. kann auf ein Spiel selbst gerichtet sein);
4. das Lernspiel (hat große Ähnlichkeit mit dem Experiment, es ist in der Regel „ein pädagogisch durchdachtes Experimentiermaterial mit bestimmtem Aufforderungscharakter" (S. 211) – nicht mit dem Material des Lernspiels experimentiert man, also etwa den Lottokarten, sondern mit den „Zeichen", die sie tragen und den wechselseitigen Beziehungen zwischen diesen;
5. die spielerische Einkleidung (alles Stoffliche wird breit ausgemalt, Wissen und Kenntnisse werden nicht abstrahierend auf Grundgerüste verkürzt, sondern in Bereiche des Bildes und der Phantasie transponiert, z. B. ein kurzes biblisches Gleichnis in eine detaillierte, zeitbezogene Geschichte);
6. die Spielerei (eine Entartungsform des Spiels, das hier den ihm innewohnenden Ernst verliert).

Wir müssen bei der Analyse schulischen Spielens also unterscheiden zwischen den eben aufgelisteten Organisationsformen und den ihnen innewohnenden Aspekten der Ausprägung von Spielen und Lernen einschließlich ihrer Beziehungen, wie sie zuvor dargestellt wurden. Zur Verdeutlichung und Erprobung der Tragfähigkeit der bisherigen spieltheoretischen Erörterung sollen zwei Beispiele folgen.

Der Klassenraum eines 3. Schuljahrs enthält eine Bücherecke mit unterschiedlichen Angeboten, u. a. auch einige Sprachspielkompendien. In einer Phase freien Arbeitens greift ein Kind zu einem Beleg dieser Materialgruppe. Es blättert darin, offensichtlich interessiert, und beißt sich an einer Seite fest. Das Kind liest, stutzt und überlegt eine Weile. Dann wendet es sich zwei Mitschülerinnen zu, die noch unschlüssig herumstöbern. Sie lassen sich für das Angebot der aufgeschlagenen Seite interessieren und lesen sich ihrerseits kurz ein. Anschließend entwickelt sich ein dynamisches Gespräch. Die Kinder nehmen ein Blatt zur Hand und beginnen zu schreiben. Unterbrechungen lassen vermuten, daß sie etwas ausprobieren und Schwierigkeiten zu überwinden haben. Mehrfach zeigen sie sich ihre Produkte, nikken oder schütteln den Kopf. – Hier verläßt der Beobachter seinen Platz und damit die Außenperspektive. Er nähert sich unauffällig der Dreiergruppe. Die offensichtlich anregende Seite des Heftes zeigt das Spielmodell „Wörter, die in Wörtern stekken", eine Untergruppe der Buchstabenspiele (s. dazu das Unterrichtsmodell unten, S. 69ff.). Der Beobachter hört jetzt, daß die Kinder sich verbal der zuvor entdeckten, zumindest vermuteten Spielregel vergewissern: aus einem möglichst langen Wort sind Buchstaben zu entnehmen, die wiederum Wörter bilden. Die Reihenfolge

von links nach rechts muß eingehalten werden. „Zurückgehen dürfen wir mit einem
Buchstaben nicht", sagt ein Kind. Es hat erkannt, daß die Spielvorlage kein Ana-
gramm ist. – Auf den Blättern sind erste Versuche unternommen. Im Probieren wird,
zunächst durch Versuch und Irrtum, abgetastet, ob das gewählte Wort hinreichend
Möglichkeiten bietet. Dies ist z. B. bei der Notiz „Klassenlehrerin" der Fall: Klasse,
Kasse, leer, lassen, sehr usw.

Eine Pause beendet das Spiel. In der nächsten Zeit, über mehrere Wochen hin, sitzen
die drei und weitere Kinder, die sich haben „anstecken" lassen, bei allen sich bieten-
den Gelegenheiten einschließlich einer verregneten Pause über ihren Blättern und
suchen Wörter, die in Wörtern stecken. – Im vorliegenden Fall greift die Lehrerin dieses frei gewählte Spiel nicht für weitere Unterrichtsanregungen auf, etwa zur Vertie-
fung der graphisch-lautlichen Binnenstruktur von Wörtern. Dies hätte wahrschein-
lich ohne Motivationsbrüche erfolgen können.

Bereits eine oberflächliche Analyse belegt, daß das beobachtete Spiel mit Sprache
zahlreiche der erörterten Merkmale von Kreativität umschließt. Dies gilt z. B. für
den Phasenverlauf, der deutlich die oben aufgewiesenen Stadien kreativer Prozesse zeigt: die Ausgangssituation, gepaart mit Interesse und Neugier, die sich auf eine
Zufallsentdeckung richten, genaues Hinschauen, verbunden mit Kontaktaufnah-
me als Präparation, das Stutzen und Überlegen als Inkubationsphase vor dem Finden der Spielregeln und dem Spielwitz, einige erhellende Aha-Erlebnisse als Illumination, Probieren und Experimentieren mit Selbstkorrekturen, schließlich erste
Verifizierungen als Elaboration. Ebenso deutlich treten die Spielkategorien hervor
wie das Moment der Freiheit (ohne gesetzten Zweck, ohne Anordnung), der „inneren Unendlichkeit" (hier vorrangig die zahlreichen Wiederholungen), der Ambivalenz (das Hin und Her zwischen den faszinierten Spielern und den Reizen des Spielmaterials, und zwar eine längere Zeit andauernd), schließlich das Moment der Geschlossenheit (Beachtung der Begrenzung des Spiels durch Regeln, hier auch der
von der Spielvorlage angeregten speziellen typographischen Form der Anordnung
des Spielmaterials). Als Organisationsform nimmt es seinen Ausgang als freies
Spiel mit experimentellem Charakter, gewinnt in der Folgezeit aber offensichtlich
auch die Qualität eines Lernspiels. Entsprechend handelt es sich in der Ausgangs-
phase und bei dem Einstieg um einen Ansatz des Spielen-Lernens, das dann in die
Form des Lernens im Spiel überwechselt.

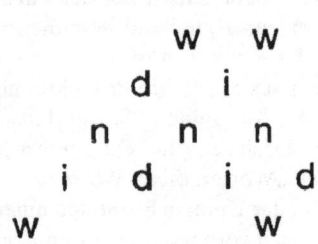

Doris Schmieder berichtet ausführlich, wie ihr 2. Schuljahr Gomringers
Konstellation „wind" selbständig erschließt. Der dynamische Unter-
richtsprozeß und das kreative Spiel-
verhalten der Kinder spiegeln sich in
der Zusammenfassung der Unterrichtsergebnisse:

Unser Buchstabenrätsel besteht aus folgenden Buchstaben: w, i, n, d.
Sie ergeben das Wort *wind*.
Die vier Buchstaben wiederholen sich: *i*, *n*, *d* kommen dreimal vor, nur das *w* steht
viermal da. Sie sind so angeordnet, daß sie von links unten nach rechts oben und von
rechts oben nach links unten (diagonal) das Wort *wind* bilden.
Auch von rechts unten und von links oben können wir *wind* jeweils diagonal lesen.
Durch unsere eingezeichneten Pfeile erkannten wir, daß das Wort *wind* nicht nur
viermal diagonal, sondern auch fünfmal über Eck und zweimal in Kreisform gelesen
werden kann.
Das ist möglich, weil alle Buchstaben mehrere Male verwendet werden. An den äu-
ßersten Enden unserer rätselhaften Wortkonstruktion stehen die Anfangsbuchstaben des Wortes;

> w w
>
> w w

Von diesen vier Außenpunkten wehen die Winde ins Innere des Gebildes / des Ereig-
nisses hinein.
Dort kreuzen sich fast alle. Welcher Wind streift nur am äußeren Rande, ohne die
Mitte zu berühren? Wir können *wind* nicht nur lesen, sondern auch hören. Wenn wir
die Konstellation in unserer gewohnten / gewöhnlichen / normalen Schreibweise le-
sen, dann können wir die Geräusche / Töne / Laute vernehmen, die der *wind* verur-
sacht.
Er weht: *w w*
Er pfeift lauter und heller: *di id i d*
Er heult dumpf: *n n n*
Schließlich bläst er schwächer: *w*
Dann legt er sich / hält ein / gibt nach / verstummt für eine Weile, um noch ein letztes
Mal zu blasen: *w*.
Das erkennen wir an dem leeren Zwischenraum zwischen den beiden *w* am unteren
Ende der geheimnisvollen Konstellation. (Schmieder / Rückert 1977, S. 80f.)

In der entsprechenden Zusammenfassung des kreativen Erschließens mit einem
dritten Schuljahr kommen noch folgende Entdeckungen ins Spiel:

> Wenn wir das rätselhafte Gebilde auf den Kopf stellen, erscheint ein Hahn. Ist es
> vielleicht ein Wetterhahn, der sich nach den verschiedenen Windrichtungen dreht?
> Die auf den Kopf gestellte Konstellation zeigt völlig andere / neue, sinnvolle Buch-
> staben, die ebenfalls die Geräusche des Windes nachahmen. (Schmieder / Rückert
> 1977, S. 84)

Spielaktivitäten werden nicht von außen angelagert, sie entfalten sich vielmehr
durch die kreativen Potenzen, die dem Sprachmaterial mitgegeben sind und die die
Rezipienten als Mitspieler einbringen. In den Ausführungen zur Konkreten Poesie
werden wir belegen, daß Texte dieser poetischen Richtung das Korrespondenzverhältnis Text-Leser ganz neu begründen.

3 Die fachdidaktische Dimension von Kreativität und Spielen mit Sprache

3.1 Sprach- und literaturwissenschaftliche Voraussetzungen

Während wir im vorigen Abschnitt Kreativität, Spielen und Lernen noch getrennt behandelten, können wir sie nun, da ihre Beziehungen aufgedeckt und ihr gemeinsamer Wurzelgrund, vor allem im explorativen Verhalten des Kindes, nachgewiesen wurde, zusammenfassen und auf Sprache und Literatur beziehen. *Die Formbarkeit und Veränderbarkeit von Sprache auf allen verbalen Ebenen angesichts und trotz des Hintergrunds eines relativ festgefügten Systems von Zeichen und Regeln ist das grundlegende Axiom, auf dem sprachliche Kreativität und Spielen mit Sprache gründen.*

„Dabei ist Sprache Spiel-Objekt und Spiel-Raum zugleich." – „Vor allem aber wirkt die Gestaltbarkeit der Sprache als Gestaltungsanreiz auf den, der sich an ihr versucht." (Sanner 1973, S. 28) Innovation, Veränderung, Überwindung von Regel und Sprachschematismus dürfen jedoch im schulischen Raum und besonders auf der Grundstufe nicht absolut gesetzt werden. Nicht die ungefilterte literarische Realität ist der didaktische Bezugspunkt, sondern Sprache und Literatur im Lebens- und Erfahrungshorizont des Kindes einschließlich der darübergelagerten Folie seiner sprachlichen Lerngeschichte. Die Tragfähigkeit dieses Ansatzes hat Helmers für den kindlichen Humor als lebensgeschichtliches Faktum, bezogen auf den Lernbereich „lyrischer Humor – komische Versliteratur", überzeugend belegt (1965, 1971).

Spielen mit Sprache in unserem Sinne ist eingeordnet in das Spannungsfeld von Normenerwerb und Normenkritik, Tradition und Innovation. Dies berührt nun auch den Spielbegriff. Kreativität als Gegenpol zu Regel und ähnliche Oppositionen treffen nicht die Realität spielerisch-kreativen Rezipierens und Produzierens, denn „der kreative Experimentier- und Gestaltungsprozeß verläuft seinerseits keineswegs regellos" (Sanner 1973, S. 27). Was auf einen ersten Blick hin im Spiel als reine Selbstbefreiung von Sprache aussehen mag, gepaart mit Neugier, Überraschung, Widerspruch oder auch Schock, ist auf einer anderen Ebene doch wieder an Formen gebundenes, regelgeleitetes Spiel. Ob sich allerdings neue Formen und Regeln durchsetzen, Anerkennung finden und Alltagssprachgebrauch von morgen werden, hängt nicht nur von Spielergebnissen oder kreativen Produkten, sondern vor allem auch von gesellschaftlichen Konstellationen ab (vgl. Liede 1963, Schneider 1976).

„Worin aber gründet jener spielerische Reiz oder Impuls, der von der Sprache selbst – mehr noch als von einer außersprachlichen Situation – ausgeht?" Sanners Frage (1973, S. 31) führt in das Zentrum der folgenden Ausführungen. Er selbst nennt als spielerische Reize und kreative Impulse die Metaphorik, die Strukturierbarkeit alles zu Sagenden und die perspektivischen Möglichkeiten wie Raum-,

Zeitperspektive und Perspektivität zwischen den Teilnehmern am Sprachprozeß als Sender-Empfänger-Verhältnis (ebd., S. 31 ff.). L. Duncker spricht ebenfalls von dem „Spiel mit Perspektiven und Standpunkten" (s. oben, S. 28). Die drei Impulsgruppen nach Sanner belegen deutlich, daß Kreativität und Spielen mit Sprache dort ansetzen, wo Sprache und Literatur selbst offene Zonen haben. Nicht einfache Benennung in vorgegebenem lexikalischem Rahmen oder sachbezogene Information, weder die eingeschliffene Kommunikationsformel noch das verinnerlichte syntaktische Muster sind allein Ausgangspunkt spielerischer Tätigkeit. Immer muß erst etwas hinzutreten: Neugier, eine Konfrontation sprachlicher Aussage mit anders strukturierter Wirklichkeit, ein neuer divergierender sprachlicher Kontext, ein fremder artikulatorischer Reiz, ein Versprecher, eine unerwartete Wirkung auf den Empfänger, ehe sich etwas in Richtung Spiel oder kreative Produktion bewegt. Wir stoßen damit an ein Phänomen, das auch die ästhetische Komponente von Sprache berührt. Immer wird bei den Elementen, die zur „normalen" sprachlichen Handlung hinzutreten – und das wäre der gemeinsame Nenner-, auf seiten des Sprachhandelnden ein exploratives Verhalten vorausgesetzt, das bewirkt, daß auf Sprache neu, anders, ungewohnt reagiert wird. Dies gipfelt gleichsam in dem Resultat, daß Sprache „Zeichen ihrer selbst" wird (Jacobsen). Sie erregt Aufmerksamkeit als Sprachmaterial, erzeugt eine qualitative Differenz gegenüber eingeschliffenem, alltäglichem, unreflektiertem Sprachgebrauch. Dadurch entstehen Freiheitsräume: für Phantasie, Utopie, Kreativität. Wenn Sprache nun im Spieltext gleichsam auf sich selbst aufmerksam macht, ergibt sich fast von selbst, „daß der Leser dabei auch etwas über die Leistung von Sprache und Schrift, über deren Mitteilungs- und Erkenntnisfunktion sowie über deren Gesetzmäßigkeiten erfährt" (Motté 1983, S. 128). Die Bedeutung von Sprachspielen erschließt sich nicht nur auf der eben angesprochenen literarästhetischen, sondern gleichrangig auch auf der linguistischen Ebene.

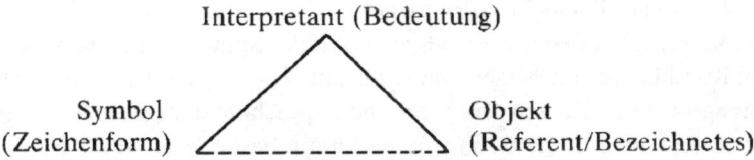

Im semiotischen Dreieck, einem bedeutsamen Erklärungsmuster der Sprachwissenschaft, ist die bipolare Definition von Zeichen als Beziehung zwischen Wortkörper bzw. Bezeichnendem und Wortinhalt bzw. Bezeichnetem zugunsten einer triadischen Relation abgelöst worden. Das Sprachzeichen stellt sich dar als Symbol oder Bezeichnendes bzw. Zeichenform, als Objekt (Referent oder Bezeichnetes) und Interpretant (Vorstellung / Bedeutung, Denotatum des Objekts). Die Entwicklung der semiotischen Modellvorstellung verlief über mehrere Stufen mit unterschiedlicher Terminologie (vgl. dazu Eco 1972; Nöth 1975; Köller 1977).

Für unsere Betrachtung ist entscheidend, daß Sprachkörper bzw. Symbol oder Zeichenform und außersprachliche Realität bzw. Objekt oder Bezeichnetes nicht direkt verbunden sind, sondern vermittelt über einen dritten Faktor, den Interpretanten. Dieser Begriff läßt sich umschreiben mit „Vorstellung, die sich eine Person von dem Zeichen und damit dem Objekt bildet" (Nöth 1975, S. 41). Es ist damit der Prozeß der Strukturierung von Bedeutung bezeichnet. Dieser Vermittlungsprozeß, als unendliche Semiose (Eco 1972) oder auch als das Anverwandeln von Welt durch Sprache zu bezeichnen, ist nun eben keine einfache Zuordnung zweier Elemente, sondern eine offene sprachliche Zwischenschicht. Damit ist unter semiotischer Betrachtung genau jener Freiheitsspielraum bezeichnet, der es erklärt, daß Sprache sich im historischen Prozeß und angesichts personaler und sozialer Herausforderungen als flexibel, veränderbar und innovativ für neue Weisen des Sagens, Darstellens, Appellierens, Kundtuns erweist.

Wenn wir zuvor von Wortinhalt / Wortbedeutung und Wortkörper sprachen, so diente dies nur als Beispiel. In den Semioseprozeß sind alle Sprachebenen eingeschlossen, und als „Zeichen" gelten Morpheme, zeichenhaft aufgeladene Phoneme und Grapheme, Wörter, Syntagmen, Sätze, Texte, Kommunikationshandlungen wie Sprechakte und spezifische literarische Formen. Insofern ist die breite Palette des Spielens mit Sprache eingeschlossen.

Mit dem Verweis auf die Sprachebenen haben wir gleichsam begonnen, den auf hoher Abstraktionsstufe bezeichneten Freiheitsspielraum zu konkretisieren. Er umfaßt alle sprachlichen Erscheinungen und ist entsprechend zu spezifizieren. Die Feinstrukturierung wird in den folgenden Abschnitten unter fachdidaktischen und unterrichtspraktischen Bezügen vorgenommen. Hier sollen noch einige Hinweise zur linguistischen und literarischen Dimension des Spielens mit Sprache folgen.

3.1.1 Linguistische Bezüge

Unter linguistischer Perspektive, mit Blick auf die „unendliche Semiose" im Interpretantenbereich, können wir von „Kreativität der Sprache" sprechen. Sprache ist nicht nur Kumulation von Wissen und Erfahrung, „sondern sie ist auch das Produkt einer unbegrenzten Zahl von schöpferischen Sprachhandlungen, die sich in ihrem originär-originellen System manifestieren und in besonderer Weise auf den Wortverbraucher zurückwirken ..." (Schmidt 1979, S. 59). Daß Kinder hier nicht nur nachgestaltend tätig sind, sondern spontan und originell die Spielräume nutzen, wurde in Abschnitt 1.2 deutlich. Sie weiten Klangmuster aus, periodisieren und rhythmisieren Klänge, variieren Konsonanten und Vokale. Sie erfinden Namen, bilden Wortkomposita, addieren in ungebräuchlicher Weise Vor- und Nachsilben, unterscheiden zwischen „lustigen" und „traurigen" Wörtern und reagieren entsprechend, sie spinnen sprachliche Vergleiche aus, nutzen Diskrepanzen zwischen ursprünglicher und übertragener Bedeutung, kommunikative Möglichkeiten beim Gebrauch von Homonymen, verschieben syntaktische Muster zu Unsinn-Sätzen, schütteln Anfangskonsonanten, entdecken Klanggleichheiten und verkehren logische Bezüge. Sie wehren sich gegen die Setzung von Ausdrücken (Sprachzeichen als konventionelle und arbiträre, d. h. willkürliche) und unterlegen akustischen und graphischen Strukturen einen neuen Sinn. Mit dieser Aufzählung haben wir wesentliche sprachwissenschaftliche Systemelemente benannt, die Spiel- und Freiräume von Sprache umschließen. Sie sind Kernstücke der vorzustellenden Sprachspiele und verweisen auf Möglichkeiten der Gliederung.

„Spiel mit Sprache" in dem aufgezeigten Sinne kann nun aber für den Spieler oder Rezipienten unterschiedliche Funktionen haben. Material und Spielreiz können so sehr auf den operationalen Aspekt, das konkrete Hantieren und das lautlich-graphische Verändern von Sprache, so sehr auf die Materialstruktur bezogen sein, daß von der Sinnfunktion und dem Sozialbezug von Sprache abgesehen wird. Andererseits kann der Reiz gerade darin bestehen, neue Sinnbezüge, unerwartete Aussagen, schockierende Appelle zu erzielen. Dies umschließt Möglichkeiten der Sprachkritik und Sprachmündigkeit, sprachlicher Sensibilisierung und Verführbarkeit, Manipulation und Sprachabhängigkeit zugleich. Gerade Werbung, aber auch die Massenmedien überhaupt haben sich dieses „Spielrepertoir" längst zu eigen gemacht. Die Spannweite des Spielens mit Sprache unter linguistischer Sichtweise, vor dem Horizont der Grammatik, ist im Blick auf erwachsene Rezipienten beispielsweise in dem Band „bundes deutsch. lyrik zur sache grammatik" von Wiemer (1974) dokumentiert, für den schulischen Bereich vergleichsweise bei Hans Manz (1996[4]) und in dem Sprachbastelbuch (Domenego u. a. 1996[12]).

Die Texte dieser Kompendien belegen, daß und wie auf unterschiedlichen Ebenen der Sprache im Feld der Grammatik gespielt werden kann. Sie umschließen Spielmöglichkeiten, die ab 1. Schuljahr relevant sind. Ehe wir den Beispielkomplex zur linguistischen Ebene abrunden, sind zwei Vertiefungen zu leisten. Die erste bezieht sich auf den Stellenwert der Sprachspiele im Grammatikunterricht, die zweite auf eine Präzisierung der Analyseinstrumente.

Sprachspiele bieten die Möglichkeit, fast alle grammatischen Sachverhalte, die zum Lehrplan der Schule gehören, in den Frage- und Interessenhorizont der Kinder zu rücken. Dies eröffnet neue Möglichkeiten im Grammatikunterricht. Brigitte Seidel (1983) hat den Schwerpunkt ihrer Untersuchung auf diese Perspektive der Sprachspiele gelegt. Gerlind Belke ordnet Kinderverse und Sprachspiele unmittelbar einem „systematischen Sprachunterricht" zu.

> Die Tatsache, daß nicht die Inhalte der Sprachspiele, sondern ihre Form im Zentrum des kindlichen Interesses steht, eröffnet die Möglichkeit des systematischen Spracherwerbs, das Üben von Paradigmen, das Trainieren bestimmter Satzstrukturen, die Anwendung formaler sprachlicher Strategien zur Verknüpfung von Texten, das Variieren von Texten innerhalb von vorgegebenen syntaktischen und poetischen Strukturen. Das Sprachspiel ist demnach beides: Ein vom instrumentellen Sprachgebrauch relativ unabhängiges 'poetisches Register' und eine besonders reflektierte Form der Anwendung sprachlicher Regularitäten, die durchaus auch in das kommunikative Repertoire der Kinder übernommen werden können. (Belke 1989, S. 184f.)

Hans Manz argumentiert im Nachwort seiner Sprachspielsammlung „Worte kann man drehen": „Ich stelle mir eine Schule vor, in der eine ganz neue Sprachlehre entsteht." (Manz 1996, S. 344)

Wir haben im Rahmen der Beispielanalysen mehrfach linguistische Operationen genannt, die formales Kernstück der Sprachspiele sind. Sie bilden ein genuin sprachwissenschaftliches Instrumentarium, das tatsächlich wesentlich zur Analyse und Komposition von Sprachspielen beitragen kann. Stießen wir oben innerhalb der literaturwissenschaftlichen Theoriebildungen bereits auf die unmittelbare Korrespondenz zwischen Sprachspielen und ästhetischen Texten, so geschieht dies hier ein zweites Mal. H. F. Plett konstruiert mit Hilfe des Begriffes „Abweichung" eine „ästhetische Schwelle", um literarische Texte von nichtliterarischen abheben zu können (Plett 1975, S. 129 ff.). Für seine „linguistische Hypothese über die zeichensyntaktische Dimension der Sprachästhetik" (ebd., S. 147) nutzt er zwei Orientierungspole: a) die linguistische Deviation (Abweichung) und b) die linguistische Einheit. Die linguistischen Einheiten ermöglichen uns vor allem eine Gruppierung der Sprachspiele. Wir vermerkten mehrfach, daß sich das Spielgeschehen auf unterschiedlichen Sprachebenen vollzieht. Plett benutzt den Begriff „linguistische Einheiten". Die an sprachliche Elemente gebundenen Spielformen selbst nennt er, der Tradition der ästhetischen Rhetorik folgend, Figuren. So ergibt sich folgende Klassifikation (Plett 1975, S. 149):

I   Laut / Phonem: phonologische Figuren (Lautfiguren)
II   Wort / Morphem: morphologische Figuren (Wortfiguren)
III   Satz: syntaktische Figuren (Satzfiguren)
IV   Sinn: semantische Figuren (Sinnfiguren)
V   Schrift / Buchstabe: graphemische Figuren (Schriftfiguren)

Die Figuren sind Träger der linguistischen Abweichungen. Plett unterscheidet regelverletzende und regelverstärkende Deviationen. Die regelverletzenden Deviationen (Abweichungen) sind:

– Addition (Hinzufügung / Erweiterung)
– Subtraktion (Hinwegnahme / Tilgung)
– Permutation (Umstellung)
– Substitution (Ersetzung)

Die regelverstärkende Deviation gründet in der Äquivalenz von Zeichen (Wiederholung, Ähnlichkeit) und umschließt vor allem Klang-, Reim- und Rhythmusformen. Das von Plett vorgestellte Analyseinstrumentarium erweist sich für Sprachspiele als ein praktikables Werkzeug. Wir werden uns häufig darauf beziehen, es wird Kernstück zahlreicher didaktischer Analysen sein. Dabei soll nicht übersehen werden, daß Plett primär die zeichensyntaktische Dimension von Sprache als Analysefundament benutzt, die semantische und die pragmatische jeweils als sekundäre Komponenten einfügt. Unter didaktischer Perspektive werden wir gehalten sein, die pragmatische und die semantische Dimension gleichrangig zu berücksichtigen. Eine deutliche Parallele zu Pletts Analysekategorien findet sich bei

J. Wermke. Sie werden von ihr in doppelter Bedeutung hervorgehoben. Einmal verweist sie in der Darstellung der Stadien kreativer Prozesse, und zwar der Inkubationsphase, auf Verfahren der Verfremdung, „die sich medienunabhängig auf vier zurückführen lassen". Es sind: Hinzufügen, Wegnehmen, Ersetzen und Vertauschen (Wermke 1994, S. 85). Bei der Erörterung der Besonderheiten literarischer Texte greift sie dann, bezogen auf die These, daß bei ihnen „der Prozeßcharakter im Produkt präsent bleibt", diese „Techniken der Ideenfindung" wieder auf (ebd., S. 128).

Der vertiefenden Betrachtung der Aspekte von Spielmöglichkeiten des linguistischen Bereichs schließen wir eine Beispielanalyse an, die dem 3. oder 4. Schuljahr zuzuordnen ist.

Die Bumfidel-Geschichten von Bernhard-von Luttitz (1975–1977) enthalten eine Fülle sprachspielerischer Anregungen. Dies gilt besonders für den Text „Bumfidel hatte Fieber". Wir haben es dabei offensichtlich mit der Form einer spielerischen Einkleidung im Sinne Scheuerls zu tun. Eine Gruppe von Wortspielen ist in einen „motivierenden" Text, eine Erzählhandlung eingebettet. Der Rahmen ist deshalb interessant, weil er einen verworrenen, halbbewußten, eben durch Fieber gekennzeichneten Zustand als Ausgangspunkt für das Verrücken von Sprache (mit verrückten Ergebnissen) nimmt. Das liegt parallel zu dem Untertitel in Liedes Standardwerk „Dichtung als Spiel", nämlich: Studien zur Unsinnspoesie an den Grenzen der Sprache (1963).

Bumfidel hatte Fieber

Bumfidel hat sich auch dies ausgedacht (als er krank war und nicht essen und nicht sprechen und nicht lesen konnte und Fieber hatte):

Ein Stammtisch ist ein Stamm, aus dem ein Tischler einen Tisch gemacht hat.

Eine Lektüre ist eine Türe, die zum Lecken da ist. Aus Zucker oder Marzipan.

Ein Pott, den man essen kann, heißt Kom-pott.

Ein Spaßvogel hat rote Federn.

„Gib mir einen Kuß", sagt ein Mann zu einer Frau. Die Frau fragt: „Einen Negerkuß?"

In einem Kindergarten wachsen Kinder statt Blumen.

Faulpelze sind Pelze, die faulen. Die stinken schon.

Was ist der Unterschied zwischen einer Sirene und einer Orgel? Die Sirene gellt. Und die Orgel or-gelt.

Die Frau vom Papagei heißt Mamagei.

Wenn ein Hahn kräht, tropft er nicht. Wenn er tropft, kräht er nicht. Der eine ist ein Wasserhahn, der andere ein Lufthahn.

Eine Buche ist ein Baum. Eine Buche ohne e ist ein Buch. Aber beide haben Blätter.

(Als Bumfidel soweit war, schlief er ein. Als er aufwachte, war er gesund.)

Der Text umschließt Sprachspiele in bunter Folge. Er konfrontiert Kinder mit einer großen Zahl kreativer Einfälle, die die Rezipienten aufgreifen und denen sie sich, über alltagssprachlichen Gebrauch hinwegspringend, öffnen können. Die rezeptive Komponente von Kreativität ist herausgefordert. Zugleich bewirken Sprachspiele, indem sie sprachliches Feld und sprachliches Handeln in unerwarteter Weise öffnen, daß der Rezipient zum aktiven Mitspieler wird. Der Lehrer, der die Spielsituation vorstrukturieren will, wird zwischen einmaligen Einfällen, deren Reiz sich im Nachvollzug und der Aufnahme für Weitererzählen erschöpft, und offenen Feldern für Weiterspielen zu unterscheiden haben. Zur ersten Gruppe gehört orgel(l)t, zur zweiten gehören Hahn, Kindergarten, Spaßvogel. Zum letzten Beispiel können weitere Komposita mit Tiernamen gesucht oder erfunden werden, die zur Kennzeichnung von Menschen mit besonderen Eigenschaften dienen: Trampeltier, Schleiereule, Rindvieh, Spitzmaus, Heuschrecke, Leseratte ... Die „etymologische" Auflösung wird oft überraschend sein. – Die Kinder können aber auch aus dem Feld „Tiere" herausspringen: Nervensäge, Dickschädel, Transuse, Teufelsbraten, um Bumfidel Konkurrenz zu machen. Grammatik- und Aufsatzunterricht verbinden sich bei solchen Schreibspielen in optimaler Weise.

3.1.2 Literaturwissenschaftliche Bezüge

Gebunden an die Frage, was den Spielreiz bewirkt, der so offensichtlich vom sprachlichen Material ausgehen kann, rückten literaturtheoretische Positionen ins Blickfeld, die den Freiheitsspielraum ästhetischer Texte erhellen. Die literaturwissenschaftlichen Bezüge reichen jedoch noch weiter, insbesondere bieten die Analyse literarischer Epochen und die Werke einzelner Autoren die Möglichkeit, das Phänomen des Spielens mit Sprache in vertiefter Weise zu erschließen. Neben die linguistischen Einheiten treten somit literarische Formen, die Spiel mit Sprache sind oder Spielelemente umschließen. An dieser Stelle verliert dann auch das Analyseinstrumentarium Pletts seine Gültigkeit bzw. wird dessen Reichweite begrenzt. Mit Hilfe der zeichenlinguistischen Dimension können zwar wesentliche Strukturmerkmale des kreativen Prozesses, nach Plett Operationen und Ergebnisse, also Äquivalenzen und Abweichungen, eruiert werden. Die Formqualitäten eines ästhetischen Produktes – wie sich ja Sprachspiele darstellen können – sind damit noch nicht hinreichend gefaßt. Auch in der modernen Sprachwissenschaft selbst gelten Strukturmerkmale nicht als alleiniger Erklärungsgrund, sondern wird die Kategorie des *Sprunges* mit in Ansatz gebracht. „Zur kreativen Strukturbildung gehört das Wagnis des Neuanfangs, der Mut zur Diskontinuität und die Fähigkeit, neue Interpretanten einzuführen, die Teil- und Superstrukturbildungen fragwürdig machen und neue Perspektiven eröffnen." (Köller 1977, S. 64)

Im Rahmen dieser Arbeit kann kein historisch-systematischer Abriß des literarischen Phänomens „Spielen mit Sprache" geleistet werden. Dazu sei auf vorliegende Untersuchungen verwiesen (Liede 1963). Bei der Analyse und didaktischen Strukturierung einzelner Spiele werden jedoch literarhistorische und auf Autoren bezogene Verweise eingebracht. Hier geht es um einige Details, die vor allem einer Gruppierung der fast unüberschaubaren Fülle an Sprachspielen dienen sollen.

Eine Teilmenge literarischer Spielformen haben wir eingangs, bezogen auf H. Helmers, erwähnt. Es ist die komische Versliteratur mit ihren Genres des lyrischen

Humors. Unter dem Begriff „Unsinnspoesie" (auch Nonsens-Dichtung) wird in der Regel das Hauptkontingent literarischer Spielformen zusammengefaßt. K. P. Dencker (1995) präsentiert eine Auswahl deutscher Unsinnspoesie, die von Hans Sachs bis zu Ernst Jandl, Gerhard Rühm und Theodor Weißenborn reicht. Mit mehreren Texten sind u. a. vertreten: Eduard Mörike, Ludwig Eichrodt, Christian Morgenstern, Joachim Ringelnatz, Hugo Ball, Hans Arp, Karl Valentin, Kurt Tucholsky, Kurt Schwitters, Heinz Erhardt. Es sind auch Texte aus älteren und neueren Anthologien aufgenommen, deren Verfasser unbekannt sind bzw. bei denen es sich um Volksgut handelt. Bedeutsam für didaktische Fragestellungen ist, daß neben der chronologischen Anordnung und dem ihr zugeordneten Verzeichnis der Autoren, Texte und Quellen eine Zusammenstellung nach Formen erfolgt. U. a. werden aufgeführt:

ABC-Verse / Abzählreime / Endreimspiele / Grammatisches Spiel und Reduktionen / Kinderlieder und Kinderreime / Klapphornverse / Lautspiele und neue Sprachen / Leberreime / Limericks / Lügendichtung / Mundarttexte / Palindrome / Parodien / Permutationen / Schüttelreime / Sprachspiele / Stumpfsinn-Verse / Wortneuschöpfungen

Auffällig ist, daß neben bekannten literarischen Formen auch Gruppen auftreten, die nach linguistischen Operationen benannt sind. Die enge Verzahnung von literarischer und linguistischer Komponente erfordert im letzten eine mindestens zweidimensionale Matrix. Auffällig ist auch, daß Sprachspiele eine eigene Gruppe bilden. Hier ist von einem engen, ja engsten Begriff von Sprachspiel auszugehen. Schließlich ist darauf zu verweisen, daß die Genres des lyrischen Humors fast vollständig vertreten sind.

Neben Vertretern deutscher Unsinnspoesie sind die beiden englischen Klassiker von Nonsens-Dichtung zu erwähnen: Edward Lear, der 1846 das *Book of Nonsense* veröffentlichte (Liede 1963, Bd. 1, S. 65 ff.), und Lewis Carroll mit *Alice in Wonderland und Through the Looking Glass* – deutsch: Alice hinter den Spiegeln (Liede 1963, Bd. 1, S. 172 ff.). Die literarischen Möglichkeiten des Spielens mit Sprache reichen jedoch über Unsinnsdichtung hinaus. Insbesondere sind seit den 70er Jahren Konkrete Poesie und Visuelle Texte in didaktischen Abhandlungen dem Bereich Spielen mit Sprache zugeordnet worden (Langheinrich 1979, Schmidt 1979, Schmieder / Rückert 1977) und haben sich bis heute als eine bedeutsame Gruppe, insbesondere in Schulbüchern und den Handreichungen für Unterricht, etabliert. Wir werden auf diese poetischen Richtungen an anderer Stelle kurz eingehen. Im Rahmen dieses Abschnitts stellt sich die Frage des Bezugs von Unsinns-Dichtung, Konkreter und Visueller Poesie zu Kreativität und Spielen mit Sprache. Die Richtungen stellen sich ohne Abstrich als Spezial- und Hochformen des Spielens mit Sprache dar, und zwar im unterrichtspraktischen Vollzug ebenso wie in ihrem literarischen Begründungs- und Legitimationszusammenhang. Sie lassen sich auf bündige Weise der Spiel- und Kreativitätstheorie zuordnen und ebenso den eingangs dieses Kapitels aufgezeigten allgemeinen Spielvoraussetzungen von Sprache.

Unsinnspoesie wird als ein Experimentierfeld, eine Kreativitätsschule bezeichnet, eine Möglichkeit, den Spielraum der Vorstellungen zu erweitern, als ein Spiel mit Worten, Sinngehalten und Ideen. Unsinn wird nicht mit sinnlos übersetzt, sondern als etwas bezeichnet, das gegen den Sinn operiert und damit Gegensinn erzeugt, er ist also eine versteckte oder offene Auflehnung gegen den Realitätszwang (Dencker 1995, S. 9). Das folgende Sprachspiel versinn(bild)licht diese literaturwissenschaftliche Position. Man kann daran ablesen, welche Wirkkraft ein gelungenes Spiel haben kann. Vier Zeilen bündeln wissenschaftliche Abhandlungen und pointieren sie in kognitiver Prägnanz. Der Vierzeiler von Lieselotte Müller (in: Wiemer 1974, S. 156) vermag als Motto unseres Kapitels zu fungieren:

> Man kann vom
> Un / si / nn
> immer noch
> 2/3 Sinn erwarten.

Wie das Sprachspiel generell ist auch Unsinnspoesie ein Wechselspiel von Regel und Innovation, konvergierendem und divergierendem Denken, Emanzipation und Integration, Spiel und Ernst, Kritik und Spaß. Dencker siedelt deshalb Unsinnspoesie nicht an den Grenzen der Sprache an, wie dies Liede tut, sondern rückt sie in das Zentrum menschlichen Sprachhandelns „als ganz wesentliches Sprach- und Ideenreservoir" (Dencker 1995, S. 15).

Dieter Baacke hebt als das eigentlich Nonsensikale hervor: „die Lust an der Verblüffung, Belustigung und Verwirrung des Lesers durch absurde, sozusagen aleatorische und weder logisch noch psychologisch vorbereitete Situationen und Sprachspiele" (Baacke 1995, S. 358). Nonsens richtet sich gegen die „Lethargie im Gewohnten" und „zugleich und vor allem gewinnt die Sprache dabei eine neue Freiheit und Leichtigkeit" (ebd., S. 359). Das Ursache-Folge-Denken wird außer Kurs gesetzt, und Sprache wird einfach eulenspiegelhaft beim Wort genommen (ebd., S. 366f.). „Nonsense nimmt eine uns allen geläufige Realität als Bezugsebene, erfüllt sie aber mit seltsamen Figuren und Gegenständen und tut so, als sei dies das Alltägliche und Geläufige." (Ebd., S. 370)

Geläufige Realität und geläufige Sprache sind Schlüsselelemente. Deshalb zählt er Unsinnspoesie nicht zu esoterischen Erscheinungen, vielmehr siedelt er sie im Mittelfeld der Umgangssprache an (ebd., S. 371). So sind auch Sprachspiele allgemein zumeist Gebilde im Medium der Umgangssprache mit einem mittleren Niveau, in diesem Sinne auch Gebrauchstexte und Gebrauchsliteratur, was zum Teil jedenfalls ihre didaktische „Robustheit" erklärt, drängen sie doch geradezu auf handelndes Eingreifen des Mitspielers.

Die Korrespondenz von Unsinnspoesie und Spielen sowie Kreativität wurde etwas breiter dargestellt. Die Parallelen zur Konkreten und Visuellen Poesie sind nicht weniger gewichtig, wie wenigstens kurz angedeutet werden soll:

Konkrete Poesie erlaubt in besonderem Maße das Spiel mit den Elementen der Sprache. Der Konkretist ist Spielgeber, der den Spielraum und die -regeln bestimmt, während der Rezipient den Spielsinn aufgreifen muß. Dieses Mitspielen des Lesers kann nachvollziehend geschehen – dann entdeckt der Rezipient den Spielsinn des Konkreten Materials und probiert ihn durch –, es kann aber auch produktiv geschehen: In diesem Fall muß der Leser neue Spielregeln finden. (Langheinrich 1979, S. 18 f.)

Die Positionsbestimmungen der Texte der Konkreten Poesie, ihre Bezüge zu Spiel und Kreativität sind von den Autoren selbst entsprechend formuliert (vgl. Gomringer 1969, 1996 – Wunberg 1974, daselbst Jandl und Heißenbüttel). Dies wird im Rahmen der Beispielreihe des vierten Kapitels ausführlicher dargestellt.

Die letzten Diskussionsbelege bezogen sich vorrangig auf lyrische Texte. Dencker betont angesichts der Beschränkung seiner Sammlung, daß es neben lyrischen Texten auch „herrliche Beispiele von Unsinnspoesie in Prosa und Dialogform" gibt (Dencker 1995, S. 15). Dies gilt nicht nur für Unsinnspoesie, sondern überhaupt für Spiele mit Sprache, wie mit Verweis auf Witz, Schwank, Eulenspiegelgeschichte, Rätsel, Verkehrte-Welt-Text, aber auch manche spielerische Einkleidung von Sprachspielen in der Kinderliteratur leicht belegt werden kann. Ursula Wölfels „Die Geschichte vom Prantocox" (1974, S. 62) ist dafür ein beredtes Beispiel. Nicht nur die Namenerfindung, der kreative Umgang mit diesem Wort (Vorname: Pranto – Familienname: Cox), sondern auch die Variation des Nemo-Motivs in Verbindung mit einem Homonym (unmöglich) und einer Redewendung sind Spielelemente des Textes. Die Frage des Beamten „Wollen Sie mich auf den Arm nehmen?" wird wörtlich genommen. Das Prantocox, das sich selbst ausgedacht hat, nimmt den Beamten des Einwohnermeldeamts auf den Arm. Der Ausruf „Sie sind unmöglich!" wird ebenfalls wörtlich genommen, und zwar in Form eines Autorenkommentars: „Prantocoxe sind unmöglich. Darum gibt es auch keine."

Angesichts der Anlage der vorliegenden Arbeit kann an dieser Stelle die Frage gestellt werden, ob denn diese literaturtheoretische Fundierung des Spielens mit Sprache der Unterrichtsarbeit des 1. bis 6. Schuljahrs dienlich sei oder nicht doch der Oberstufe zugeordnet werden müsse. Die kinderliterarische Entwicklung der letzten Jahrzehnte zerstreut diese Bedenken. Nicht nur, daß die genannten Gruppen der Literatur Sprachspiele enthalten, die Kindern dieser Altersstufe ohne Schwierigkeiten zugänglich sind, wie zahlreiche veröffentlichte Unterrichtsbeispiele belegen (vgl. Langheinrich 1979 und Schmieder / Rückert 1977). Die Kinderliteraturautoren haben selbst zahlreiche dieser Formen und Gruppen adaptiert bzw. deren wesentliche Strukturmerkmale in Kinderliteratur integriert. In Verbindung mit Belegen der Volksliteratur sind aber auch ganz neue, der Erwachsenenliteratur zwar zugewandte, aber doch kinderliterarisch eigenständige Formen entwickelt worden. Zwei Beispiele von Hans Manz (1996, S. 34 und 25) im Vergleich mit Ernst Jandls „lichtung" (1971, S. 173) mögen zur Illustration dienen.

Der kleine Unterschied

Das Bett der gebärenden Mutter
ist ein Kindsbett.

Die Taufe des Kindes
ist eine Kindstaufe.

Aber:
Der Kopf des Kindes
ist ein Kinderkopf.

Mein und Dein

Ein Elternteil zum andern:

„Sieh dir mal *m*eine Kinder an,
sind sie nicht klug und wohl geraten!"

„Sieh dir mal *d*eine Kinder an,
wie sie sich wieder aufführen,
wie die Flegel!"

lichtung

manche meinen
lechts und rinks
kann man nicht
velwechsern.

werch ein illtum!

Ähnliche Korrespondenzen ergeben sich zwischen „Der Zipferlake" von Lewis Carroll aus „Alice hinter den Spiegeln", übersetzt von Christian Enzensberger (1963), und den Texten von Käthe Recheis „Das Zuselwusellied" (s. unten S. 93), „Kleine Turnübung" von Hans Adolf Halbey (s. unten, S. 93), „Der verdrehte Schmetterling" von Mira Lobe (Domenego 1996, S. 25), „Lied der Krebsesser von den bachkrontischen Inseln" vom James Krüss und „Kremulinisches Geschlumpfe" von Roland Barry (s. Abschnitt 4.7). – Die Auflistung spiegelt zugleich eine curriculare Reihe im Sinne literarischer Aufbauarbeit: „Zuselwusellied" als abstraktes Lautgedicht im 2. Schuljahr, „Kleine Turnübung" im 2./3. Schuljahr, „Der verdrehte Schmetterling" im 4. Schuljahr, die Belege von Krüss und Barry im 5, „Der Zipferlake" im 6. Schuljahr. Weitere Belege, die in diese Reihe teils eingelagert, teils als Fortsetzung zugeordnet werden können, sind Morgenstern „Das große Lalula" Hugo Ball „Seepferdchen und Flugfische" sowie „Karawane" und Ernst Jandl „falamaleikum" (abgedruckt als Lehrplanelemente bei Helmers 1971, S. 199 ff).

Anm: Der Bezug auf die schier unübersehbare Fülle vorliegender unterrichtsbezogener Sprachspieltexte erzwingt geradezu die Nennung einer größeren Anzahl. Es liegt auf der Hand, daß nur wenige ausgewählte Titel in dieser Arbeit abgedruckt werden können. Der Verf. ist deshalb bemüht, vorrangig solche zu benennen, die in einer überschaubaren Gruppe lieferbarer Bücher, vorrangig Anthologien, zugänglich sind.

3.2 Gliederung und Gruppierung von Sprachspielen

Die Vielfalt des Anregungspotentials, das in Form von Textbelegen unterschiedlichster Strukturen vorliegt und Spielen mit Sprache ist, überrascht. Teilweise sind es Texte, die der Rezeption dienen, deren zentrale Zielkategorien im analytisch-interpretatorischen Bereich liegen, die zum kognitiven und affektiven Nachvollzug auffordern oder in besserer Weise Erkenntnis sprachlicher Phänomene bewirken, als es andere Formen des Sprach- und Literaturunterrichts vermögen. Die Mehrzahl der Texte jedoch zielt auf den Mitspieler, wie Gomringer es betont, reizt zur unmittelbaren Nachahmung, zum „Ausfüllen" der abgesteckten sprachlichen Spielfelder und bewirkt nicht zuletzt Freisetzung sprachlich-kreativer Handlungen des Rezipienten bei verwandten oder auch ganz neuen sprachlichen Inhalten und Formen. Auf dieser Ebene liegt, wie oben vermerkt und begründet, der Schwerpunkt vorliegender Arbeit: der Spieltext als initiierender Anreiz für spielerischen und kreativ-explorativen Umgang mit Sprache.

Daneben werden jene kreativen Sprachübungen und kreativen Prozesse berücksichtigt, die spontan aus sprachlich konturierten Spiel- und Handlungssituationen der Kinder erwachsen – dies ist die nicht planbare, wohl aber von sensiblen Lehrern situativ und unmittelbar aktivierbare Form. Die Analyse solcher Vorgänge und Spielhandlungen belegt jedoch, daß sie sich um ein sprachliches oder literarisches Element, Gefüge, um eine sprachliche Verdichtung gruppieren, die dann nicht ein vom Lehrer in die Lernsituation eingegebener Anreiz ist, sondern ein auf Schülerbeiträgen beruhender (z. B. ein Versprecher, ein Sprachwitz, ein sprachlich bedingtes Mißverstehen, ein zündender Abzählvers, ein Rätsel ...).

Eine dritte Initiierungsform sind schließlich jene Anstöße, die der Lehrer selbst ohne unmittelbaren Rückgriff auf vorliegende Spielformen und -angebote in die Situation einbringt. Dies setzt voraus, daß er die Spielmöglichkeiten von Sprache als Material abtastet, wie wir sie zu definieren versuchten. Von Vorteil ist, daß die Spielangebote unmittelbarer auf die Lernausgangslage abgestimmt werden können. Aber gerade dafür sind die vorzustellenden Textkompendien und -gruppen wiederum Anregungspotential für den Lehrer. Anstöße vermitteln für diesen Ansatz beispielsweise die Veröffentlichungen von E. M. Kohl (1994ff.). Daß jedoch auch für diese Initiierungsform die Spielfreiheit gewährende, in Hintergrund jedoch sensibel steuernde Sprachanregung des Gruppenleiters die tiefschichtigen Kräfte der Sprachphantasie entbinden hilft, hat G. Rodari in einem Bericht zu einer ihn bewegenden Fortbildungsveranstaltung für Lehrerinnen und Lehrer von Vor-, Grund- und Mittelschulen dokumentiert. Für Vertreter einer idealistischen Auffassung einer freischwebenden, ganz von selbst aus sich heraus entfaltenden Sprachphantasie und sprachlicher Kreativität mag einer seiner Hinweise sogar schockierend klingen:

> Der dritte, ausschlaggebende Grund für mein Glücksgefühl lag darin, daß mir die Möglichkeit geboten wurde, mich ausführlich und systematisch, unter beständiger Kontrolle durch Diskussion und Erprobung, nicht nur über die Funktion der Phantasie und der sie stimulierenden Techniken zu äußern, sondern auch darüber, wie die Techniken jedermann vermittelt werden könnten, sie etwa als ein Instrument für die sprachliche Erziehung der Kinder (aber nicht nur dazu ...) zu nutzen. (Rodari 1992, S. 8)

Noch offener ist das Feld für lyrische Produktion. Die Anregungen, die hier von „Anreizformeln" ausgehen, die der Lehrer eingibt, sind in einer frühen Arbeit von

Günter Jahn belegt (1973, S. 128, 137 ff.) und von G. Schulz in ihrer Gedichtdidaktik berücksichtigt (1997, S. 74 ff.). Als solche Anreizformeln fassen wir Sprachspiele vorrangig auf. Daß „Schüler Gedichte machen" (vgl. Gatti 1979), setzt einen erweiterten Lyrikbegriff voraus (Gerth 1975, S. 13). Dieser korrespondiert mit der Beschreibung von Sprachspielen, deren Bezügen zu alltagssprachlichem Material und umgangssprachlicher Fundierung und mit dem experimentell-kreativen Umgang mit Sprache als zu gestaltendem Material, wie wir dies intendieren.

Die Sprachspielbelege, die wir bisher berücksichtigten, zeigen bereits eine große Spannweite und Vielfalt. Noch stärker dokumentieren sich die Fülle der Einzelbelege, die unterschiedlichen Gliederungs- und Gruppierungsmöglichkeiten bei Durchsicht der Anthologien und schulbezogenen Sammlungen. Die Verfasser des Sprachbastelbuchs (Domenego u. a. 1996) verzichten auf eine Gliederung nach Überschriften. Die Abfolge der Texte verdeutlicht aber einige Gesichtspunkte der Zuordnung. O. Watzke hat die Spielbelege, die der Band enthält, zusammengestellt:

> Im einzelnen finden wir Kinderreime, Abzählverse, Zungenbrecher, Reimspiele, Buchstabenspiele (Typogramme, Ideogramme, Piktogramme), Abc-Spiele (Räuber–, Namen-, Tier-, Blumen-, Mag-ich-, Mag-ich-nicht-, Schimpfwort-Abc-Geschichten), Dialektgedichte und -geschichten, Verkehrte-Welt-Gedichte, Wortspiele (Zusammensetzungen, Wegstreichungen, Verdrehungen), Geheimsprachen, -schriften, Spielszenen, Lesespiele, Rätsel, Bildrätsel, Bauernregeln, Sprüche, Regeln und Material für Buchstaben-, Wort- und Satzbausteinspiele. (Watzke 1978, S. 13)

Die Auflistung deckt in etwa den Kanon der Spielformen ab, denen wir uns im folgenden zuwenden wollen. Sie zeigt aber auch, wie schwierig es ist, zu einheitlichen Bezeichnungen zu kommen. So können Abc-Spiele als eine Form der Buchstabenspiele (s. Helmers 1971, S. 68 ff.) betrachtet werden. Die konkreten und abstrakten Lautgedichte des Bandes sind nicht genannt, also offensichtlich anderen Bezeichnungen subsumiert. Dasselbe gilt für die Palindrome, die vermutlich unter „Material für Buchstaben-, Wort- und Satzbausteinspiele" gezählt sind.

Die Schwierigkeiten liegen in der Komplexität des Gegenstandes begründet. Unter linguistischer Perspektive bieten sich die Kategorien der Linguistik als Gliederungsprinzip an. Doch auch dies klingt einfacher, als es sich konkret darstellt, denn ein zeichensyntaktischer Ansatz wird zu einer anderen Gliederung führen als ein zeichensemantischer oder -pragmatischer, wie mit Verweis auf Plett bereits sichtbar wurde. Einen literaturwissenschaftlichen Versuch der Gliederung haben wir oben aufgeführt (S. 41). Die alphabetische Anordnung erzeugt dort eine additive Reihe. Gruppierungen sind denkbar, etwa: Sprachspiele mit Volksliteratur, Literatur oder linguistischen Bezügen. In die erste Gruppe könnten z. B. Kinderlieder und Kinderreime, in die zweite Parodien, die dritte Palindrome eingeordnet werden. Überschneidungen werden jedoch Schwierigkeiten bereiten. Es könnte auch eine Großgruppe „Reimspiele" gebildet werden, zu der dann Abzählreime, Endreimspiele, Kinderreime, Leberreime, Schüttelreime und Limericks gehörten. Eine andere

Gruppierung ergäbe sich zwischen den Polen eines asemantischen, formalsprachlichen Spiels mit den Elementen oder Einheiten der Sprache und eines sinnbezogenen, gesellschaftskritischen und politisch engagierten Sprachspiels. Eine andere Polarität besteht zwischen der akustischen (Klangspiel) und der optischen Komponente (graphisches Spiel). Komplexe Formen sind oft nur dann einzuordnen, wenn man von dominanten Faktoren ausgeht. Diese sind jedoch immer erst Analyseergebnis. Für den Didaktiker verschiebt sich der Problemzusammenhang noch einmal, wenn er nach den Zugangs- und Zugriffsmöglichkeiten der einzelnen Altersstufen fragt, auf Schwierigkeitsgrade achtet, den Interessenhorizont und die Lerngeschichte, aber auch den Deutschunterricht als Kontext des Umgangs mit Sprachspielen bzw. des Spielens mit Sprache berücksichtigt.

Rainer Weller präsentiert in „Sprachspiele. Arbeitstexte für den Unterricht" (1995) eine konsistente linguistisch-literarische Gliederung:

- Buchstabenspiele (Anagramme, Palindrome, Bauarbeiten)
- Lautspiele (Zungenbrecher, Scharaden)
- Spiel mit der Wortgestalt (Typogramme, Rätsel)
- Spiel mit Bedeutung und Struktur (Homonyme, Bedeutungen übertragen, Kalauer, fremde Sprachen)
- Spiel mit poetischen Formen (Reimschmiede, Schüttelreime, Dichterwettbewerb, Limericks, Sonett)
- Spiel mit Texten (Mini-Münchhausen, Montage, Tagebuch)

Die Gliederung ist fachwissenschaftlich und fachdidaktisch überzeugend und übersichtlich. Die ersten vier Gruppen beziehen sich auf die linguistische, die beiden letzten auf die literarische Dimension. Die lineare Anordnung der Gliederungspunkte darf aber nicht darüber hinwegtäuschen, daß

a) auch im Bereich der poetischen Formen mit linguistischen Einheiten, die zuvor als Gliederungsaspekte fungieren, gespielt wird;

b) bei komplexeren Sprachspielen die Spielelemente gewichtet werden müssen, um den dominanten Faktor als Zuordnungskriterium zu eruieren (wobei dann Spielfaktoren dieses selben Textes in anderem Zusammenhang vielleicht gewichtiger sind und die Gruppierung, wenn sie auch nicht gleich ihre didaktische Funktion verliert, so doch didaktische Barrieren aufrichtet);

c) aufgrund dieser Komplexität und entsprechender Spielräume Differenzen der Zuordnung von Texten in schulbezogenen Sammlungen entstehen.

Die kritischen Verweise, die ebenso unseren Entscheidungen gelten, haben nicht den Zweck einer Problematisierung der Gruppierung der Sprachspiele in den einzelnen Kompendien, sondern sie sollen didaktische Strukturierungsnotwendigkeiten aufweisen, die über die Vorlagen hinausgreifen. Unter didaktischen Gesichtspunkten, die weiter greifen als das Problem der Materialgliederung in Lehrplänen oder schulbezogenen Kompendien, bietet sich eine zweidimensionale Matrix bzw. ein komplexeres didaktisches Strukturgitter an. Immer wieder zeigt sich, daß einerseits unter linguistischer Betrachtung auf allen Ebenen der Sprache und mit allen Elementen gespielt werden kann. Andererseits gibt es Gruppen literarischer

Formen und Elemente, in denen sich Spiel mit Sprache manifestiert bzw. die Spiel mit Sprache sind: Witz, Rätsel, Satire, Lautgedicht, Schwank, aber auch Reim, Rhythmus und Klangkonfigurationen. Diese Verschränkung erschwert zwar Gliederung und Klassifikation, bedingt aber den Reichtum an Möglichkeiten. Sie zeigt zugleich, daß es die optimale Lösung nicht gibt.

Wir schließen den Begriff der Gebrauchsliteratur in die literarische Dimension ein. Er drängt sich angesichts der umgangssprachlichen Prägung vieler Sprachspiele und des in der Regel dominanten Adressatenbezugs mit der Funktion des Mitspielens geradezu auf. Das bietet u. a. die Möglichkeit, jene Spiele, wie etwa „Rede und Gegenrede" von Hans Manz (s. S. 3f.), die keiner herkömmlichen literarischen Form zuzuordnen sind, unter dem Begriff „Sprachspiel" zu subsumieren, hier im engeren Sinne gemeint. Neben den zahlreichen neueren Spielbelegen der Kinder- und Jugendliteratur gehören in diese Gruppe auch solche, die zum bisherigen Spielangebot der Erwachsenen zählten, jetzt aber kinderliterarisch adaptiert worden sind, wie Palindrome, Anagramme, Ideogramme, Figurengedichte. Zur Strukturierung der linguistischen Dimension beziehen wir uns auf Plett (s. oben, S. 38ff.), variieren aber dessen Einheiten unter didaktischen Gesichtspunkten. Auch für die literarische Dimension sollen nur jene Formen aufgenommen werden, die für die Altersstufe relevant sind. Wenn deshalb z. B. Satire und Groteske fehlen, bedeutet es jedoch nicht, daß im Einzelfalle eine solche Form nicht zugänglich wäre oder zugänglich gemacht werden könnte. Die Genres der komischen Versliteratur sind in Anlehnung an Helmers strukturiert. Die Gruppe „Konkrete Poesie / Visuelle Texte" hat in der didaktischen Diskussion zum Thema „Spielen mit Sprache" ein solches Gewicht erhalten, daß es gerechtfertigt erscheint, sie gesondert aufzuführen. Vor diesem Hintergrund schlagen wir hier eine zweidimensionale Gliederung vor, die auf der vertikalen Achse von oben nach unten 12 Gruppen literarischer Formen, auf der horizontalen von rechts nach links die linguistischen Ebenen notiert.

Literarische Dimension:

1 Sprachspiele i. e. Sinne – Spielformen der Kinder- und Jugendliteratur – Spielformen adaptierter Erwachsenenliteratur

2 Kurzprosa mit sprachspielerischen Elementen – Kinderkurzgeschichten (auch Kinderbuchauszüge) – Kurzformen der Erwachsenen- und der Volksliteratur

3 Kinderreime – Reimspiele

4 Buchstaben- und Lautspiele

5 Klanglyrik – konkrete und abstrakte Lautgedichte

6 Erzählgedichte

7 Verkehrte Welt – Lügengeschichten und -gedichte – die Mehrzahl der Texte der Unsinnspoesie

8 Mundarttexte – Lautverfremdungen: „Fremde Sprachen"

9 Sprichwörter – Redensarten

10 Rätsel

11 Witz

12 Konkrete Poesie – Visuelle Poesie – Figurengedichte

Linguistische Dimension:

a Laute / Phoneme – phonologische und prosodische Figuren (Klang, Reim, Rhythmus)

b Buchstaben / Grapheme – graphemische Figuren – Schrift und Druck

c Wörter / Morpheme – morphemische Figuren – Wortschöpfung – Wortveränderung – Wortkomposita

d Sätze / Texte – syntaktische Figuren – Wortklassen – Satzglieder

e Sinn / Inhalt – semantische Figuren: Homonyme, Metaphern

f kommunikativ-pragmatische Figuren – Redehandlung, Floskel, Dialog, Appell

Zuzuordnen sind den linguistischen Einheiten (Ebenen) die Aspekte Äquivalenz (Häufungen, Wiederholungen) und Deviation (Abweichungen) sowie die grundständigen Operationen Addition, Permutation, Subtraktion, Substitution.

Wir unterscheiden also zwischen der literarischen und der linguistischen Dimension. Insbesondere die hier vorgenommene Gliederung der Prosabelege geht über die Mehrzahl der vorliegenden Modelle hinaus. Unter Kurzprosa, die sprachspielerische Elemente enthält, sind kinderliterarische Belege, solche der Erwachsenenliteratur und der Volksdichtung zusammengefaßt. Die Zuordnungen sind fast durchweg eindeutig. Eine Schwierigkeit ergibt sich bei der eben genannten Gruppe 2 „Kurzprosa". Die sprachspielerischen Elemente können so dominant sein, daß sich die Frage erhebt, ob es sich nicht um einen Text der Gruppe 1, Sprachspiele i.e. Sinne, handelt. Entscheidend ist das Textgefüge. Ist es eine spielerische Einkleidung in Prosaform, rubrizieren wir unter 1. Handelt es sich jedoch um ein über das spielerische Element hinausreichendes Textgefüge, vor allem um einen ästhetischen Text der Bereiche Kinder- oder Volksliteratur, gehört er unter 2. – Schwieriger ist eine andere Überschneidung zu lösen. Einige der Prosakurzformen und Sprachspiele operieren mit Elementen in einer „verfestigten" tradierten literarischen Form, z.B. als Verkehrte-Welt-Geschichte, Sprichwort oder Redensart, Rätsel, Witz, Reimspiel. In diesen Fällen ordnen wir sie in der Regel den genannten Formen zu. Wenn jedoch in einem geschlossenen kinderliterarischen Prosatext, etwa in Schwankform, mit Redensarten gespielt wird, bietet sich eher die Einordnung in der Gruppe 2 an.

Der oben abgedruckte Text von Gomringer „wind" (S. 32) erhält beispielsweise, unter Nutzung der Ziffern (vertikal, literarische Dimension) und der Buchstaben (horizontal, linguistische Dimension) die Notierung 12 (a), b, c, e. Es handelt sich um einen Text der Konkreten / Visuellen Poesie, eine Konstellation. Linguistisch gesehen, ist es primär ein Spiel mit Buchstaben, gleichrangig ein Wortspiel mit weiteren semantischen Assoziationen (Wetterfahne). Die Kinder greifen im Unterrichtsmodell Doris Schmieders (1977) sogar die lautliche Seite auf und lassen den Wind unterschiedlich wehen, so daß die Spielebene der Laute hinzukommt. Die Mehrfachnotierung innerhalb der linguistischen Dimension belegt unmittelbar die Komplexität des Spiels. – Andere Belege sind einfach strukturiert. Die Notierung für den oben abgedruckten Text von Hans Manz „Rede und Gegenrede" (S. 3f.) notiert mit 1 c, e: Sprachspiel i. e. Sinne auf der Wort- und Sinnebene (Homonyme). Ein ABC-Spiel ist in der Regel den Rubriken 4, (Buchstaben- und Lautspiele) und b, (Buchstaben, Schrift und Druck) zuzuordnen.

Die Matrixeinträge können mehrere Funktionen übernehmen. Die obige Form dient Grobgliederungen. Bei der Analyse von vorliegenden Spielkompendien können entsprechende Einträge Übersichten der Streubreite der literarischen Formen und der Spielmöglichkeiten auf der sprachlichen Ebene liefern. Dies kann für Beurteilung, aber auch für die eigene Jahresplanung nützlich werden, etwa auf notwendige Ergänzungen aufmerksam machen. Weiter ausgreifend, kann damit ein aufbauendes Spielcurriculum geplant oder dokumentiert werden. – Werden den eben getätigten pauschalen Notierungen spezifische Notizen zugeordnet, vergrößert sich die didaktische Reichweite in beachtlicher Weise. In Kap. 4 wird entsprechend verfahren (vgl. z. B. die Positionsbestimmung von „Seltsame Turnstunde" S. 73).

3.3 Zielperspektiven des Spielens mit Sprache

An dieser Stelle ist es angebracht, ehe die unterrichtspraktischen Aspekte behandelt werden, die zahlreichen, im Begründungszusammenhang der Anfangsteile verstreuten Zielhinweise zu bündeln. Dies soll auf einer mittleren Abstraktionshöhe erfolgen. Die Feinstrukturierung bleibt dem nächsten Hauptteil der Arbeit überlassen.

Spielen mit Sprache ist eine spezifische Form von Kommunikation bzw. Verständigung, der Sprach- und Welterschließung, Selbstfindung und -darstellung. Artikulation und Lautung, Wortklassen und Wortbildung sowie -veränderung, Feldprägung und Differenzierung der Wortbestände, syntaktische Strukturen und kommunikative Signale, pragmalinguistische Elemente und unterschiedliche Texte werden aus eingeschliffenem, alltäglichem Sprachgebrauch herausgehoben, indem sie als Spielelemente in eine neue, Aufmerksamkeit erfordernde und schulisches Lernen umstrukturierende Dimension gehoben werden.

Spielen mit Sprache stellt sich dar als
ein Aspekt explorativen und kreativen Verhaltens;
eingebettet in Spielsituationen, gebunden an Spielformen und geprägt durch wesentliche Merkmale des Spiels;
es ist auf *Sprache als (Spiel-)Material gerichtet*, unter linguistischer und literarischer Perspektive;
ist *Tätigkeit des Spielers* und *Anreiz des Spielmaterials* zugleich und somit *Spielgeschehen.*

Seine wesentlichen Funktionen sind:

sprachlich gerichtete und eingebundene individuelle und soziale (Selbst-)Vergewisserung (Normenerwerb, Erprobung des sprachlichen Wissens und Könnens, unmittelbare Freude an sprachlichem Handeln und an konkreter Manipulation mit Sprachmaterial) und Distanzierung von unmittelbarem, naivem Umgang mit Sprache, deren Einheiten, Inhalte, Elemente und Strukturen spielerisch zur Disposition gestellt und dadurch in ihrem Wirkungspotential schrittweise transparent werden (Entdecken sprachlicher Phänomene und ihrer Auswirkungen, bewußtes Manipulieren mit linguistischen und literarischen Phänomenen, kritisches Reflektieren dieser Phänomene und der an sie gebundenen Normen und Wirkungen, Normenkritik).

Normenerwerb und Normenkritik sind Außenpole, die eine nuancenreiche Skala von Mischformen umschließen. Der Funktionsaspekt von Sprachspielen ist insbesondere auf die lebensgeschichtliche Situation der in dieser Arbeit angesprochenen Altersstufe zu transponieren. Den Begriff „Emanzipation" haben wir hier bewußt vermieden. Er könnte dazu verleiten, Kritik innerhalb von Sprachebenen, Inhalts- und Motivfeldern anzusetzen, die Kinder dieser Altersstufe noch nicht erreichen. In dem Falle, bei forcierter Kritikforderung des Lehrenden, entstünde Manipulation anstatt Emanzipation. Die behutsame, wenngleich entschiedene und engagierte Erprobung, das Abtasten kindlicher Möglichkeiten scheint uns der angemessene lern- und sozialpsychologische Ansatz zu sein. Nüchternheit und didaktische Bescheidenheit verhindern, daß vor dem Hintergrund gesteigerter Erwartungen, Lernzielforderungen und Erfolgszwänge Kinder und Lehrer sich durch Frustrationen, wenn nicht gar Neurotisierungen den offenen Weg des Spielens mit Sprache verbauen.

Zielangaben pervertieren dann leicht zu Floskeln und Leerformeln, wenn es nicht gelingt, sie im Lebens- und Lernhorizont von Kindern konkret zu verankern. Mit der Offenheit des Spiels, mit der Grundform explorativen Verhaltens, mit der Betonung von Experiment, Neuigkeitswert, Überraschung innerhalb der Kreativitätsdiskussion ist auch vorstrukturiert, daß die didaktische Kategorie der Lernziele durch die Bedingungen der Prozeßstrukturen und der den Prozeß initiierenden Spielinhalte und Spielmaterialien gefiltert werden muß. Auf den Schüler bezogen heißt das: Spielen mit Sprache vermittelt neue Lernerfahrungen und Lernhaltungen, die nicht mehr einseitig vom Lehrer her bestimmt, nicht unmittelbar durch Lernzielvorgaben gesteuert, sondern selbstmotiviertes originales Lernen und sprachbezogene „originale Begegnung" (H. Roth 1976) sind, dem Neugierverhalten korrespondieren und auf die oben genannte Selbstverwirklichung gerichtet sind. Auf seiten der Lehrenden verlangt das ebenfalls ein erweitertes Verhaltensrepertoire, auf das wir innerhalb der Spiel- und Kreativitätserörterung verwiesen.

Wie durch die Spiel- und Kreativitätsdiskussion vorstrukturiert, so erfaßt auch die Zielperspektive des Spielens mit Sprache mehrere Verhaltensdimensionen: den affektiven, den sozialen und den kognitiven Bereich.

Funktionen von Sprachspielen im affektiven Bereich hängen eng mit den Aspekten der Selbstvergewisserung sprachlichen Wissens und Könnens und der befreienden Wirkung zusammen, die das Überspielen von Normen, Konventionen und

Mechanismen bewirkt. Im letzten berühren wir hier die befreiende Wirkung des Lachens über Sprache und innerhalb sprachlicher Horizonte, wie sie von Helmers, auf komische Versliteratur bezogen, betont wird. Abheben von Normen, Stärkung des Selbstwertgefühls, expressives, die eigenen Emotionen darstellendes Verhalten gehen dabei Hand in Hand. Das spielende Kind operiert frei im sprachlichen Feld, „unangefochten von der Diktatur der Sachzwänge und der Sinn- und Zielparolen, mit einem Gran Heiterkeit …" (Dencker 1995, S. 377), und dies entgegen den vielen „normalen" Situationen in der Schule. Von Bedeutung sind auch Erfolgserlebnisse. Die affektive Funktion von Spielen mit Sprache wird darin noch einmal besonders deutlich: Die Kinder erfahren, daß sie selbst Texte verfassen, Spielergebnisse erzielen können, die Beachtung finden, die auf die Gruppe wirken und in ihr wirksam werden.

Die soziale Zielperspektive konturierte sich bei einem unserer ersten Beispiele (S. 3). Sprachliche Normenkritik und Desintegration verbinden sich häufig mit einer sozialen Integration, als wolle das Kind sein sprachliches Ausgesetztsein bzw. sein Sichaussetzen sozial kompensieren. „Gerade der kreative Umgang mit Sprache, das Spiel mit gestalterischen Möglichkeiten, stellt Partnerbezüge her." (Sanner 1973, S. 28). Interaktion und Kooperation der Gruppenmitglieder verdichten sich auch durch die Notwendigkeit, anstelle herkömmlicher Sprachnormen neue setzen, verabreden, erfinden zu müssen, wie bei „Geheimsprachen" besonders deutlich wird. Die Möglichkeit, im Sprachspiel den Lern- und auf Schulnoten bezogenen Konkurrenzdruck zu mildern oder ganz aufzuheben, ist eine weitere Chance des Abbaus sozialer Spannungen und vielleicht sogar der Integration von Außenseitern. Während sonst der auffällige Schüler, der sich sprachlich nicht normadäquat produziert, leicht ins Abseits gedrängt wird, vermag die Gruppe jetzt, da sie sich selbst sprachlich experimentell erprobt, die Toleranzschwelle zu senken. Auf die Bedeutsamkeit der Toleranz gegenüber kreativen Mitschülern und ihren Leistungen verweist eindringlich J. Wermke (1994, S. 65 ff. und 108 f.). Die Senkung der Toleranzschwelle dürfte auch einen Effekt auf die Rezeption ungewöhnlicher Elemente der neueren Kinderliteratur und des Kinderfernsehens haben.

Die Funktionen von Spielen mit Sprache im kognitiven Bereich liegen in der Aktivierung divergenten Denkens und bewußteren Erkennens und Operierens mit linguistischen, literarischen, semantischen und pragmatischen Elementen von Sprache. Sprache als Struktur und Wirksystem wird transparent. *Es ist geradezu konstituierendes Element von Sprachspielen, einzelne linguistische, literarische oder pragmatisch-kommunikative Faktoren als Spielmaterial hervorzuheben*, aus dem Backgrounding in das Foregrounding, d. h. in die Aufmerksamkeit des Spielenden zu rücken (zu den Fachbegriffen vgl. Plett 1975, S. 125 ff.).

Während wir anläßlich der Strukturierung von Sprachspielen stärker die linguistischen Einheiten und literarischen Formen hervorhoben, bezieht sich Sanner auf eine Spielkategorie, die für die Strukturierung ästhetischer Texte und entsprechend für erzähltheoretische Untersuchungen von Bedeutung ist. Perspektive ist für Sprache und Sprachhandeln ein primär strukturbildendes Merkmal, sei es als Perspektivierung von Raum, Zeit oder seien es perspektivische Veränderungen im Sender-Empfänger-Verhältnis (Sanner 1973, S. 33 ff.). Die Frage, inwieweit diese erzähltheoretischen Elemente im Horizont sprachspielerischer Betätigung aufschließbar sind, ist erst in Ansätzen erprobt. Die innovativen Formen des Erzählens in der modernen Kinderliteratur, insbesondere dem Kinderroman, setzen im Umgang mit diesen Texten spielerisch-kreative Aktivitäten frei, die die Perspektivierung von Raum, Zeit und Erzählerstandpunkt unmittelbar berühren (vgl. Steffens 1995, 1995a u. 1997). Jutta Wermke spricht den Komplex moderner literarischer Verfahren wie Innerer Monolog, Erlebte Rede in ihrem Kreativitätskonzept ebenfalls an (Wermke 1994, S. 178). Weitere literarische Einsichten gewinnen Kinder durch das Spielen mit bestimmten Stoffen oder Motiven. Sowohl durch das Spielen mit Stoffen, Motiven und den in unserer Matrix aufgeführten literarischen Formen als auch mit zeit-, raum- und kommunikationsperspektivischen Faktoren lernen die Schüler wesentliche Mittel für eigene sprachliche Komposition und für die vertiefte Analyse ästhetischer Texte kennen. Dies eröffnet auch Zugänge zu den Produkten der neueren Kinderliteratur, sei es in Buchform oder in auditiven und audiovisuellen Medien.

Spielen mit Sprache vermittelt mehr Freiheit und Leichtigkeit des Umgangs und hilft gerade dadurch, mechanistischen Sprachgebrauch, das Erstarren in einmal gelernten Formeln und die Verwendung von Sprache lediglich als Sozialgeräusch zu problematisieren.

Überblicken wir nun die Zielperspektiven – auch unter Einschluß weiterer Belege, wozu besonders das Standardwerk zur Kreativität von J. Wermke (1994) zählt –, fällt auf, daß ein beachtenswerter Konsens auf dieser insgesamt noch abstrakten Lernzielebene erreicht ist. Eine weitere Differenzierung und Feinstrukturierung der Zielfrage erfolgte in der Regel nur zu Teilbereichen des Spielens mit Sprache. Eine beachtenswerte Integration von lern- und sozialpsychologischen, pädagogischen, spiel- und kreativitätstheoretischen sowie fachdidaktischen Faktoren erreicht dabei G. Steinbrinker für den Teilbereich „Eigenes Gestalten von lyrischen Vorformen in der Grundschule" (1973, S. 131–134). Wir werden uns um eine entsprechende Feinstrukturierung im Rahmen der Darstellung der einzelnen Spielgruppen bemühen, wobei die Spielmöglichkeiten in den Lernbereichen des Deutschunterrichts eingeschlossen sind.

4 Didaktisch-methodische Skizzen

In den vorausgehenden Kapiteln wurde das Bedingungsgefüge von Spielen mit Sprache, differenziert nach kreativitäts- und spieltheoretischen, fachwissenschaftlichen und -didaktischen Aspekten, dargestellt. Erst vor diesem Hintergrund ist reflektierte Praxis möglich. Dieses Kapitel bezieht sich auf solche reflektierte unterrichtspraktische Arbeit. Es umschließt eine Beispielreihe in offener Gruppierung. Die dargestellten Exempla des Spielens mit Sprache bilden zwar eine lockere Folge, die aber gleichsam mosaikartig die wesentlichen Gruppen und die sie umschließenden allgemein- und fachdidaktischen, sprach- und literaturwissenschaftlichen Bezüge zur Geltung bringt. Sie sind eingeordnet zwischen der unterrichtspraktischen Arbeit einerseits und der Lehrplanebene andererseits. Sie folgen keinem stringenten didaktischen Schema, sondern aktivieren wechselweise didaktische oder methodische Schwerpunkte und setzen teils Akzente der Unterrichtsplanung, teils solche der Realisierung einschließlich der Unterrichtsergebnisse. Sie sind gedacht als Anregung für eigene Versuche, verbunden mit Hinweisen auf die übergeordneten pädagogischen, fachwissenschaftlichen und fachdidaktischen Zusammenhänge, in deren Rahmen die Modelle stehen. Auf der methodisch-lernpsychologischen Ebene ergeben sich Varianten, Verzweigungen, unterschiedliche Ausfüllungen, die nur von der Situation der einzelnen Lerngruppe her zu bestimmen sind.

4.1 zwicke-zwein

Wir beginnen die Beispielreihe mit einem Beleg, der seine spielerisch-kreativen Potenzen in zahlreichen Unterrichtsstunden, Versuchen und Experimenten immer wieder offenbart hat. Von einer Unterrichtsskizze der Anfangsphase (Steffens 1981 a) spannt sich der Bogen konkreter Erfahrung bis zu der Videoaufnahme eines kreativen Prozeßverlaufs, die neben den konkreten Bild-/Textbelegen der Kinder insbesondere das von J. Wermke (1994) betonte Alternieren von Phasen der Elaboration und Kommunikation aufdeckt. Neben der über Analyse gewonnenen empirischen Untermauerung des Umgangs mit Sprachspielen diente das Dokument mehreren Studentengruppen in Sprachspielseminaren als Anschauungsmaterial.

4.1.1 Der Spieltext

Jürgen Spohn präsentiert in „Der Spielbaum" (1970) die folgenden neun „zwicke-Verse":

zwicke zwein	zwicke zwie	zwicke zwand
in das Bein	in das Knie	in die Hand
zwicke zwacke	zwicke zwarm	zwicke zwauch
in die Backe	in den Arm	in den Bauch
zwicke zwals	zwicke zwase	zwicke zwabel
in den Hals	in die Nase	in den Nabel

Die neun Doppelverse sind einem großflächigen, über zwei Seiten hinreichenden Bild zugeordnet. Dieses stellt eine querliegende, stilisierte menschliche Figur dar. Die wichtigsten Körperpartien sind durch unterschiedliche Farbflächen markiert: schwarz, grau, grün (in drei Schattierungen), fleischfarben. Die Verse sind teils in das weiße Umfeld, teils in die Farbflächen gesetzt, immer aber in Nähe der bezeichneten Körperteile.

Zunächst handelt es sich um ein Seh-, Zeige- und Sprechspiel, das, durch charakteristische Laut–, Klang- und Reimkomponenten geprägt, einem den Kindern sachlich und sprachlich vertrauten inhaltlichen Bereich, nämlich Körperteilen, zugeordnet ist und eine Tätigkeit, nämlich „zwicken", benennt. Nicht alle Körperteile sind aufgeführt. Da die Bauform der Verse leicht erfaßt wird, öffnet sich das zunächst rezeptiv gewonnene Spiel fast spontan nach mehreren Dimensionen, es wird zu einem motivierenden Mal-, Sprech-, Lese- und Schreibspiel, dessen dominante sprachliche Faktoren die an den Reim gebundene Klangkomponente und die charakteristische Lautfolge „zw" sind. Mit Bezug auf Helmers können wir die „zwicke-Verse" als eine Mischform von Lautspiel („zw" als Element von Zungenbrechern) und konkretem Lautgedicht (Klang- und Reimfiguren) bezeichnen. Daraus ergibt sich der Matrixeintrag:

5 Klangspiel: konkretes Lautgedicht, Reimpaare

a   Spiel mit Klang und Reim; Spiel mit Buchstaben und Lauten: eine im Deutschen seltene Laut–, Buchstabenfolge „zw" mit leichtem Zungenbrechercharakter; Konsonantenvariation bei den Reimpaaren: zw/ein – B/ein, zw/ücken – R/ücken

c   Spiel mit Wörtern: Wortfeld Körperteile, nicht-lexikalisierte Spielwörter als Wortschöpfung

Diese textstrukturellen Bezüge sind für das didaktische Konzept bedeutsam. Sie gewinnen aber unter dem Gesichtspunkt des Leserbezugs ein noch größeres Gewicht: Bei 6–8jährigen Kindern kann man beobachten, daß sie die Verse kaum ohne Lachen oder Schmunzeln mündlich produzieren können. Die humoristische Wirkung spezifischer Elemente der „komischen Versliteratur" ist vielfältig belegt. Neben der Freude an den Reimwörtern sind es hier offensichtlich zwei weitere Spielelemente, die sich entsprechend auswirken: die genannte, eine leichte Sprechbarriere bildende Konsonantenfolge „zw" im Wortanlaut und die lexikalische Abweichung des Spielwortes, das den Klangbezug zu dem inhaltlichen Schlüsselelement „Körperteil" herstellt: Bein – zwein, Backe – zwacke, Nase – zwase. Die Gewinnung dieser Paarreime umschließt, betrachtet man sie vom Kinde her, eine beachtenswerte Besonderheit. Das bekannte inhaltliche Schlüsselwort erscheint am Ende der zweiten Zeile. Das Kind muß also, von Klanggebilden wie „Rücken" oder „Wade" her, auf die Spiel- und Reimwörter „zwücken" bzw. „zwade" schließen. Dieses Strukturelement, nämlich Konsonantenvariation mit Erststellung des nicht-lexikalisierten Spielwortes, ist vor allem mit Blick auf Lernbarrieren von Bedeutung. Einen besonderen Spielanstoß vermittelt die pragmatische Struktur der Verse. Sie sind, wie es sich auf der grammatischen Ebene deutlich spiegelt, kontextgebunden. Sie nennen die Tätigkeit und deren räumlich-gegenständlichen Bezug, nicht jedoch den Täter. Kinder drängen meist dazu, sich als reale „Mitspieler" einzubringen (der Nachbar wird spontan gezwickt).

4.1.2 Der Zielrahmen

Das Lese-, Sprech-, Mal- und Schreibspiel gewinnt einen spezifischen Stellenwert, wenn wir es in die Phase des auslaufenden Lese- und Schreiblernprozesses bzw. in die erste Stufe des aufbauenden Lesens und Schreibens einordnen. Wenn Kinder die Struktur eines der zweizeiligen Verse erfaßt haben, die wegen der situativen Einbettung eine einfache syntaktische Form besitzen, genügt das Erkennen des jeweiligen inhaltlichen Schlüsselwortes, hier des Körperteils, um alle anderen Verse lesen zu können. Mit schwächeren Kindern können die Schlüsselwörter in vorstrukturierenden Übungen lesetechnisch so bewältigt werden, daß sie anhand des Spieltextes zu einem motivierenden Leseerfolg kommen. In Abwandlung gilt das für entsprechende Schreibspiele. Deren Vorstrukturierung ist ebenfalls möglich, wenn das Spiel auf andere Inhaltsfelder kreativ ausgeweitet werden soll (siehe unten). Insgesamt deckt der Spieltext etwa folgenden Zielrahmen ab (mögliche, jedoch nicht immer komplett einzulösende Zielkomponenten):

- kreativ mit dem Material Sprache, hier einem konkreten Lautgedicht, einschließlich der graphisch-räumlichen und bildlichen Ebene spielen
- durch spielerischen Umgang mit der Klang- und Reimstruktur von Wörtern eines ausgewählten Sachbereichs, hier Körperteile, Freude an sprachlichem Handeln gewinnen
- mit Hilfe der nicht häufigen Konsonantenfolge „zw", von Konsonantenvariation in der Anlautung, von Vokalvariation und klanglichen sowie graphischen Äquivalenzen die humoristische Komponente sprachlichen Handelns erfahren (und genießen)
- die Differenzierung einer bekannten Figur im Blick auf ihre Glieder oder Teile sachlich und sprachlich festigen
- anhand vertrauter Ausgangswörter (Körperteile) nicht-lexikalisierte Reimwörter (er)finden
- die optisch-akustische und die sprechmotorische Durchstrukturierung von Spielwörtern in der auslaufenden Phase des Leselernprozesses aktivieren
- durch komplementäres bildlich-zeichnerisches und sprachliches Gestalten mit selbstgefundenen Versen (Zweizeilern) in Partnerarbeit kreativ-spielerisch umgehen: als Sprech-, Lese-, Mal- und Schreibspiel (zu diesem differenzierten Handlungskomplex des Spielens mit Sprachspieltexten vgl. Flemming / Fritz 1995)

4.1.3 Beispiel einer Realisierung

Dem aufgeführten Zielgefüge können unterschiedliche Unterrichts- bzw. Prozeßverläufe zugeordnet werden. An dieser Stelle soll, im Gegensatz zu verkürzten Verweisen bei anderen Modellen, ein Unterrichtsverlauf ausführlich dargestellt werden. Auf Varianten wird in Anmerkungen verwiesen.

1. Inhaltliche und sprachstrukturelle Antizipation, Vorbereitung des Sprech-, Lese-, Mal- und Schreibspiels

Der Lehrer zeichnet, in Anlehnung an die Vorlage Spohns, eine große Figur (liegend, lang gestreckt) an die Tafel, die Körperteile durch farbige Umrisse markiert. Der Aufforderungscharakter ist eindeutig: Die Kinder zeigen und benennen die einzelnen Körperteile. Von gleichem intensivem Aufforderungscharakter ist ein zwicke-Vers, den der Lehrer dann an die Tafel schreibt: zwicke zwase – in die Nase. Die Kinder lesen ihn vor, freuen sich daran und stoßen dabei auf die Artikulationsbarriere des „zw". Sie äußern spontan Vermutungen: Das sollen wir weiterreimen („mit Bauch und Arm"). Die Vorordnungen im Raum – über mehrere Tische ausgespannte Tapetenrollen (vor der Unterrichtsstunde besorgt) – regen zu weiterführenden Vermutungen an. – Die Kinder finden selbst einen zwicke-Vers. Er wird angeschrieben. Beispiel: zwicke-zwauch – in den Bauch.

Anmerkung: Das fast unmittelbare Eingehen auf den Spielwitz und die Bauform der zwicke-Verse kann nur unter bestimmten Lernvoraussetzungen erfolgen. Im ersten Schuljahr oder in zweiten Klassen mit lese- und rechtschreibschwächeren Gruppen empfiehlt es sich, Vorarbeit für das intendierte Schreibspiel zu leisten. Dies geschieht am besten durch ein längeres inhaltliches Verweilen bei dem einzelnen Doppelvers, durch das Anschreiben und die lesemethodische Erschließung der Wortgruppe „Körperteile".– Sofern der Ausdruck „zwicke-Verse" im Unterricht benutzt wird (in einer unserer Versuchsklassen brachte ihn ein Kind ins Spiel), sollte er geklärt werden.

2. Mündliche Produktion von zwicke-Versen als Sprech- und Hörspiel, bezogen auf das vorgegebene Inhaltsfeld; vertiefte Analyse der Versstruktur

An die Vermutungen und Reaktionen der Kinder anknüpfend, wird ein Sprechspiel inszeniert: die Kinder versuchen sich in weiteren Versen. Dazu zeigen sie den betreffenden Körperteil an der Tafel. Die meisten Verse gelingen in der Regel ohne Schwierigkeit. Es treten jedoch auch Fehlformen auf. Insbesondere ist es nicht leicht, das nicht-lexikalisierte Spielwort vorweg zu nennen. Aber auch die Artikulation der Anlautkonsonanten „zw" macht einigen Kindern Mühe, so daß das Sprechspiel Akzente einer Artikulationsübung bekommt. Die genannten Lernbarrieren müssen abgefangen werden. Dem dient der für das selbständig auszuführende Schreibspiel wichtige Lernschritt der Verschriftlichung der Reimwörter, dem Aufweis der Konsonantenvariation (*zwase-Nase, zwauch-Bauch* ...), das an das Schriftbild gebundene deutliche Artikulieren, das Bewußtmachen der Lautoppositionen (farblich markieren) und der Reihenfolge der Spielwörter.

Anmerkung: Diese optische, akustische und sprechmotorische Durchstrukturierung von Wörtern in spielerischer Form ist ein motivierendes Übungselement mit hohem Lernwert für die Arbeit des ersten und des zweiten Schuljahrs. Bei anderen Unterrichtsversuchen mit geringerem Leistungsniveau der Klassen gingen wir deshalb nicht nur auf die Verse Spohns ein, sondern wir hoben die anderen, von Kindern genannten Körperteile mit den zugeordneten Spielwörtern schriftsprachlich besonders intensiv hervor und beschränkten das Spielfeld auch zunächst auf diese eine vorgegebene Figur. Die Kinder konnten somit die Spielwörter einschließlich einiger weiterer Hilfen der Tafel entnehmen: zwücken – Rücken, zwade – Wade, zwuß – Fuß (Finger, Daumen, Po, Ohr, Zahn). – In einem dritten Schuljahr entfachte sich beim (hier flüssigen) Niederschreiben von Spielversen eine Diskussion, ob das Reimwort zu Ohr denn zwohr oder zwor, zu Haare unbedingt zwaare oder auch zwahre sein dürfe, ein aufschlußreicher Vorgang für die Bedeutung des Spielens mit Sprache für die Rechtschreibung. Im vorliegenden Fall erfolgte die Einigung auf eine Spielregel: es sollte nicht nur richtig klingen (lautliche Ebene, auf der zwor gültig ist), sondern auch „richtig" aussehen (graphische Seite, die zwohr verlangt).

3. *Schriftliche Produktion von zwicke-Versen als Mal-, Schreib-, Sprech- und Lesespiel, kreative Ausweitung auf andere Figuren*

Das Schreiben der Verse macht die Hauptphase des Unterrichts aus. Partnerarbeit hat dabei sowohl beim großflächigen Malen (farbige Umrißlinien, kein flächiges Ausmalen) als auch beim Schreiben Vorteile. Die Kinder regen sich gegenseitig an, machen gemeinsam Entdeckungen, verwerfen Vorschläge, sie teilen sich die Arbeit zu, sie helfen einander und bewältigen einen beachtlich umfangreichen „Text" gemeinsam. Die Vorordnung der Materialien, die Raumsituation (lockere Gruppierung der Kinder an Tischen, auf dem Boden, an der Tafel), der Spielraum (z. B. für großflächiges Malen und großmotorisches, nicht an Lineatur und Schreibrichtung gebundenes Schreiben, zumeist mit Filzstiften) vermitteln ihrerseits wichtige Gestaltungsimpulse. Die Kinder wählen ihre Spielfiguren selbst: das Männchen (gemäß dem Original an der Tafel), einen Clown, einen Hasen, ein Phantasietier, einen Elefanten, eine Katze ... Die einzelnen Figuren können auch von mehreren Partnergruppen gewählt werden. Den Kindern, die sich für einen Clown entscheiden, wird als „Spielregel" gesagt, daß er auch in die Kleidungsstücke gezwickt werden darf. – Die Kinder operieren kreativ mit Sprachmaterial, einschließlich der graphisch-räumlichen Komponenten. Das Vortragen der zwicke-Verse, wiederum ein überaus motivierender Vorgang, entfaltet sich erfahrungsgemäß spontan zu einem Lese- und Sprechspiel. Die Kinder wiederholen z. B. gern die einzelnen vorgetragenen Verse, so daß sich ein selbst gefundenes Spiel mit Vorleser und Chor entwickelt. Hieran lassen sich weitere Aktivitäten knüpfen, z. B. ein Aufgreifen in weiteren Stunden oder ein entsprechender Vortrag vor einer Parallelklasse. – Die bemalten und beschriebenen Tapetenrückseiten sind für eine Weile Klassenschmuck.

Anmerkung: Wie stark das Mal- und Schreibspiel motiviert und wie stark auch die oben genannte pragmatische Komponente zur Geltung kommt, wurde in einer der Versuchsklassen besonders deutlich. Beim Malen der Tiere sagten die Kinder, daß sie aber nur vorsichtig zwicken wollten, „nur so aus Spaß, damit es den Tieren nicht weh tut". – Eine weitere Form der Ausweitung des Spiels besteht darin, das Wort „zwicke" durch ein anderes Spielwort abzulösen, z. B. knulli: knulli knummer – du machst uns Kummer. Erhält dieses Spiel die Überschrift: Bei Tisch, entstehen Texte, die an das Gedicht „Kindsein ist süß" von Susanne Kilian erinnern (in Gelberg 1971, S. 298). Es liegt auf der Hand, daß eine solche Spielvorlage, sofern sie auf die angedeutete kritische Komponente abhebt (knulli knände – nimm die Hände, knulli knade – sitz gerade) auch noch Kinder vierter und fünfter Schuljahre fesselt.

Beispiele (verschiedener Klassen)

Zum gemalten Elefanten: zwicke zwüssel – in den Rüssel, zwicke zwücken – in den Rücken, zwicke zwanz – in den Schwanz.

Zum gemalten Hasen: zwicke zwell – in das Fell, zwicke zwötchen – in das Pfötchen.

Neben den eben genannten Tischgeschichten finden die Kinder Spielgeschichten: zwicke zwär – ich spiele mit dem Bär, zwicke zwiegen – wir spielen kriegen, oder Namengeschichten: zwicke zwaus – ich heiße Klaus, zwicke zwina – ich heiße Martina.

Daniele schreibt freiwillig eine Sommergeschichte (zweites Schuljahr):

Zwicke zwand er liegt am Strand.

Zwicke zwurst er hat durst.

Zwicke zwak er trocknet sich ab.

Zwicke zweg er fährt weg.

In dieser Klasse verfaßt Benni folgenden Text: zwicke zwiel er hat ein Spiel, zwicke zwatz er geht zum Platz, zwicke zwinnt das Spiel beginnt, zwicke zwor er schießt ein Tor, zwicke zwonnen sie haben gewonnen.

4.2 Bumdidi

4.2.1 Zur Struktur des Textes als Sprachspiel

Bumdidi

Bumdidi,
bumdidi,
bumdidi,
bum.

So geht der Elefant herum.

Bumdidi,
bumdidi,
bumdidi,
bum.

Ein Glöcklein an drei Beinen,
kein Glöcklein an dem einen.

Bumdidi,
bumdidi,
bumdidi
bum.

„Bumdidi" von Josef Guggenmos (in: Christen / Wulff 1973) gehört in die Gruppe
der Spiele mit Lauten, ist nach Helmers ein „konkretes Lautgedicht" (1971,
S. 49 ff.) und bewirkt vor allem Klang- und Rhythmusassoziationen zum inhaltlichen Geschehen: Ein Elefant stapft umher, an drei seiner Beine ist je ein Glöcklein
gebunden. Somit ist es ein Spiel mit Klang, Reim und Rhythmus.

Hervorstechend ist zunächst die Äquivalenzstruktur, d. h. der Grad der Wiederholung: Anfang, Mitte und Schluß bilden äquivalente Strophen. Jede der drei Strophen enthält drei äquivalente Zeilen, die vierte Zeile ist in der ersten Silbe der drei
vorausgehenden wiederum enthalten. Zwischen der ersten und zweiten Strophe erfolgt der erste Schritt einer „inhaltlichen" Klärung des Klangspiels in einer Aussage, die aus einer Zeile besteht. Das rückverweisende „so" leistet dabei eine syntaktische Verknüpfung. Eine klangliche Verkettung besteht zwischen dieser Zeile und
der Schlußzeile der Verse durch den Endreim: bum – herum. Zwischen die zweite
und die dritte Strophe sind zwei Zeilen eingeschoben, die die inhaltliche Klärung
des Klang- und Rhythmusphänomens abrunden. Die hochgradige Äquivalenzstruktur der Klangverse wird durch Gleichheiten der beiden Aussagezeilen noch
verstärkt (ein, Glöcklein, an, d und einen sind in beiden Zeilen identisch). Zwei
Wortoppositionen heben neben der dominanten Vokalvariation u-i-i auch die Kon-
sonantenstruktur ins Blickfeld (ein – kein, Beinen – einen).

Auffällig ist die Häufigkeit (Frequenz als Äquivalenzmaß) der Konsonanten b, d,
m. In den stimmhaften labialen und dentalen Konsonanten spiegelt sich geradezu
das weiche Stapfen des Elefanten, verstärkt durch die Hebungen der ersten Silbe
„bum". Die semantische Ebene ist von sekundärem Gewicht. Die Klangstrophen
vermitteln eine akustisch dichte, aber inhaltlich vage Konturierung, die be-

schreibenden Zwischenverse sind auf einen Bewegungsvorgang des Elefanten bezogen. Durch die späte Spezifizierung der Klangquelle erhält der Text eine Rätsel-
form. Die offene Klangassoziation der ersten Strophe wird in der dritten als Lösung
des Rätsels verdichtet. Die Strukturmerkmale dieses Textes signalisieren seine enge Verwandtschaft mit den Kinderreimen, Kinder- und Abzählversen, die insgesamt konkrete oder abstrakte Lautgedichte sind. Auf Kinder wirken sie als ein
Genre der komischen Versliteratur erheiternd und befreiend.

> Unter dem komischen Sprachverhalten nimmt die Variation des Anfangskonsonan-
> ten akzenttragender Silben einen exponierten Platz ein. Schon ab einem Alter von
> etwa 3 Jahren werden komische Effekte durch das Kind produziert, indem es Konso-
> nantenvariation vornimmt. – Eine ähnliche Bedeutung für die Produktion und Re-
> zeption des kindlichen Humors besitzt neben der Konsonantenvariation die Variati-
> on der akzenttragenden Vokale, nur daß der Grad der Häufigkeit im Auftreten nicht
> so hoch ist wie bei der Konsonantenvariation. (Helmers 1971, S. 20f.)

Das Klangspiel mit seiner Äquivalenzstruktur dient zunächst der Bestätigung des
Erlernten, des sprachlichen Besitzes. In diesem Zusammenhang gewinnt der Text
in der Phase des auslaufenden Leselernprozesses eine besondere Bedeutung.
Durch die quantitativ zahlreichen Wiederholungselemente, die reduzierte Pho-
nem-, Morphem- und Inhaltsstruktur vermag der Leseanfänger sich schnell selbst
zu bestätigen und zugleich zu befreien, nämlich aus der Enge und dem Zwang der
Bindung an noch zu erlernende Laute und Buchstaben.

Nach dieser Strukturanalyse ergibt sich folgende Notierung in unserer Matrix:

5 Klanglyrik – konkrete und abstrakte Lautgedichte

a   Spiel mit Lauten / Phonemen – Klangfiguren; Vokal- und Konsonantenvariation;
    lautliche, strophische und lexikalische Äquivalenzen

Wenn die semantische Ebene auch kein großes Gewicht hat, so verstärkt sie doch
die humoristische Wirkung, die auf der lautlichen Ebene bereits angelegt ist, be-
trächtlich. Den Elementen der Integration der lautlichen Ebene stehen das kreative Potential des Textes, begründet in der Idee des Elefanten mit drei Glöckchen,
und die entsprechenden Möglichkeiten der inhaltlichen Ausweitung in verschiedenen Stufen gegenüber: leicht kann das Glöcklein einen anderen Klang haben
(Bum-ding-ding, Bum-bim-bim, Bum-kling-kling, Bum-bim-lim ...); anstelle eines Glöckleins kann ein anderer Gegenstand gewählt werden (Bum-klapp-klapp,
Bum-klirr-klirr ...); anstatt an drei Beinen können auch nur an zwei Beinen Glöcklein oder anderes befestigt sein (Bumdidibum); schließlich können auch andere
Tiere genommen werden (Tappdingdong – Tapp. So geht der Tiger auf und ab).
Hier ist spontanes Verhalten herausgefordert. Als Ergebnis können Überraschungseffekte bei den Kindern erwartet werden; die konkrete Umstrukturierung
von Textelementen oder des ganzen Textes ist ein Aspekt kreativen Umgangs mit
Literatur. Die Verbindung von lautlicher (klingender Vokal) und inhaltlicher Dimension (Klang des Glöckleins) belegt die Korrespondenz von sprachlichen und
musikalischen Faktoren, auf die unten genauer eingegangen wird. Die deiktischen

(Zeige-)Elemente (**der** Elefant, an **dem** einen) verweisen auf ein Bild, das im Original enthalten ist. Die Aufforderung zu einem Schreib- und Malspiel ist dem Text immanent.

4.2.2 Unterrichtliche Möglichkeiten

Mit obigen Hinweisen haben wir das kreative Potential des Sprachspieltextes von Guggenmos offengelegt, zugleich aber auch die Methodenstruktur des Unterrichts berührt. Der „Einfall" zu einem solchen Klangspiel ist nicht als spontaner Akt der Schüler vorauszusetzen. Dies und die Einbindung in die Phase des auslaufenden Leselernprozesses legen einen Dreischritt nahe.

a) die behutsame Rezeption, auch als Aspekt kreativen Lesens, mit dem Ziel der Weckung von Freude an dem Klangspiel, dem „verrätselten" Text und der „Lösung";

   Anmerkung: Dieser erste Schritt kreativen Rezipierens durch Lesen umfaßt, gerade in seinem Bezug zur auslaufenden Phase des Leselernprozesses, eine weitere lesedidaktische Schicht, die nur mittelbar unsere Thematik berührt, aber vor dem Anspruch der Komplexität unterrichtlichen Geschehens mitreflektiert werden muß. G. Ritz-Fröhlich hat diese hier integrierte Schicht unter dem Stichwort „Weiterführender Leseunterricht" dargestellt (1973). Das Modell „Bumdidi" korrespondiert insbesondere den Abschnitten „Steigerung der visuellen Wortdetailauffassung" (S. 31 ff.), „Sensibilisierung der Klanggestaltung" (auditive Wortdetailauffassung, hörendes und sprechendes Experimentieren an Text- und Klangstrukturen, Klangproben) (S. 73 ff.) „Kreatives Lesen" (S. 68 ff.). – Aber diese Aspekte eines kreativen Lesens berühren nicht nur den Grundschulbereich. Ihre Bedeutung für das 5./6. Schuljahr spiegelt sich – übrigens zum Teil auf sprachspielerische Texte bezogen – beispielsweise in den Werkstattheften 5 und 6 zu dem Lesewerk „wortstark" (1997).

b) das Weiterspielen, mit lockerer Führung und leichten Anstößen in der oben aufgezeigten Richtung, das kreative Öffnen des Spielfeldes in Gruppenarbeit mit Einbezug der gegenseitigen Vorstellung der Spielergebnisse und

c) die Inszenierung eines Schreib-/Malspiels – die Ergebnisse werden vorgestellt und ausgehängt –, und die Möglichkeit des freiwilligen Weiterspielens.

Mit der Skizzierung der Phasengliederung des Unterrichts haben wir, nachdem oben der Bezug zur Kreativitätsdiskussion gestiftet wurde, hier die Fundierung durch die Spieltheorie berührt. Die Möglichkeiten erstrecken sich vom Lernspiel, bezogen auf die Textvorlage, über gebundenes Spiel mit Phasen des Experimentierens, bis zum freien Spiel einerseits und umschließen spielendes Lernen und Lernen im Spiel andererseits. Zunächst dürfte bei diesem Modell Lernen zum Spielen führen – eben weil die Momente der Ambivalenz, der Unendlichkeit, der Freiheit und der Scheinhaftigkeit gleichsam Strukturelemente des Gedichts sind –, und schließlich ist zu erwarten, daß die vom „Material" provozierten Spiele wiederum Lerneffekte bewirken.

Unsere Experimente in verschiedenen zweiten Schuljahren haben die didaktische Reflexion der Planungsphase immer wieder bestätigt. Deutlicher, als oben aufgezeigt, trat die Verbindung zwischen der Klangstruktur mit rhythmisch-musikalischen Elementen hervor. Nach der Präsentation der ersten Strophe sagte z. B. ein Junge spontan: „Was das ganz richtig ist, weiß ich noch nicht, aber das 'bum' paßt zu der Pauke" (sie stand im Raum). Ein Mädchen ergänzte: „Das ist ein Spiel zum Klingenlassen". „bum" wurde somit der Pauke zugeordnet. Damit trat das Teilglied „didi" deutlich als offene Klangassoziation hervor. – In einem späteren Abschnitt diagnostizierten die Kinder eine von drei Klangquellen als die, die „didi" klingt (ein Glas, mit einem Löffel angeschlagen – neben einer hellen Glocke „bimlimbim" und einer dumpfen Kuhschelle „bumbombam").

Zu unterschiedlichen Klangquellen wurden folgende Spielwörter gefunden (Glokken, Gläser, Rasseln, Stäbe): bimelim, rassel, klickklick, didel, bimbim, klippklipp, bimmelbam.

Eine Form, die die soziale Dimension kreativen Handelns aktivierte, war in einer Klasse eine Gruppenarbeit zur Erarbeitung eines analogen Gedichts. Jede Gruppe wählte ein Spielwort und die dazu passende Spielquelle und erarbeitete diskutierend, probierend, spielend den Text, der dann mit Instrumentenbegleitung (z. B. Pauke, Klingel) vorgetragen wurde. Die Klangstrophe wurde von allen gesprochen, die Zwischenzeilen von einem Sprecher. Eine Gruppe hatte die Rassel gewählt und stellte folgenden Text vor:

Bumrasserassel
bumrasselrassel,
bumrasselrassel,
bum.
So geht der Elefant herum.
. . . .
Eine Rassel an drei Beinen,
keine Rassel an dem einen.

Alle sprechen, ein Kind
schlägt die Pauke, eines
betätigt die Rassel im
Sprechrhythmus.
Ein Sprecher.

Ein Sprecher.

Das sich anschließende Schreibspiel (jede Gruppe schrieb ihr Spiel auf, Zeilengruppierung und Zeilenlänge wurden auf einem Arbeitsblatt vorgegeben) führte zu zahlreichen Hilfen für schwächere Schreiber innerhalb der Gruppe. Zusätzlich wurde entweder der Elefant mit den Klangquellen an den drei Beinen gemalt oder das Blatt als Spielpartitur (Instrumente zuordnen) ausgefüllt.

Die Äquivalenzstruktur des Textes wirkte sich in der Regel nicht nur günstig auf den Aspekt „selbständiges Erlesen, Leseerfolg gewinnen" aus, sondern führte zu der spontanen Erkenntnis, daß man den Text im Nu auswendig aufsagen kann. Dies wiederum war Voraussetzung für das spontane (vom Arbeitsblatt unabhängige) Experimentieren in den Gruppen.

Auch die oben aufgezeigte dritte Schicht des kreativen Umgangs, nämlich über die Analogiebildung durch Auswahl anderer Tiere hinauszugehen, erwies sich als fruchtbarer Ansatz. Einige Ergebnisse in Einzelarbeit waren:

Trappklickklick, trappklickklick, trappklickklick, trapp.
So geht der Esel auf und ab.
Ein Stäbchen an drei Beinen, kein Stäbchen an dem einen.

Trappdideldidel, trappdideldidel, trappdideldidel, trapp.
Mein Pony ist halb matt.
Ein Glöcklein an drei Beinen, kein Glöcklein an dem einen.

Wuffrasselrassel, wuffrasselrassel, wuffrasselrassel, wuff.

So geht der Tiger durch den Busch usw.

In einer anderen Klasse übertragen die Kinder ihre Arbeiten auf Schmuckblätter. Diese hängen zunächst am Wandfries und werden dann in einer Spielmappe aufbewahrt.

Die Abbildung zeigt: Humpfdidi / humpfdidi / humpfdidi / humpf // so hüpft die Kröte durch den Sumpf usw. – Ein anderer Beleg zielt auf das Nilpferd: Schnaufrassel / schnaufrassel / schnaufrassel / schnauf // So frißt das Nilpferd die Ananas auf usw.

4.3 Das große, kecke Zeitungsblatt

1. Strophe:	Heut wanderte durch unsre Stadt ein großes, keckes Zeitungsblatt, mir selber ist's begegnet.
2.-5. Strophe:	....
6. Strophe:	Da saß es nun und duckte sich. Jetzt krieg ich dich! – Doch es entwich mit tausend Purzelbäumen.
	kam es gelaufen, hopp, hopp, hopp, Allmählich wurd es müd. Es kroch, ganz plötzlich einen Sprung. Stieg steil empor in kühnem Flug,

> Dann aber tat das Zeitungsblatt
> und landete dann wieder.
> von weitem mir entgegen.
> Herab die Straße im Galopp
> es schlurfte nur, es schlich nur noch.
> wobei es ein paar Saltos schlug,
> Und legte still sich nieder.
> Da lag's, wie eine Flunder platt.

4.3.1 Struktur der Spielvorlage

Dieses Sprachspiel fußt auf einem Gedicht von Josef Guggenmos (in: Gelberg 1969, S. 11). Die Zeilen sind gewürfelt. Im Anspruchsniveau zielt die Vorlage auf den Bereich 4.-6. Schuljahr. Das Modell, obwohl ebenfalls an Kinderlyrik gebunden, liegt im Vergleich mit den vorausgehenden Beispielen am anderen Ende der Skala möglicher Spielformen und -weisen. Während das Lautgedicht spontanen sprachlichen Aktivitäten der Kinder im außer- und vorschulischen Bereich unmittelbar korrespondiert, handelt es sich hier um eine didaktisch begründete, vorstrukturierte Form. Dort öffnet sich das Spielfeld schrittweise, hier schließt der offene Prozeß mit einer abrundenden (und kontrollierbaren) Lösung ab. Wir haben es mit einer Form des Lernspiels und dem Vorgang relativ eng gebundenen Experimentierens und Spielens zu tun.

Der Umgang mit diesem Text, einem Kindergedicht mit heiterem Erzählgehalt, hebt sich jedoch weit ab von herkömmlichen Gedichtbehandlungen. Solche Möglichkeiten der „Textkombination als Form der Interpretation" sind von G. Haas erstmals vorgestellt worden (1971, S. 473 ff.). Seine zentrale Intention, Kindern einen nichtverbalen, direkten, auf konkreten Operationen mit dem Material „Sprache" beruhenden Umgang mit Texten zu ermöglichen, entspricht weitgehend unseren Prämissen des Spielens mit Sprache. Auf diese Form kreativen Umgangs mit Literatur, sowohl im Grundschul- als auch im Sekundarbereich, ist mittlerweile mehrfach aufmerksam gemacht worden.

> Die Textkombination dagegen stellt den Schüler vor die Aufgabe, ein in einzelne ungeordnete Zeilen aufgelöstes Textgebilde so zusammenzufügen, daß daraus ein sinnvoller Text wird. – Sowohl bei der Wiederherstellung als auch im Entwurf eines Textes wird in jedem Falle ein Gespür für das Beziehungsgefüge von Texten auf inhaltlicher, klanglich-rhythmischer Ebene sowie auf der Ebene des Reims geweckt. Zugleich besitzen beide Umgangsmöglichkeiten durch ihren Rätselcharakter einen hohen Motivationswert, der besonders solchen Schülern entgegenkommt, die sich am Unterrichtsgespräch kaum oder nur zurückhaltend beteiligen. (Ritz-Fröhlich 1974, S. 68 u. 70 – vgl. auch Gatti 1979, S. 24)

Der didaktisch-methodische Rahmen ist durch folgende Arbeitsvorlage abgesteckt:

Arbeitshilfe: Schreibt die 12 Zeilen auf Papierstreifen, dann könnt ihr besser probieren. Lösungshilfen: In der zweiten Strophe kommt das Wort „hopp" vor, in der dritten „schlich" in der vierten „tat", in der fünften „Saltos".

Die Gruppe der Gedichte, die sich für ähnliche konstruktiv-experimentelle Tätigkeiten besonders eignen, sind:

a) logisch-semantisch konsistente, auf Handlungs- oder Denkfolgen basierende Erzählgedichte (vgl. dazu J. Guggenmos „Aus Glas", (1967, S. 16) und

b) Kettengedichte des Musters „Der Herr, der schickt den Jockel aus". Bei Vorgabe von zwei Anfangsstrophen und der Endstrophe können solche Gedichte im Analogieverfahren selbständig aufgebaut werden. So sind bei dem Text von Horst Bull „Herr Teddy geht spazieren" (1973, S. 7ff.) acht Strophen zu ergänzen.

Eine bedenkenswerte Variante des Spielmodells mit Gedichten präsentiert das Werkstattheft 5 des Lesewerks „wortstark" (1997, S. 22). Die Bearbeiterin G. Cromme wählt dazu das Gedicht „Grau und rot" von Zbigniew Lendgren (o. J., übersetzt von James Krüss). Doppel- oder Einzelzeilen sind zerschnitten und auf Streifen mit Varianten, die der Sinnfigur entsprechen, montiert. Aus „Ein verirrter Esel lachte / sich im Walde beinah tot" wird dann:

Ein verirrter Esel		auf der Wiese	
Ein erschreckter Hase	lachte sich	im Walde	beinah tot,
Ein gefleckter Kater		auf der Straße	

Aus „denn vor ihm auf einem Baume / saß ein Eichhorn feuerrot" wird:

	im grünen Grase		ein Eichhorn	
denn vor ihm	im Straßenstaube	saß	ein Käfer	feuerrot.
	auf einem Baume		eine Füchsin	

Mit diesen und weiteren vier montierten Streifen und einer Zusatzhilfe bauen die Kinder ihr Gedicht. Die zahlreichen Lösungen führen zu einem heiteren Vorlesespiel und zu Diskussionen bei „unsinnigen" Lösungen. Der abschließende Vergleich mit dem Original läßt die Kinder dieses mit gleichsam geschärftem Blick erfassen. Dann allerdings sollte auch die kritisch-soziale Dimension des Textes erschlossen werden: „Über rote Haare lachen nur die Esel" als Leitmotiv von Vorurteilsbereitschaft.

4.3.2 Unterrichtsverweise

Unterrichtsexperimente belegen, daß trotz der engen Bindung an das Material des „Lernspiels" die Motivation der Kinder überaus bemerkenswert und das experimentell-spielerische Tun dynamisch ist. Die Unterrichtsverläufe erschienen uns als klassische Form des Lernens im Spiel und im Experiment. Das ist in der methodischen Anlage mitbegründet. Der Lehrer gibt das Material ein, das sich fast im Sinne der Montessori-Didaktik darstellt. Die Kinder operieren über einen längeren Zeitraum konkret mit Textelementen, sie sammeln ihre Erfahrungen, reflektieren Fehlformen, korrigieren sich und bauen Schritt für Schritt die Lösung auf. Im Gegensatz zu vielen anderen Spielen läßt sich hier die Lernzielkomponente, die wir gemäß der Kreativitäts- und Spieltheorie insgesamt äußerst behutsam angehen, präziser belegen. Dies ist darin begründet, daß die didaktische Vorstrukturierung des Spiel- und Lernmaterials großes Gewicht hat.

Überraschend für den Verfasser und zahlreiche Lehrer und Studentengruppen war, daß die Zielebene dieses Modells sich über die „normale" Gedichtanalyse nur unzulänglich konturiert. Erst über die Selbsterfahrungen mit dem didaktischen Modell, angesichts eigner Konstruktionsprobleme, zeigen sich die Möglichkeiten eines textlinguistischen und textästhetischen Lernertrags. Nicht durch den Unterrichtsinhalt allein, sondern erst durch den von ihm umschlossenen Lernprozeß und dessen Ausprägung vom Lernenden konstituieren sich Unterrichtsziele. Anders gesagt, wir operieren mit zwei unterschiedlichen Unterrichtsinhalten, je nachdem, ob wir das geschlossene Gedicht oder die Montageelemente als Ausgangspunkt eines Lernprozesses nehmen.

Die Anfangs- und die Schlußstrophe verdeutlichen die Versform und die Reimstruktur: zwei gereimten Langzeilen folgt eine dritte, ungereimte Kurzzeile. Für die Kinder wie für die Erwachsenen liegt hier eine primäre Lösungshilfe. Das Grobraster des Strophenbaus reicht jedoch zur Lösung nicht hin. Neben der sekundären Schicht der Satzzeichen steuern das experimentelle und stark auf Versuch und Irrtum rekurrierende Tun textlinguistische Elemente, und zwar vor allem die syntaktische Verzahnung. Der Spieler wird auf dieser Ebene noch stärker gefordert, wenn die Lösungshilfen des Arbeitsblattes nicht gegeben werden. Plötzlich werden beim Operieren linguistische Signale der Textverkettung transparent, über die sich der kompetente Leser und Schreiber nur selten Rechenschaft abgibt. Lösungshilfen bietet vor allem der Bereich der Verben, weil der Vorgang, an die Bewegungsformen des Zeitungsblattes geknüpft, logisch konsistent ist. So setzt z. B. das „lag" das „legte still sich" und das „landete" das „stieg steil empor" voraus. Aber auch Adverbien, wie „herab", „von weitem", „allmählich", „da", „jetzt" stellen sich intensiver in ihrer textsyntaktischen Funktion dar als beim einfachen Rezipieren.

Somit ergibt sich, als Nachtrag, folgende Zuordnung zu der Matrix:

6 Erzählgedicht

a Spiel mit Lauten / Phonemen, hier der Äquivalenzstruktur des Endreims (allgemein gesehen ist diese Ebene sekundär, für jüngere Kinder kann sie jedoch auch das primäre Spiel- und Lösungselement sein)

d Spiel mit Texten – Bauform von Gedichtstrophen, textlinguistische Verkettung von Sätzen im Text und semantische Verträglichkeit der Verben im Rahmen eines Verlaufsgeschehens

Die Lernzielformulierung wird variieren, je nach dem Schwerpunkt, der sich aus Lernausgangslage und Lehrerintention ergibt. Im Blick auf eine breitere Anlage der Auswertungsphase der Spielererfahrungen der Kinder mit diesem Modell mag folgende Formulierung ein Annäherungswert sein:

Die Kinder operieren konstruktiv-experimentell mit dem Gedicht „Das große, kecke Zeitungsblatt". Sie bauen es mit Hilfe der vorgegebenen ersten und letzten Strophe auf, indem sie mit den auf Papierstreifen aufgedruckten Zeilen konkret manipulieren: über Versuch und Irrtum und gesteuert durch textlinguistische und semantische Impulse. Sie gewinnen dabei vertiefte Einsichten in ein spezifisch ästhetisches Textgefüge, dessen Strophenbau und -gliederung, Reimstruktur und semantische Verkettung im Bereich der Verben (Vorgangsverben der Bewegung) und im adverbialen Bereich. Sie kontrollieren ihre Ergebnisse gegenseitig und artikulieren ihre Erfahrungen und Einsichten beim Lösen der Aufgabe.

Die Verzahnung mit den Formen Lernspiel und Experiment haben wir belegt, die Prozeßstruktur des Experiments einerseits und die Nutzung der textlinguistischen Faktoren als Lösungshilfen andererseits verweisen jedoch auch auf den Einschluß kreativer Komponenten. Während die Zuordnung von Zeilen nach Reimpaaren ein Akt konvergenten Denkens und Handelns auf Analogieebene ist, erfolgen bei dem Suchen nach der Verkettung und der Abfolge der Strophen und der nicht gereimten Zeilen regelrecht Schübe von Einsichten und blitzartigen Erhellungen, die eher im Feld divergenten oder lateralen Denkens oder der Bisoziation, der Zusammenschau von auf den ersten Blick heterogenen Teilelementen auf logisch-semantischer Ebene, anzusiedeln sind. Dies zeigten auch die Ergebnisse immer sehr deutlich, indem eine mal größere, mal kleinere Gruppe auf der ersten Ebene stehenblieb. Einzelne Strophen wurden richtig zusammengebaut, bei der übergeordneten Textstruktur entstanden Lernbarrieren, die in diesen Gruppen nur mit Hilfestellung überwunden wurden. Es zeichnet sich das Modell insofern auch noch aus, als es wegen dieser Zweistufigkeit auf innere Differenzierung hin angelegt ist; auch das Erreichen der ersten Stufe vermittelt Erfolgserlebnisse.

Der Spielanreiz kann durch einige organisatorische und methodische Maßnahmen wesentlich erhöht und der Spielverlauf auf das Zentrum, nämlich das konkrete Manipulieren mit den Verszeilen, konzentriert werden. Die tragfähigste Vorstrukturierung des Materials leistete ein Student im Rahmen schulpraktischer Studien. Er gab zwei DIN-A4-Blätter vor, eines war durch Querstriche in sechs Abschnitte aufgeteilt, in den ersten und sechsten Abschnitt waren die erste und letzte Strophe eingeschrieben. Ein zweites Blatt enthielt die kräftig umrahmten zwölf Verszeilen zum Ausschneiden und in handlicher Größe. Deren lockere und graphisch verschobene Anordnung signalisierte das Unfertige und forderte zum Hantieren heraus. Die vier „Leerstellen" des ersten Blattes entfalteten einen ebenso intensiven Aufforderungscharakter.

4.4 Wörter, die in anderen Wörtern stecken

Hans Manz hat für das Modell „Wörter im Wort" das Spielwort „Schlaraffen" benutzt (1996, S. 47). Die Spielregel heißt: Die Reihenfolge der Buchstaben von
links nach rechts ist einzuhalten, Buchstaben dürfen übersprungen werden. Fast
auf den ersten Blick erschließt sich die Binnenstruktur des Wortes, die aber dem semantischen Gefüge des Ausgangswortes zuwiderläuft: Schaf, Harfe, scharf, Harn,
schlaff, schaffen usw. (alle Wörter in Großbuchstaben notiert). Manz präsentiert 16
Lösungswörter. Angeregt durch Manz wurde in einer Klasse das Spielwort „Kreisel" benutzt:

```
K R E I S E L
. R E I S . .
. . E . S . .
. . E I S . .
. . E . S E L
K R E I S .
K R E I S E .
K R . I S E .
K . E I . . L
. . E I . . .
. R E I S E .
```

Weitere Spielwörter wurden in eine Spielkartei übernommen: Toreinfahrt, einfalls-
reich, Vereinskalender, Einfamilienhaus, Schlaraffenland. Die gleichwertige Nutzung aller Buchstaben für Substantive und andere Wörter verlangt, unter orthogra-
phischer Perspektive, die graphische Gleichrangigkeit. Diese ist zu erzielen durch
Nutzung von Kleinbuchstaben oder von großen Druckbuchstaben.

Das Spiel beruht auf den Gegebenheiten unserer Buchstabenschrift, daß Phoneme
/ Grapheme kleinste bedeutungsunterscheidende, nicht jedoch bedeutungstragen-
de Einheiten sind, und auf dem Bausteincharakter der Buchstaben als auswechsel-
barer und ständig neu komponierbarer Elemente des gedrucktes Wortes. Bei längeren Wörtern mit entsprechenden Buchstabenbeständen ergeben sich dann Gruppen, die für sich genommen wieder Morpheme / Wörter sind, aber oft in keinem
Sinnzusammenhang mit dem Ausgangswort stehen. Die aufgezeigte Doppelstruk-
tur eines Spiels mit Wörtern und Buchstaben / Lauten erklärt die unterschiedliche
Einordnung. Weller subsumiert das Modell unter Buchstabenspiele mit dem be-
zeichnenden Untertitel „Bauarbeiten" (1995, S. 17). Hier wird es dem Spiel mit
Wörtern zugeordnet. Unsere Matrix löst diese Differenz auf:

1 Sprachspiel i. e. Sinne

b   Spiel mit Buchstaben – das Buchstabengefüge eines Wortes als Steinbruch für Wort-
    bauarbeiten

c   Spiel mit Wörtern – Wörter, die in Wörtern stecken, die Binnenstruktur eines Wortes
    im Spiegel der graphischen Elemente

Den Spielanreiz, der vom Material „Buchstabenbestand des Wortes" ausgeht, kann man an sich selbst häufig beobachten. Wenn einem etwa ein Reklamewort ins Auge springt und man verärgert und zugleich etwas gelangweilt und distanziert hinschaut, entdeckt man plötzlich graphische Binnenstrukturen, die selbst Wörter sein könnten. Über diese „Brücke" kann man dem appellativen Anspruch des Wortes ausweichen oder entfliehen. Die zweite Reizquelle dürfte die konkrete Manipulationsmöglichkeit mit dem Buchstabenbestand der Wörter sein, wie sie sich in der Spielform „Kreisel" darstellt.

Während bei den Modellen „Bumdidi" und „Zeitungsblatt" der unterrichtspraktische und der Spiel- und Lernbezug herausgearbeitet wurden, soll hier die Lehrplanperspektive transparent gemacht werden. Dies ist um so mehr gerechtfertigt, als ein unterrichtsbezogener Beleg dieser Spielgruppe in Abschnitt 2.2, Spiel, aufgenommen ist. Das Modell steht im Schnittpunkt zweier Linien. Die eine stellt sich vertikal als aufbauende Arbeit durch sechs Schuljahre dar, die andere horizontal als diesem Spiel mit Wörtern verwandte Gruppen.

a) Zur vertikalen Linie: Das eben vorgestellte Spiel ist auf das 3./4. Schuljahr bezogen. Bereits im Rahmen des Erstleseunterrichts ist das Modell „Wörter, die in Wörtern stecken" von lesedidaktischer und -methodischer Bedeutung. Das Kind gewinnt gleichsam Verfügungsgewalt über den Buchstabenbestand von Wörtern und befreit sich aus der Bindung an vorgegebene Wort- und Buchstabengefüge sowie deren semantische Fixierungen. Allerdings muß dabei beachtet werden, daß nicht etwa instabile Strukturen dadurch entstehen, daß außerhalb des Spielrahmens Sinn an Stellen unterlegt wird, wo es dem Gefüge unserer Buchstabenschrift widerspricht.

Für zweite Schuljahre bietet sich z. B. der Text „Wo manche Worte wohnen" von Vera Ferra-Mikura an (in: Domenego 1996, S. 91), für den sie eine spielerische Einkleidung gewählt hat:

> Das Wort „aus" wohnt in einem richtigen Haus,
> doch zugleich in der Jause, in der Maus und in der Laus.
> Das Wort „und" wohnt im Hund, im Grund und im Schlüsselbund,
> in der Stunde, in der Runde und im Namen Rosamunde.
> Das Wort „ein" wohnt im Schwein und im Mondenschein,
> in Steinen, in Beinen und Hundeleinen.
> Das Wort „um" wohnt in der Blume und in der Krume,
> und meine Freundin Anne wohnt in der Wasserkanne,
> in Tannen, Pfannen und Badewannen.
> Und wo wohnt das Wort „ach"?
> Im Bach.
> Im Krach.
> Im Lachen
> und in vielen
> anderen Sachen.

Die auch lesedidaktisch als Signalgruppen bzw. häufige Wortbestandteile wichtigen Teilglieder: aus – Haus, und – Hund, ein – Schwein, um – Blume und ach – Bach, Krach stehen im Mittelpunkt. Als besonderes Spielelement tritt Anne auf, die in Wasserkanne versteckt ist. Lautlich ist wichtig, einen Unterschied der herausgelösten Klangstruktur zu beachten. Aus, ein, und, ach sind jeweils identische Klangeinheiten im Ausgangs- und im herausgelösten Wort. Bei „um" tritt eine bedeutende Klangverschiebung auf: um = (um), Blume = (blu:me), verstärkt durch die Silbenfuge des Wortes. Das Spiel operiert primär optisch, auf Buchstabengruppen bezogen. Da hier aber auch ein Text zum Lesen, eine Geschichte als Einkleidung, vorliegt, gilt es, diese lautliche Diskrepanz zu reflektieren und unterrichtlich zu beachten.

Für das 5. und 6. Schuljahr weitet sich das Spielmodell insofern aus, als kompliziertere Ausgangswörter gewählt und die Spielregeln variiert werden: nur zusammenhängende Buchstaben dürfen genommen werden (Kaffeegesellschaft: Affe, Esel, Schaf) – die Reihenfolge darf geändert werden, d. h. das Wort frei als Buchstabensteinbruch nutzen (aus obigem Spielwort ergibt sich alle, schaffe). Damit sind wir bei den verwandten Formen angelangt.

b) Zur horizontalen Linie: Das Modell „Wörter, die in Wörtern stecken" steht in einem umfassenden und differenzierten Spielfeld.

Verwandte Formen sind:

– das Anagramm: die Buchstaben dürfen vertauscht, müssen aber alle genutzt werden, die vertauschten Buchstaben sind der Ausgangspunkt der Worträtsel, Beispiel Beruferaten: UAMRRE – MAURER;

– das Palindrom: die Leserichtung wird geändert REDURB – BRUDER, Sonderformen: ANNA – ANNA entsprechend TOR – ROT;

– die Buchstaben des Alphabets als Wortbaukasten: für ein Spielwort darf jeder Buchstabe nur einmal genommen werden;

– die nicht morphemgebundene Worttrennung, auf das Ausgangswort bezogen, Beispiel Hans Manz (1996, S. 49):

> **Blödel-EI**
>
> Ein Nacked-Ei
> aß, versteckt im Salb-Ei,
> ein Hühner-Ei.
> Warst du dab-Ei?
> Poliz-Ei! Poliz-Ei!

Beliebt sind in dieser Gruppe die Spiele mit dem Wort(teil) STERN: O-STERN – A-STERN – W-STERN – FX-STERN – NE-STERN usw., oder mit dem Wort(teil) TIGER: HAARFES TIGER, UNTÄ TIGER, LUS TIGER usw. Sie können als kleine Wettspiele in Wortreihen notiert, besser noch: in lustige, mit Unsinnselementen operierende Geschichten eingebunden werden.

– die graphische Hervorhebung der Teile:

durch Schrift, Beispiel „gegen alles – für alles": GEGENstand, GEGENd, verGE-
GENwärtigen, entGEGnEN, GEGENliebe
FÜRsorge, beFÜRworten, anFÜhRen FÜRchten
Andere Spielwörter: von – nach, hin – her, auf – nieder
durch bildliche Elemente oder andere graphische Mittel:
Zahlen: Nacht = N8, 4tel, Ver1mitglied usw. (vgl. hierzu das Unterrichtsmodell
4.8, Achterbahnträume, das weitere Spielmöglichkeiten im Buchstaben-Wortbe-
reich berührt).

Bilder / Vignetten: Lastwagen = L $\mathcal{W}$ wagen, vorbei = vorb $\bigcirc$, Stockholm =
$\bigwedge$ holm (entspr. B/RÜSSEL, SCHWEIN/FURT, WALD/S/HUT, LOS/
ANGEL/S usw.)

Mit diesen Beispielen sind die wichtigsten Formen des Modells „Wörter, die in
Wörtern stecken" vorgestellt. Den relativ eng gezogenen Grenzen des Spiels, gerade auch auf seine kreativen Möglichkeiten bezogen, stehen zwei beachtenswerte
Freiräume gegenüber. Der erste ist mit dem oben aufgezeigten Variationsreichtum
bezeichnet. Der zweite berührt die Einbettung in die pädagogische Situation Diese
spannt sich aus zwischen dem engen, z. B. lesemethodisch oder orthographisch vor-
strukturierten Unterrichtsmodell und der Situation des freien Spielens außerhalb
der Schule bzw. innerhalb der Freiräume, die die Schule oder auch der Deutschunterricht zu gewähren vermögen.

Mit anderen engeren Regelspielen teilt dieses Modell das Spielmerkmal der „Unendlichkeit", d. h. den immer wieder neuen Spielanreiz angesichts unzähliger Wiederholungen – allerdings an immer neuen Wortbeständen.

Wie bei kaum einer anderen Spielgruppe sind deren Belege mit geringem Aufwand
in Form von Tafelanschriften, Projektorfolien, Arbeitsblättern, Karteikarten o. ä.
in den Unterricht einzubringen, d. h. als vorstrukturiertes Spiel- und Lernmaterial
bereitzustellen. Die Eindeutigkeit verringert in höchstem Maße lehrende Anstöße
oder Eingriffe zugunsten von Freiräumen der Schüler. Weiterhin erfinden Lehrende und Lernende, einmal sensibilisiert, immer wieder neue Formen. Nicht von un-
gefähr macht diese Spieltextgruppe einschließlich der verwandten Formen deshalb
einen größeren Teil der als Unterrichtshilfen offerierten Materialien aus. Ein Beleg
sind die „Sprachspiele. Anregungen und Ideen für den Unterricht" (E. M. Kohl, als
Beilage in: Die Grundschulzeitschrift, Heft 111/1998 a). Dieses Materialkompendium enthält u. a. auch das eben genannte TIGER-Spiel (S. 17).

4.5 Seltsame Turnstunde

Mit dem vorausgehenden Beispiel ist die Streubreite von Spielmöglichkeiten angedeutet, die allein in der auf Buchstaben bezogenen Binnenstruktur von Wörtern
vorgegeben ist. Noch umfassender sind sie in den Bereichen Wortbildung, Wortveränderung und Wortkomposita. Auf diese Dimension hebt ebenfalls die Mehrzahl

der Unterrichtsmaterialien und der Anthologien ab. Das folgende Beispiel fußt auf einer Anregung, die der Text „rezept" von Peter Lehner vermittelt (in: Wiemer 1974, S. 166):

> Seltsame Turnstunde
>
> ein sicherer Stand in die Hand
> ein eleganter Sprung in das Hoch
> ein langer Lauf in die Dauer
> ein ärgerliches Seits in das Ab
> ein schneller Schwung in den Um
> ein lustiger Baum in den Purzel
> ein kleiner Fall in den Un

Die Einordnung in die Matrix zeigt folgende didaktische Struktur:

1   Sprachspiel i. e. Sinne (eine literarische „Gebrauchsform")

c   Spiel mit Wortkomposita, gebildet aus zwei freien Morphemen (Hand-Stand) oder einem freien und einem gebundenen (Un-Fall)

d   Spiel mit Sätzen als Verfremdung eines Satzgliedes
Grundständige linguistische Operation: Permutation/Umstellung

Die Spielwörter, auf den Inhaltskomplex „Turnstunde" bezogen, sind: Handstand, Hochsprung, Dauerlauf, Abseits, Umschwung, Purzelbaum, Unfall. Die Komposita haben unterschiedliche Tiefenstruktur, d. h. die Wortbildungsvorgänge unterscheiden sich. A. und E. Kern sprechen hier von „hintergründigen" Wörtern. Sie versuchten, die subsemantischen Elemente zu aktivieren, um Kindern das Sinngefüge und den Bedeutungshorizont plastisch zu erschließen. Die vorliegende Spielform folgt einem anderen Ansatz, indem nicht Analogiemuster intendiert sind (Handstand, Fußstand, Kopfstand; Hochsprung, Weitsprung, Kurzsprung, Niedrigsprung . . .), wie A. und E. Kern nahezu ausschließlich verfahren und wie es die Sprachspielkompendien immer wieder als breites Angebot offerieren (s. dazu unten, S. 83ff.), sondern die Auflösung der zusammengesetzten Wörter und die Umstellung der Teile. Deren Einbettung in einen Teilsatz ergibt einen interessanten Verfremdungseffekt. Beim spielerischen Entfalten dieses Modells oder parallel gelagerter erhöht sich der Spielreiz und werden kreative Aktivitäten in überraschender Weise freigesetzt:

a) Die Umstellungsergebnisse haben unterschiedliche Wirkung, die Verbindung mit gebundenen Morphemen wirkt oft stärker, z. T. mit komischem Effekt („die regen mehr auf").

b) Bei einigen Umstellungen werden kritische Bezüge sichtbar, die Schüler besonders gern aufgreifen („der Lehrer pfeift oft beim Hallenfußball zuviel": ein ärgerliches Seits in das/den Ab).

c) Die Umstellung kann auch unterbleiben. Dies wird meist durch irrtümliche Formen entdeckt, z. B. „ein kleiner Un in den Fall" anstatt „ein kleiner Fall in den Un". Beim semantischen Abtasten wird deutlich, daß unterschiedliche Assoziationen und Wirkungen entstehen. Um recht wirkungsvolle Aussagen zu finden, werden jetzt die Beispiele hin und her gewendet: ein ärgerliches Seits in das/den Ab – ein ärgerlich Ab in das/wegen des Seits. Die letzte Form gefällt in der Regel am besten, offensichtlich, weil die Ursachenfolge transparent wird. Eine andere Wirkungskomponente liegt zweifelsohne in dem „Seits". Das semantisch zwar partiell strukturierte, aber doch „unvollständige" Wort (es ist ein gebundenes Morphem unter synchronem Aspekt, d.h. auf den heutigen Sprachstand bezogen, unter Abhebung von der historischen Komponente) reizt zur semantischen Auffüllung.

d) Umweltkomplexe wie Turnstunde, Wanderung, Straßenverkehr, Familienfest, Fernsehen ... lassen sich auf diese Weise verfremden und mit kritischen Assoziationen aufladen.

Das Thema „Eine seltsame Wanderung" ergibt z. B.:

ein bekannter Punkt für den Treff – ein früher Marsch in den Ab – eine gemütliche Pause in die Ruhe – eine lästige Mahnung in den Er usw. – Eine besondere Entdeckung mit kritischem Gehalt war in einer Schülergruppe die Umstellung der vierten Zeile: ein lästiger Er in der Mahnung!

Das Beispiel Fernsehen (6. Schuljahr) vermochte die in der Spiel- und Kreativitätstheorie häufig betonte therapeutische, entlastende Funktion, hier des Spielens mit Sprache, zu belegen:

ein übler Spot für die Werbe – eine fade Werbe für den Spot
eine blöde Sendung für die Reklame – eine blöde Reklame für die Sendung
eine langweilige Parade in den Hit – ein langweiliger Hit in die Parade
ein langer Spann für den Vor – ein kurzer Vor für den Spann
ein langweiliger Sager beim An – ein langweiliger An beim Sager

Der Vortrag der Beispiele, die Reflexion über die Wirkung, die morphologische Betrachtung der Spielwörter führen unmittelbar in das Feld des Grammatikunterrichts und belegen die Möglichkeiten des Lernens im Spiel.

Die genannten Themen lassen Kinder relativ leicht vier bis fünf Beispiele finden. Insofern entsteht ein überschaubarer Text mit hohem Funktionswert für den Lernbereich Aufsatz / Texte verfassen. Wieder stoßen wir dabei auf das bereits mehrfach zitierte Prinzip „Sätze statt Aufsätze". Das Spiel tangiert also Grammatik- und Aufsatzunterricht in gleicher Weise. Dies soll durch den Unterrichtsverlauf in einer der Versuchsklassen (Realschulklasse Ende 6. Schuljahr; großstädtische Haupt- und Realschule) belegt werden.

1. Erschließung der Texte eines Arbeitsblattes (es enthält die Belege „Seltsame Turnstunde" und „Seltsame Wanderung") mit der Zielangabe, zu versuchen, die Spielregeln genau zu erfassen.

2. Lesevortrag und Analyse der Spieltexte mit besonderer Beachtung der Wirkung auf Leser und Hörer sowie der inhaltlichen und sprachlichen Form. Erstellung einer entsprechenden Tafelübersicht.

3. Sammeln von Themenfeldern für eigene Spiele. Abtasten einiger Spielwörter der Themenfelder auf Spielmöglichkeit und Wirkung.

4. Schreibspiele in Einzelarbeit, Erfinden eigener Spieltexte.

5. Vortragen und Werten einiger Ergebnisse, Markierung von Fehlformen, Artikulation einiger Spielerfahrungen.

6. Offenes Weiterspielen mit neuen Themenfeldern unter Berücksichtigung der Spielerfahrungen.

7. Vortrag durchgefeilter Spielbelege, Zusammenstellen einer Spielsammlung (Aushang, Klassenzeitung).

Der Abschnitt 5 klang in der ersten Stunde nur noch an und wurde in der zweiten, die die Punkte 5–7 umschloß, wieder aufgegriffen.

Beobachtungen und Ergebnisse:

a) Die aktivierende Wirkung der Textteile zeigte sich bereits beim Erlesen durch beobachtbare Reaktionen.

b) Spielwitz und Spielregel wurden spontan erfaßt. Diese Ergebnisse der kognitiven Dimension führten jedoch nicht zu strukturellen Erkenntnissen und zur Beseitigung der bei eigner Produktion auftretenden Schwierigkeiten.

c) Die Tafelübersicht (Punkt 2) aktivierte die Analyse und gab Gelegenheit, die Spielregel auszuweiten. Sie hatte folgende Endgestalt:

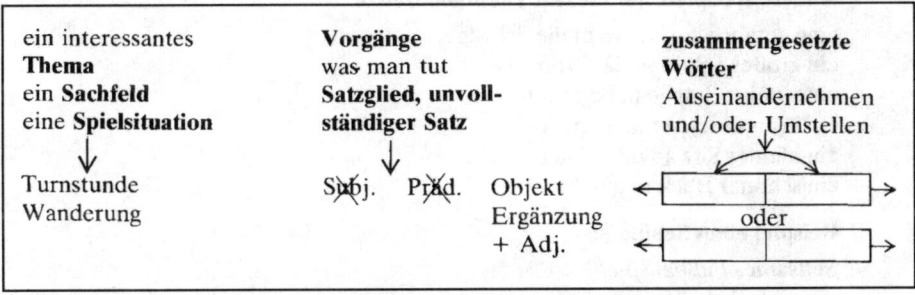

d) Die Kinder merkten, daß sie durch Spielergebnisse selbst überrascht wurden. Sie tasteten Spielwörter, die zum Teil zunächst vorweg gesammelt wurden, auf ihre Möglichkeiten hin ab.

e) Das Verifizieren oder Falsifizieren wurde bereits bei der Einzelarbeit deutlich, stärker noch bei den Vorträgen. Die Kinder unterschieden zwischen zwei Polen: „Was man normal so sagt" oder „Das ist ja ganz normal gesprochen" (z. B. Windschutzscheibe: ein guter Windschutz für die Scheibe). – „Was eigentlich Unsinn ist, bei dem man sich aber was Spaßiges denken kann . . ." (z. B. Umleitung: eine lange Leitung in das Um).

f) Schrittweise schälte sich, zumindest bei der Bewertung von Beispielen, eine Präferenz für Komposita mit Präfixen oder bedeutungsoffenen Morphemen heraus. Einige Kinder experimentierten auch mit a-morphemischer Permutation (eine Fahrk mit Arte).

g) Einige wenige Kinder hatten Schwierigkeiten, die entweder auf mangelnde Einfälle zurückzuführen waren oder aber auch auf mangelndes Erfassen des Spielwitzes. Als korrigierende Maßnahme hätte sich ein Unterrichtsabschnitt zwischen Punkt 3 und 4 angeboten: zu einem ausgewählten Themenfeld gemeinsam Spielwörter sammeln, umsetzen, abtasten und akzeptieren oder verwerfen, Anschreiben der akzeptierten Belege, Nachweis der Permutation usw. Bei einem Unterrichtsversuch in einem 5. Schuljahr zeigte sich die Notwendigkeit des intensiven Strukturierens eines Analogietextes und die Verbalisierung der auftretenden Schwierigkeiten sowie der dabei zu gewinnenden Erkenntnisse noch deutlicher.

Spieltext eines Schülers:

Seltsame Autofahrt
eine sichere Fahrt in das Ab
ein kaputtes Papier im Brot
ein schneller Sturz in das Ab
ein kleiner Blink in das Licht
eine sichere Bremse in die Hand
ein bekanntes Rad in den Lenk
eine tolle Kunft in das An

Andere Beispiele aus diesem Themenbereich:

eine gefährliche Kurve in die Schräg
ein großes Schild in das Stop
eine kleine Stange in den Stoß
ein lästiger Lasser an dem An
ein kleiner Sitz an dem Rück
ein schöner Blick in das Aus

Beispiel eines Schülers:

Seltsames Fußballspiel
ein schlechter Pfosten an das Tor
ein furchtbares Spiel in das Foul
ein knapper Meter in die Elf
ein unfairer Stoß in das Eck
ein bißchen Schluß in den Pfiff

Andere Beispiele zu diesem Themenbereich:

ein guter Wart im Tor
ein begeisterter Schauer am Zu
ein sicherer Wurf in das Ein
ein guter Stoß für das An
ein schlechter Richter im Schieds
ein guter Stürmer in dem Mittel

Andere gewählte Themenbereiche seien mit je zwei Beispielen belegt (Unterrichtsabschnitte 4 und 6):

Zeugniskonferenz: ein schlechtes Tragen bei dem Be – ein langer Plan in den Stunden; *Schwimmbad*: ein eleganter Sprung im Kopf – ein schnelles Rennen in den Wett; *Schloßbesichtigung*: ein alter Gang aus dem Geheim – eine kleine Rippe im Ge; *Nachhauseweg*: ein seltsamer Fall in das Über – ein neuer Markt für den Floh; *Garten*: ein altes Mütterchen im Stief – ein neues Kraut für den Un.

Neben den primären Zielkomponenten „Text produzieren" und „Wortkomposita genauer fassen" wurde eine dritte transparent: „Problemfelder wie Turnstunde, Wanderung, Fernsehen ..., im unmittelbaren Erfahrungsraum der Schüler liegend, humoristisch und kritisch zu durchleuchten".

Aus der überbordenden Fülle der Spielbelege dieser Gruppe seien abschließend noch einige vorgestellt. Bereits in den unteren Schuljahren bieten sich Wortketten an, die graphisch unterschiedlich gefaßt werden können: Autobahn – Bahnhof – Hofhund – Hundefutter usw. Das Würfeln zusammengesetzter Wörter ist ein ebenso beliebtes Spiel, das bereits im Rahmen des Erstlese- und Schreibunterrichts eine wichtige Funktion hat: Eisen ball – Gummi bahn, Roll kasten – Mal schuhe. Das Erstellen eigener Spielvorlagen, z. B. durch Zerschneiden von Wortstreifen, gelingt nahezu unmittelbar. Die thematische Gruppierung ist dabei eine gute Hilfe.

Lustige Berufe: Schornsteinschlosser, Autoschaffner, Badeputzer, Fensterfeger, Zugmeister ...

Lieblingsspeisen: Schokoladenschinken, Eisbrot ...

Seltsame Tiere: Eleschwein, Wildfant ...

Spielsachen: Puppenbahn, Eisenstube ...

Eine anspruchsvollere Spielvorlage bildet der folgende Text von Paul Maar (in: Boldt / Wandrey 1974, S. 12):

Land auf dem Sonntag

Im Scheinensonn
taubt ein Gurr.
Im Schattenhaus
katzt eine Schnurr.

Im Weiherdorf
froscht tief der Tauch.
Oben im Dachhaus
Schlotet der Rauch.

Es hummelt ein Brumm
wie ein Wagenlast.
Sanft schweint ein Grunz
vor der Wirtschaftsgast.

Ein Pinkel, der hundet
auf Blumenmohn.
Der Schimpf vatert laut
im Zimmerwohn.

Ein Fahrersonntag
wagent die Wende.
Das dauert sehr lange.
Drum gedichtet das Ende.

Die Komplexität dieses Textes spiegelt sich bereits in der Einordnung in die Matrix: 1 als kinderliterarisches Sprachspiel i.e.Sinne, jedoch mit starker Annäherung an Verkehrte-Welt- und Unsinnspoesie, auf sprachlicher Ebene Permutationen im Wort- und Satzbereich, c) Spiel mit Wortkomposita und d) Spiel mit Sätzen, Satz-

gliedern und Wortklassen. Letzteres stellt für Kinder im 4. oder 5. Schuljahr nach
allen Erfahrungen eine besondere Schwierigkeit bei der „Übersetzung" in „richti-
ges" Deutsch, der Erfassung des Spielwitzes als auch der Komposition eigner Spaß-
sätze dar. Neben die vertraute Form des Würfelns von zusammengesetzten Wörtern
treten nämlich Substitutionen. Bei „Der Vater schimpft laut im Wohnzimmer" wird
das Substantiv „Vater" zum Verb „vatert", das entsprechende Verb seinerseits zum
Substantiv. Die Ergebnisse der Kinder weisen deshalb auch unterschiedliche Kom-
plexitätsgrade auf. In 4. Schuljahren kann aus diesem Grunde die rezeptive Komponente im Vordergrund stehen: Selbständiges Erlesen, Austausch über die Entdeckungen, Übersetzungsversuche in Partnerarbeit und vorrangig sich anschlie-
ßender Hör- und Lesespaß. In 5. Klassen dagegen können eigne Sätze oder Texte in
den Vordergrund rücken: Die GParallelklasse singt einen Kanon – Die Parallele ka-
nont eine Klasse. Der Hausmeister bringt die Milch – Die Meistermilch haust die
Bringe. – Motivierte Kinder oder Gruppen versuchen sich besonders gern an der
Komposition von Versen, was ohne Hilfe selten gelingt. Ist ihnen aber mit Hilfestellung deutlich geworden, daß sich im Ausgangssatz die Bestimmungswörter der
Komposita reimen müssen, gelingt dies einigen auch:

> Die Kinder spielen in der *Garten*laube.
> Der Onkel mogelt beim *Karten*spiel.

> Die Spiele kindert in dem Laube*garten*.
> Die Mogele onkelt im Spiele*karten*.

4.6   Spezifische Schreibspiele im Spielfeld der Wortkomposita

4.6.1 Stellt euch vor, wir hätten

Der erste Spieltext dieses Abschnitts stammt von Eva Rechlin (in: Pestum 1976,
S. 226 f.). Wie das Modell „zwicke zwein" (Abschnitt 4.1) fußt auch dieses auf einer
großen Zahl von unterrichtlichen Erprobungen und Erfahrungen und zeigt bis heute seine Frische und Aktualität. E.M. Kohl präsentiert diesen Text als Spielvorlage
in ihrem Plädoyer „Für eine Grammatik der Fantasie" (1998, S. 8). Struktur des
Textes und Unterrichtsergebnisse sind im wesentlichen bereits in einer früheren
Veröffentlichung dokumentiert (Steffens 1982). Die Mehrzahl der Versuche verdeutlicht in besonderer Weise das aufsatzdidaktische Prinzip „Sätze statt Aufsätze"
nach Gössmann (1976), das besagt, daß Schreibhandlungen nicht nur an die geschlossene Form bisheriger Aufsätze gebunden sein müssen, sondern auch auf kurze Texte, Textfragmente, Sätze und Wortkonstellationen, wie etwa Gomringers
Spielvorlage : baum – kind – hund – haus (in: Worte und Schatten, S. 56). Sie verweisen zugleich auf Gattis Buchtitel „Schüler machen Gedichte" (1979). Unter anderer Perspektive wird man von einem Spiel auf grammatisch-morphemischer und
semantischer Ebene sprechen. Der Text umfaßt insgesamt 13 doppelgliedrige Strophen, die jeweils durch einen Reim verklammert sind und von denen wir hier sechs
vorstellen:

Stellt euch vor, wir hätten …

Stellt euch vor:
wir hätten keinen Flaschenöffner mehr.
Womit öffnen wir danach die Flaschen?
Stellt euch vor:
wir hätten keine Taschentücher mehr.
Womit tüchern wir danach die Taschen?
Stellt euch vor:
wir hätten keine Kegelkugeln mehr.
Womit kugeln wir danach die Kegel?
Stellt euch vor:
wir hätten keine Segelboote mehr.
Womit booten wir danach die Segel?
Stellt euch vor:
wir hätten keine Eichenblätter mehr.
Womit blättern wir danach die Eichen?
Stellt euch vor:
wir hätten keine Zeichenstifte mehr.
Womit stiften wir danach die Zeichen?
Stellt euch vor:
wir hätten keine Ziegelsteine mehr.
Womit steinen wir danach die Ziegel?
Stellt euch vor:
wir hätten keine Spiegeleier mehr.
Womit eiern wir danach die Spiegel?
Stellt euch vor:
wir hätten keinen Rasenmäher mehr.
Womit mähen wir danach den Rasen?
Stellt euch vor:
wir hätten keinen Hasenbraten mehr.
Womit braten wir danach den Hasen?
Stellt euch vor:
wir hätten keine Rinderweiden mehr.
Womit weiden wir danach die Rinder?
Stellt euch vor:
wir hätten keine Kinderzimmer mehr.
Womit zimmern wir danach die Kinder?

Die anderen Spielwörter sind: Damenhüte, Namensschilder; Suppenschüsseln, Puppenmütter; Bilderbücher, Schilderwälder; Muttertage, Butterblumen; Spinnennetze, Binnenschiffer; Fledermäuse, Federbetten; Kerzenhalter, Herzensbrecher; Plattenspieler, Lattenzäune; Blasenschmerzen, Nasenbohrer; Abenteuer, Schwabenstreiche; Schneckenhäuser, Heckenscheren; Dudelsäcke, Nudelsuppe.

Unter literarischer Perspektive handelt es sich um Gruppe 1, ein Sprachspiel i.e. Sinne, das Elemente der Unsinnspoesie umschließt, um eine der spezifischen Spielformen mit Sprache, wie sie die neuere Kinder- und Jugendliteratur in großer Zahl eröffnet hat. Unter sprachlicher Perspektive ist es ein Spiel unter c, Wortkomposita, und d, Wortklassen, die wesentlichen Operationen sind Permutation und Substitution. Der Bauform der Strophen und der Verknüpfung der Verszeilen nach ergibt sich eine deutliche Parallele zu der volkstümlichen kinderliterarischen Form des Kettenreims. Die entsprechende Wiederaufnahme von Textelementen der vorhergehenden Verszeilen, die durchlaufend stereotype Einleitungszeile „stellt euch vor" sowie die konjunktivische Leitformel „wir hätten" und der abschließende Fragesatz mit dem Interrogativpronomen „womit" dokumentieren lexikalische bzw. syntaktische Äquivalenz. Dieser hohe Grad der Wiederholung macht das Textgefüge im Blick auf Gedächtnisleistung so redundant, daß zumindest der ältere Rezipient die Strophen fast unmittelbar auswendig wiederholen und weiterspielen kann. Für Kinder im 4. bis 6. Schuljahr gilt das in etwa auch. Die konjunktivische Form bildet jedoch zunächst eine beobachtbare Barriere, zumindest unter bestimmten Milieuvoraussetzungen, so daß sich das Spiel geradezu als Schreibspiel anbietet. Hier wirken sich die lexikalische und grammatisch-syntaktische Redundanz insofern günstig aus, als keine orthographischen und textstrukturellen Barrieren entstehen.

Die Möglichkeit der quasi unendlichen Verkettung spiegelt bereits das Original, das immerhin 13 Strophen mit insgesamt 26 Spielwörtern umschließt. Die aufgezeigten literarischen Textmerkmale verweisen auf das Weiterspielen, wie es der genannten kinderliterarischen Urform des Kettenreims bzw. Kettengedichts eigen ist. Diese Feststellung ist didaktisch-methodisch besonders relevant. Unter linguistischer Perspektive kennzeichnet den Text neben der Möglichkeit des immanenten Gebrauchs, Aktivierens und Einübens der konjunktivischen Form (Konjunktiv II zu „haben") vor allem das Spiel mit Wortkomposita.

Deren spielerische Auflösung in einem Handlungssatz, dessen Verb aus dem Grund- und dessen Akkusativobjekt aus dem Bestimmungswort gewonnen wird, bewirken komische Effekte, rücken ein grammatisches Phänomen durch semantisch-lexikalische Abweichungen ins Blickfeld des Rezipienten und erhellen durch Irritation und daran gebundene Reflexion Baugesetze der Wortbildung im Deutschen. Letztlich stößt der Rezipient auf unterschiedliche Tiefenstrukturen, die sich hinter den formal als identisch erscheinenden Substantivkomposita verbergen und die schließlich die Baugesetze offenlegen. Weiterführende linguistische Analysen müssen wir uns hier versagen, etwa bezogen auf die Tatsache, warum bei einigen Beispielen semantisch stimmige Aussagen entstehen: Flaschenöffner, Rasenmäher: „er" als Wortbildungsmorpheme, (hier nicht nomina agentis sondern nomina instrumenti), bei anderen dagegen unterschiedliche Grade der Verfremdung deutlich werden.

Unter spieltheoretischem Aspekt ist das bereits literarisch vorgegebene Element der „inneren Unendlichkeit", das dem Drang nach (unermüdlicher) Wiederholung erklären kann, hervorzuheben. Kreativitätstheoretisch gesehen, öffnet sich das Handlungsfeld durch Überraschungseffekte, die an die vorgegebenen oder beim spielerisch-experimentellen Weiterführen an die selbstgefundenen Spielwörter gekoppelt sind. Von den Ergebnissen und ihren Überraschungen her stellte eine Gruppe beispielsweise fest, daß manchmal normale Sätze entstehen, manchmal Spaß- oder Unsinnsätze und manchmal Unsinnsätze mit einem Sinn, also Hintersinn.

Die linguistischen und literarischen Bezüge wurden etwas ausholender dargestellt, um die allgemeine deutschdidaktische Einbettung des Spielens mit Sprache sowie die Integration der Teilgebiete Literaturunterricht, Grammatik / Reflexion über Sprache und Schreibdidaktik bzw. Aufsatzunterricht zumindest anzudeuten.

Die didaktisch-methodischen Implikationen des Textes verweisen auf eine relativ einfach strukturierte unterrichtsmethodische Umsetzung. Die literarische Form läßt sich, von der Reimverknüpfung abgesehen, leicht realisieren. Die „Schichtung" im Bereich der grammatischen, hier also vorrangig der lexikalisch-semantischen Bezüge bewirkt, daß sich das Sprachspiel für unterschiedliche Altersgruppen eignet. Jede findet dabei eine angemessene literarische und vor allem grammatische Lernbarriere. Im folgenden heben wir vorrangig auf das Schreibspiel ab und beziehen uns auf ein 5. Schuljahr.

Bei der Textpräsentation bietet sich das hier gewählte Modell an: Darbietung (Vortrag und/oder Arbeitsblatt), zusätzliche Vorgabe der Spielwörter des Originals. Die Erschließung kann, je nach Klassensituation und Lehrerintention, unterschiedliche Akzente haben (z. B. spielendes Lernen im Grammatikunterricht oder Anregung zum kreativen Schreiben mit Akzentuierung unsinniger Komponenten). Wir haben Modelle erlebt, bei denen sich eine kurze inhaltlich-grammatische Erörterung vorgegebener Wortkomposita als eine die Aufmerksamkeit auf dieses spezifische Textelement richtende Antizipation erwies. Ebensoviel spricht für den unmittelbaren Einstieg in den Text als Sprech- oder als Lesespiel.

Die im Text selbst angelegten spielerischen und kreativen Komponenten spiegeln sich in der Regel in den spontanen Reaktionen der Kinder: verhaltenes oder lautes Lachen, Entdecken unterschiedlicher Wirkungen und komischer Komponenten bei den einzelnen Strophen, Entdecken der Bauform der Strophen, Sich-Reiben an den semantisch-lexikalischen Irritationen … Bemerkenswert waren auch spontane Zuwendungen zum Partner, um auf Entdeckungen aufmerksam zu machen.

Der nächste Unterrichtsschritt ist ebenfalls offen: ob nämlich die reflektorischen Ansätze und die grammatischen Verweise, z. B.: (Ziegelsteine: „Ziegel, Steine, steinen; der zweite Wortteil kommt dann immer zuerst". – „Das sind zwei Namenwörter, die dann zu einem Zeitwort und einem Namenwort werden." – „Bei manchen muß man lachen, bei anderen gar nicht.") direkt aktiviert und gebündelt werden, oder ob erst ein mündliches oder schriftliches Weiterspielen einsetzt. Dieses vertieft oder erweitert dann die bereits artikulierten Vermutungen, Entdeckungen oder bietet die Chance, selbständig weiterzusuchen, sich selbst überraschen zu lassen, die Wirkung der eigenen Versuche beim Vortragen / Vorlesen abzutasten. Die Sprech- und Schreibspiele können zunächst auf die vorgegebenen Spielwörter des Originals bezogen werden, es kann aber auch freigestellt sein, gleich selbst

Komposita zu finden versuchen. In 5. und 6. Schuljahren wird vor allem das schriftliche Weiterspielen experimentellen Charakter annehmen. Wir lassen hier auch offen, wie weit die grammatische Reflexion getrieben und präzisiert wird. Alle unsere Versuchsklassen unterschieden jedoch spontan zwischen den Modellen, die „normal" und anderen, die besonders „lustig" sind, „die machen, daß man laut lacht", die „komisch" sind. Die Kinder registrierten auch, „daß man das vorher nicht so genau weiß". Klassen mit grammatischen Kenntnissen präzisierten das Experimentierfeld insofern, als sie die Komposita stringenter in Gruppen ordneten. Aber auch Gesetzlichkeiten der Unsinnspoesie kamen ins Spiel: eine Aussage wie „womit zimmern wir danach die Kinder?" erregte eine Klasse. Die kritische Potenz der Aussage wurde entdeckt: keine Kinderzimmer und Kinder zimmern! Ehe wir nun einige Schreibbeispiele vorstellen, soll nicht unerwähnt bleiben, daß die orthographisch-grammatischen Vorgaben und die Äquivalenzstruktur des Textes gerade auch schreibschwächeren Schülern die Produktion von eigenen Spieltexten ermöglichen.

Stellt euch vor:
wir hätten keine Klassenlehrer mehr.
Womit lehrern wir danach die Klassen?
Stellt euch vor:
wir hätten keine Schulkinder mehr.
Womit kindern wir danach die Schule?
Stellt euch vor:
wir hätten keine Photoapparate mehr.
Womit apparaten wir danach die Photos?
Stellt euch vor:
wir hätten keine Telefone mehr.
Womit fonen wir danach die Tele?
Stellt euch vor:
wir hätten keinen Sonntagsanzug mehr.
Womit anzugen wir danach den Sonntag?

Die Kinder reizt auch die Frage, warum bei ihnen kein „Reimgedicht" entsteht (vgl. die Parallele zu „Land auf dem Sonntag" im vorigen Abschnitt). Wenn dann die entsprechende Entdeckung gemacht ist, ist auch dieses Problem relativ leicht lösbar:

*Hosen*träger – *Rosen*beete
Stellt euch vor:
wir hätten keine Hosenträger mehr.
Womit trägern wir danach die *Hosen*?
Stellt euch vor:
wir hätten keine Rosenbeete mehr.
Womit beeten wir danach die *Rosen*?

Selbstverständlich sind die Schreibspiele der Kinder, von der grammatischen Tiefenstruktur der Wortkomposita und von der komischen Wirkung bzw. vom Grad des Un-Sinnigen her, gemischt wie das Original. Auffällig ist jedoch, daß vor allem Wörter aus dem eignen Erfahrungsfeld plötzlich kritische Aussageelemente ins Spiel bringen. Solche Beispiele sind oben abgedruckt. In jedem läßt sich, für Erwachsene und Kinder, Hintersinn entdecken. Bemerkenswert ist noch das Spielwort Telefon, gleichsam eine zusätzliche Entdeckung, die im Klassengespräch legalisiert wurde: „Dann sind das zwei richtige Wörter."

4.6.2 So viele Steine und Uhren

Der Spieltext von Hans Manz „Wörter und Bilder" (1995, S. 8), wiederum der Gruppe 1 der literarischen Dimension zuzuordnen, ist ein Spiel mit Wortkomposita zum Grundwort Stein mit der grundlegenden Operation der Permutation / Ersetzung.

Anm.: Aus Platzgründen werden hier und an anderen Stellen die Zeilenenden durch Striche markiert.

> Das Wort Stein / dem und jenem, / jener und dieser in den Mund gelegt: / Einem Maurer, / einer Gärtnerin, / einem Friedhofsbesucher, / einer Ärztin, / einem Zahnarzt, / einer Kirschenesserin, / einem Mühlespieler, / einer Juwelenhändlerin, / einem Hartherzigen, / einer Bildhauerin / und zugesehen, / wie sich die Bilder zum immer gleichen Wort / verändern.

Wichtig ist ein Spielfaktor, der über die zuvor dokumentierten Wortspiele hinausführt, nämlich die situativ-pragmatische Einbettung, so daß zu der linguistischen Einordnung unter c noch die unter f hinzugefügt werden muß. Auf dieser Ebene liegt auch die Lösung des Sprachrätsels, die im Original mit abgedruckt ist. Kindern 4.–6. Schuljahre brauchen wir nur ein bis zwei Lösungswörter vorzugeben, um ein motiviertes Suchen zu initiieren. Die Lösungswörter sind:

> Backstein, Kieselstein, Grabstein, Gallen- oder Nierenstein, Zahnstein, Kirschstein, Spielstein, Edelstein, Herz aus Stein, Granit- oder Marmorplastik

Ein Weiterspielen im engeren Rahmen ist auf weitere Wortkomposita mit . . . stein zu beziehen. Diesen Wörtern ist dann eine situative Einbettung zuzuordnen: Ziegelstein – einem Dachdecker, Granitstein – einem Bergwanderer, Kalkstein – einem Kesselreiniger . . . Das Spielfeld weitet sich aus, wenn weitere Grundwörter gefunden werden, die eine größere Zahl von Bestimmungswörtern aufnehmen können, z. B. Zeit: einem jungen Paar – Hochzeit, Kinder und Eltern im Sommer – Ferienzeit, den blühenden Bäumen – Frühlingszeit, hungrigen Kindern – Essenszeit, Jungen und Mädchen am Vormittag – Schulzeit, Vater und Mutter – Arbeitszeit, der müden Familie – Schlafenszeit . . .

Kindern, denen die vorgestellte Spielform vertraut ist, kann eine Vorlage E. M. Kohls „Märchen von den Wunderuhren" (1994, Heft 4) als weiterführende Schreibspielanregung vermittelt werden:

> Ein König heiratete eine Königin. Beide waren leidenschaftliche Uhrensammler. Zu ihrer Hochzeit bekamen sie eigenartige Uhren geschenkt.

Die Ziege brachte die Meckeruhr,
der Fisch die stille Ozeanuhr,
der Löwe die Brülluhr,
der Clown die ...
das Pferd die ...
der Baumkönig die ...
der Lehrer die ...

Die Arbeitsanweisung, schreibe ein Märchen von Wunderuhren, genügt, um ein kreatives Schreibspiel zu initiieren. Wieder geht es um Wortkomposita und ihre situativ-pragmatische Einbettung. Im Gegensatz zu dem Rückgriff auf gängige Wortzusammensetzungen mit dem Bestimmungswort ... uhr wird hier das in der Matrix unter c notierte Stichwort „Neuschöpfung" eingelöst. Es kommen also hoch motivierende Phantasiewörter ins Spiel.

Der Hinweis einer Schülerin, daß dieses Spiel so ähnlich sei wie das mit den Steinen, führte zu einer anregenden Diskussion und einem interessanten neuen Vorschlag. Die einzelnen Unterrichtsschritte sind hier ausgelassen. Nach einigem Abtasten von Möglichkeiten kristallisierte sich ein Märchen von den vielen Steinen heraus. Ein alter Mann, der zu allen Menschen gut war und Pflanzen, Tiere und sogar die Steine ins Herz geschlossen hatte, feierte Geburtstag. Der Bach spülte Kieselsteine auf seinen Gartenweg. Die Straße brachte Pflastersteine für seinen Hof, der Habichtswald (Gebirge bei Kassel) Basaltsteine, ein alter Freund Edelsteine, der Maurer Backsteine usw.

Ein vergleichbares, auf die Strukturen beider Vorlagen bezogenes Spiel mit dem Bestimmungswort ... haus koppelt beide Aspekte, nämlich gängige Komposita und Phantasiewörter: die Schnecke baut sich ein Schneckenhaus, der Vogel ein Vogelhaus, der Löwe ein Löwenhaus, die Hexe ein Hexenhaus, das Monster ein Monsterhaus, die Wolke ein Wolkenhaus ...

4.6.3 Gespräch mit einem Wassermann

Das abschließende Beispiel dieser Gruppe von Schreibspielen ist wiederum ein Beleg für die Entbindung kreativer Kräfte, insbesondere für kreatives Sprachverhalten beim Rezipienten, eben weil die Spielvorlage kreative Potenzen umschließt wie im vorliegenden Fall. Zusätzlich wirkt die von Hilde Leiter hier gewählte Textform des Interviews motivierend (in: Domenego u. a. 1996, S. 42f.):

Reporter:	Verehrte Hörer, es freut uns außerordentlich, Ihnen einen der bedeutendsten Wassermänner vorstellen zu dürfen. Freund Wassermann, in welchem Zeichen sind Sie geboren?
Wassermann:	Im Wasserzeichen der Wasserwaage.
Reporter:	Und wann?
Wassermann:	Eintausend nach der Wasserrechnung.
Reporter:	Da sehen Sie aber erstaunlich jung aus. Wie erklären Sie sich das?
Wassermann:	Ich mache von Wasserfall zu Wasserfall eine Wasserkur.
Reporter:	Woraus besteht diese Kur?

Wassermann:	Aus Wasserspülungen.
Reporter:	Mein lieber Wassermann, das ist großartig. Haben Sie eine Lieblingsbeschäftigung?
Wassermann:	Ja.
Reporter:	Welche?
Wassermann:	Am Liebsten zähle ich Wasserflöhe und Wasserlilien.
Reporter:	Welches Haustier würden Sie halten, wenn Sie eines halten dürften?
Wassermann:	Die Wasserspinne. Ich halte sie. Ich wohne im Wasserschloß, das gehört mir, und niemand kann es mir verbieten.
Reporter:	Tun Sie etwas für Ihre Schönheit?
Wassermann:	Freilich. Ich lasse mir wöchentlich frische Wasserwellen legen.
Reporter:	Das sieht man. Bevorzugen Sie besondere Kleider?
Wassermann:	Das will ich meinen. Ich trage die feinsten Wasserstiefel und Wasserhosen aus feinstem Wasserstoff.
Reporter:	Welche Speisen lieben Sie?
Wassermann:	Einen kleinen Wasserhahn mit Wasserlinsen und nachher einen mürben Wasserstrudel, das speise ich gern. Wassersuppe kann ich nicht ausstehen.
Reporter:	Sie sind so berühmt. Hat es in Ihrer Familie andere berühmte Leute gegeben?
Wassermann:	Ja. Der großväterliche Wassermann mütterlicherseits hat den Wasserspiegel erfunden und der großväterliche Wassermann väterlicherseits das Wasserklosett.
Reporter:	Das ist beachtlich. Welche Spiele mögen Sie?
Wassermann:	Wasserspiele, Wassermühle und Wasserball.
Reporter:	Sie haben so viele gute Eigenschaften, haben Sie auch schlechte?
Wassermann:	Vielleicht. Ich bin schlampig im Wasserhaushalt und mache selten mein Wasserbett.
Reporter:	Haben Sie ein kleines Laster?
Wassermann:	Wenn Sie das so nennen wollen. Ich rauche Wasserpfeife.
Reporter:	Was tut unser Wassermann ungern?
Wassermann:	Wasserschlangestehen an der Wasserrutschbahn. Das Wasserrutschen an und für sich ist lustig.
Reporter:	Wassermann, wenn Sie nicht Wassermann wären, was möchten Sie denn sein?
Wassermann:	Wasserflaschenfabrikant oder Wasserradfahrer.
Reporter:	Vielen Dank, lieber Wassermann.

Der Eintrag in die Matrix ergibt:

1 Sprachspiel i. e. Sinne als Spielform der modernen Kinderliteratur mit Anklang an 7, Modell einer verkehrten, entrückten, verfremdeten Welt

c Spiel mit Wortkomposita und Wortneuschöpfungen, hier, im Gegensatz zu den vorausgehenden Modellen, mit Variation des Grundwortes, gebunden an das Bestimmungswort Wasser

f sekundär Einschluß der kommunikativ-pragmatischen Dimension als Spiel mit einer mediengebundenen Textsorte

Sofern das Sprach- und Schreibspielmodell in Form einer Spielkartei oder ähnlichen materialen Vorlage angeboten wird, kann ihm folgende Anleitung hinzugefügt werden:

Sprecht dieses Reporterspiel auf Tonband und versucht dabei, durch das Sprechen und Betonen eine lustige Wirkung zu erzielen. Ähnliche Reporterspiele könnt ihr euch selbst ausdenken, niederschreiben, vorlesen oder auch auf Band sprechen und als Hörspiel vorstellen.

Für dieses Spiel ist besonders Partnerarbeit geeignet. Dabei kann jeder eine Schreibrolle übernehmen. – Wer hat Ideen, welche phantasievolle Figur der Reporter interviewen kann?

Die Rezeption dieses vor kreativen Einfällen geradezu strotzenden Spielbelegs, dessen Aspekte in der Anleitung angedeutet sind, ist eigenwertig. Auf dieser Ebene ist er auch Kindern 5. Schuljahre bereits zugänglich. Der Duktus des Belegs, die Realbezüge und Sachfelder, die die raffinierte Einbettung der Komposita darstellen, weisen ein beachtliches Abstraktionsniveau auf, der ein schriftliches Weiterspielen frühestens im 6. Schuljahr nahelegt. Der Erfolg der Schreibspiele hängt vorrangig von der Wahl einer ergiebigen Spielfigur ab, wie sie in unseren Versuchen der Bauer Sauermilch, ein Feuerteufel oder ein Schneemann darstellten. Kreative Einfälle zu letzterem waren u. a.:

die Geburt als winzige Schneeflocke, der Vater als Schneekönig, die Schneekanone zur Ankündigung der Geburt, die Schneefrau mit Namen Schneeweißchen, der Führerschein mit dem Schneepflug, eine Gefahr im Schneesturm, Schneehase und Eisbären als Lieblingstiere, der dem Reiten dienende Schneebesen ...

Zumeist hat die Mehrzahl der Kinder zunächst nur einige wenige Einfälle. Das Sammeln und Ordnen ergibt dann jedoch ein beachtenswertes kreatives Kompendium, das entweder zu einem Spielmodell in Gemeinschaftsarbeit zusammengefügt oder in die eigenen Textbelege nach Belieben eingefügt wird.

Hilde Leiters Spielbeleg motiviert nachweislich noch Jugendliche und Erwachsene. Studentinnen und Studenten haben ihn in Seminaren zum Thema Spielen mit Sprache immer wieder für eigene kreative Versuche genutzt.

4.7 Lied der Krebsesser und Kremulinisches Geschlumpfe

Im Beispiel 4.2 ist ein konkretes Lautgedicht vorgestellt, das vor allem Klang- und Rhythmusassoziationen vermittelt, aber semantisch eindeutige Bezüge aufweist. Bei den beiden Belegen dieses Abschnitts handelt es sich um abstrakte Lautgedichte, die den Wortbestand der deutschen Sprache durch ungewohnte Lautfolgen verfremden. In extremen Fällen wird dabei versucht, „auf das Wort als Sinnträger zugunsten des 'reinen' Lautes zu verzichten" (Liede 1963, Bd. 2, S. 221).

Die Texte operieren vorrangig mit phonologischen und morphologischen Abweichungen, während die syntaktisch-grammatische Struktur deutscher Sätze nicht berührt wird und als „Lösungshilfe" fungieren kann.

**Lied der Krebsesser
von den
bachkrontischen Inseln**

Knrps rps wrps
Irkari rankulai trbs
Rankulai irkari
Hankulai kirkari
Chrks rks wrks

Schnabulik schmakulan trks
Schmakulan schnabulik
Bläkibab babulik
Schnrks krks drks

James Krüss

Kremulinisches Geschlumpfe

*Kannst du schon Kremulinisch
schlumpfen? Noch nicht? Dann wird's
Zeit! Beginne als erste Übung damit,
die folgenden Verse auswendig
zu lernen:*

Er stohl auf seiner Zumpfe
und sannte vor sich hin.
Da höbbte das Geschlumpfe
der juggen Kremulin.
Die grüben Rottegeiter,
die stuben durch die Bracht,
sie löchzten Umbireiter
mit Storpen unterdacht.
Er sappte über Bröder,
verlubbte ronner Schrumm,
glitt nieder less und röder
und storpt mit einem Pumm,
pumm, pumm!

Roland Barry

Die beiden Texte (in: Barry 1979, S.41) sind Musterbeispiele für die Übernahme sprachspielerischer Formen der Erwachsenenliteratur durch Kinder- und Jugendbuchautoren. Der entsprechende literarische Stellenwert wurde oben bereits verdeutlicht, u. a. indem ihre Einbettung zwischen Lewis Carrolls „Der Zipferlake" einerseits und Christian Morgensterns „Das große Lalula" andererseits aufgezeigt wurde. Zugleich wurde ihre Einordnung in eine aufbauende Lehrplanreihe, beginnend mit dem Lautgedicht von Käthe Recheis „Das Zuselwusellied" und endend mit Ernst Jandls „Falamaleikum", markiert (S. 44).

Die Einordnung in die Matrix ist folgende:

Lied der Krebsesser von den bachkrontischen Inseln

5   abstraktes Lautgedicht

a   Spiel mit Lauten: Tilgung von Vokalen (als Regelabweichung), entsprechende Konsonantenhäufung mit Erzielung lautmalerischer Effekte – Konsonantenvariation

c   Spiel mit Wörtern / Morphemen: Erfindung neuer Wortkörper mit lautlich-inhaltlichen Assoziationen – Permutation von Wortfolgen

(e) Spiel mit dem Sinn: unsinnige Wortfolgen, durch Überschrift, Klang und strukturelle Ähnlichkeiten mit Kinderreimen einem Sinngefüge angenähert

Kremulinisches Geschlumpfe

5   abstraktes Lautgedicht

a   Spiel mit Lauten: lautliche Verfremdung von Verben, Substantiven und Adjektiven
    im Rahmen eines syntaktisch einwandfreien Textes (Substitution von Lauten) –
    Äquivalenzen (Endreime) als Lese- und Verstehenshilfen – lautliche Tönung durch
    Häufung dunkler Vokale,

c   Spiel mit Wörtern / Morphemen: Erfindung neuer Wortkörper mit lautlichen Ähn-
    lichkeiten zu bekannten Verben, Substantiven und Adjektiven – regelgerechte syn-
    taktische Einbettung (Substitution von Wörtern im syntaktischen Gefüge)

(d) Spiel mit Sätzen: Verfremdung von Wortklassen im syntaktischen Feld, Satzglieder
    als Lösungshilfen

(e) Spiel mit dem Sinn: unsinniger Gedichttext; durch Überschrift, Vorspann, syntakti-
    sche Konstruktion, Gedichtform mit durchgehendem Endreim (Kreuzreim) und
    lautlicher Tönung Möglichkeiten (offener) Sinnzuordnung

Der Matrixeintrag verdeutlicht bereits die strukturellen Ähnlichkeiten beider
Spieltexte, aber auch einige wesentliche Unterschiede. Die Feinanalyse wird dies
verstärken. Schon jetzt aber läßt die Grobstrukturierung den Schluß zu, daß sich
das methodische Verfahren des Textvergleichs anbietet. Darauf legen wir im Blick
auf unterrichtliche Realisierung im folgenden besonderen Wert.

Beide Texte springen in nachdrücklicher Weise aus dem normalen Kommunikati-
onsrahmen heraus. Vordergründig entsteht „Unsinn" in der negativen Färbung des
Wortes. Unter dem Begriff „Nonsens" ist jedoch die tiefgreifende Wirkung gerade
dieser Art des Spielens mit Sprache dargelegt worden (s. oben, S. 41 ff.). Einen
vieldiskutierten und in didaktischen Modellen vorgestellten Parallelbeleg des Pro-
sabereichs stellt Peter Bichsels „Ein Tisch ist ein Tisch" dar (1970 – vgl. dazu die Unterrichtsmodelle von J. Breinl 1979, S. 954–958, und W. Psaar 1973, S. 52–68).

Es kann geschehen, daß Kinder und Erwachsene vor entsprechenden Texten zunächst hilflos stehen, weil sie den rechten Ansatz des spielerischen Umgangs nicht
finden. Es geht ihnen dabei wie Alice, die erst einen Spiegel braucht, um das Gedicht „Der Zipferlake" lesen zu können (Carroll 1963a, S. 27). Spiegel meint in unserem Zusammenhang den Spielansatz, bei dem wichtig ist, auf unmittelbare Sinn-
erschließung zu verzichten. „Irgendwie kommen mir dabei lauter Gedanken in den
Kopf – aber ich weiß nicht genau welche!" (Ebd., S. 28) Später leistet Goggelmoggel, dessen Name den sprachspielerischen Akzent bereits andeutet (im Englischen
Humpty Dumpty), Alice Hilfe bei der Erschließung der Bedeutung des Gedichts:
ein Paradigma des Umgangs mit Nonsens-Versen, bei dem sich Unbekümmertheit
und Souveränität des Umspringens mit Wörtern und tiefsinnige Assoziationen mi-
schen. „Denn wenn ich ein Wort gebrauche", sagte Goggelmoggel in recht hoch-
mütigem Ton, „dann heißt es genau, was ich für richtig halte – nicht wer, nicht mehr
und nicht weniger." (Ebd., S. 88). Der eigentliche Reibungspunkt ist das vermeint-
liche Fehlen der semantischen Schicht. Genau an dieser Stelle aktiviert sich aber
unsere Vorstellungs- und Phantasietätigkeit, indem die nüchternen und versach-
lichten, teilweise mechanisierten Formen des Sprachgebrauchs aufgebrochen und

übersprungen werden. Im Umgang mit solchen Un-Sinn-Texten kann man bei Kindern gut beobachten, daß, sobald die erste Verfremdung überwunden und der totale Neuigkeitswert gemindert ist, sich geradezu eine „Lust an der Verblüffung" einstellt und eigene mutige Sprachaktivitäten aufbrechen. Dies wird offensichtlich erleichtert durch die Komplementarität von Regel (z. B. der syntaktischen Ebene) und Innovation (z. B. durch neue Klangstrukturen, unübliche Wörter), so daß das im Abschnitt „Kreativität" aufgezeigte Spannungsverhältnis von konvergentem und divergentem Denken hier regelrecht transparent wird. Die sich entzündende Freude am Unsinn-Text ist jedoch vielschichtig. Nicht nur das Enträtseln, das Stiften von partiellen Sinnzuordnungen, der Reiz ungewohnter Klanggebilde sind als Lustmotive anzunehmen. Liede spricht im Zusammenhang mit Unsinnspoesie geradezu von einem „Bedürfnis, der Bedeutungsfunktion von Sprache zu entrinnen" (1963, Bd. 2, S. 43). Insofern bewegen wir uns im Rahmen dieser und ähnlicher Texte zweifelsohne in jenem Grenzbereich des Spielens mit Sprache, dem am stärksten befreiende, sprachliche Grenzen und Bindungen sprengende Funktionen zugesprochen werden können.

Unter didaktischen Aspekten ist wichtig zu beachten, daß von Sprachspielen des Kindes ein nahezu direkter Weg zum abstrakten Lautgedicht führt, wie sie in dem bereits zitierten Gedicht „Der Zipferlake" oder in Morgensterns „Großes Lalula" und Hugo Balls „Karawane" (vgl. zu letzterem Kliewer 1974; Payrhuber 1993; Waldmann 1994; Cromme 1998) vorliegen.

Das Lied der Krebsesser weist eine semantisch intakte Überschrift auf, die allerdings ein phantastisches und lautfremdes Wort umschließt: bachkrontischen. Die Wörter Krebsesser, Inseln, bachkrontisch evozieren in den meisten Fällen eine Lokalisierung in südlichen Ländern. Der Begriff „Lied" korrespondiert der kinderreimähnlichen Struktur der Zeilen und des gesamten Textes, das gilt insbesondere auch für die rhythmische Gliederung und die Reimfassung. Der Verweis „Krebsesser" erschließt überdies die charakteristischen Klangformen der Wörter, die nur aus Konsonanten bestehen: das Knacken, Krachen und Zersplittern von Krebsschalen. Die Gedichtzeilen sind unterschiedlicher Art. Eine Gruppe weist Wort-Klanggebilde aus, die nur aus Konsonanten bestehen. Denkbar ist, das Urelement durch zwei phonologische Operationen zu gewinnen, ausgehend von dem Schlüsselwort „Krebs": Tilgung des „e" und Ersetzung des „b" durch den stimmlosen Laut „p", so daß das charakteristische Klang- bzw. Geräuschgebilde „Krps" entsteht (5. Zeile). Durch Konsonantenvariation und teilweise durch Addition sind alle anderen Gebilde ableitbar:

Krebs → Krbs → Krps

		Krps	→	Knrps
	rps	rks	rks	→ schnrks
w	rps	ch rks		
k	rps	w rks		
d	rps	t rks	r [p] s	tr [b] s
t	rps	k rks	r [k] s	tr [p] s
		d rks		

Dominant ist die Anlautvariation, aber auch die Variation der Binnenlaute spielt eine Rolle. Weiter ist die Häufung der Explosiv- und Reibelaute auffällig. Jede dieser Geräuschlautzeilen hat drei Hebungen. Sie zeigen überdies eine symmetrische Ordnung des Zeilengefüges: a bbb aa bbb a.

Eine andere klangliche, morphologische und rhythmische Struktur haben die b-Zeilen. Ihre Wörter sind aus Konsonanten und Vokalen gebildet. Die Klangstruktur vermittelt die Assoziation „Spiel mit fremder, klangreicher Sprache". Wechsel der Wortfolge und Anlautvariation sind zentrales Bauprinzip der ersten drei b-Zeilen.

Die anderen b-Zeilen variieren diese Form, indem die beiden ersten durch Wortumstellung gebildet werden, die dritte jedoch zwei neue Spielwörter präsentiert, die durch die Silbe „bab" verkettet sind und dem Spiel mit den Vokalen a u i ai das „ä" noch hinzufügen. Zugleich vermitteln die Wörter hier inhaltliche Assoziationen: schnabulieren und schmecken.

„Schon wenige Wörter im Titel eines an sich abstrakten Gedichts vermögen eine durch und durch vollziehbare Bedeutung abstrakter Lautsequenzen zu erreichen." Diese von Helmers (1971, S. 41) auf „Seepferdchen und Flugfische" von Hugo Ball bezogene Aussage gilt auch voll für vorliegenden Beleg. Die Kinder verständigen sich nach unseren Erfahrungen relativ schnell über den Inhaltsrahmen und gewinnen unmittelbar Freude an dem Laut- und Klangspiel und den un-sinnigen lautlich-artikulatorischen Verfremdungen. Sie durchschauen aber auch die eben aufgeführten, wesentlichen spielerischen Operationen am Sprachmaterial und das Zeilengefüge des Textes. Dem Ansatz unserer Arbeit gemäß, dürfen wir im Sinne eines aufbauenden Textangebots auch einige Lernvoraussetzungen annehmen:

a) durch Umgang mit abstrakten Lautgedichten ab 1./2. Schuljahr wie „Zuselwusellied" und „Kleine Turnübung", „krims krams" und vor allem „Stimmloser Schnellsprecher" (s. unten, S. 93);

b) durch die anhand des letztgenannten Belegs angeregten spielerischen Kombinationen von konsonantischen Elementen.

Unter Voraussetzung der angedeuteten Lernausgangslage werden die spielerisch-strukturelle Erschließung und als deren Folge das Variieren von Verszeilen, die

Substitution von Lauten und die Erfindung von Spielwörtern noch dynamischer, wenn die Einsichten über einen Vergleich mit „Kremulinisches Geschlumpfe" verdichtet und präzisiert werden.

Dieser Unsinns-Text wird nicht so deutlich durch die Überschrift semantisch konturiert, wie dies eben festgestellt wurde. Die Anrede des Lesers, ein vierzeiliger Vorspann, steckt zwar einen situativen Rahmen ab, aber er ist mehr sprachliche Handlungsanweisung als Interpretationshilfe. Dies deckt sich mit einer Charakterisierung Liedes zur Unsinnspoesie: deren Sinn ist außerhalb von Semantik und Logik zu suchen, für sie ist überhaupt nicht der direkte Sinn, sondern der Anlaß konstitutiv (Liede 1963, Bd. 1, S. 7). Damit verschiebt sich der Akzent von der semantischen auf die pragmatische Ebene: Jemand will oder soll kremulinisch schlumpfen. So wie Erwachsene häufig Unsinnsverse innerhalb literarischer Gesellschaften und bezogen auf gesellschaftliche Anlässe produzieren oder rezipieren, so zeigen auch gerade die unsinnspoetisch geprägten Sprachspiele bei Kindern diese sozialen Bezüge und Anlässe auf. Der Einstieg sollte auch hier über das (laute) Lesen, Vorlesen oder Vortragen erfolgen. Erst dann stellt sich die Frage: Wie funktioniert denn dieses Schlumpfen?

Die Gedichtform, die Verszeilen, vor allem die syntaktische Struktur mit deutlichem Ausweis der Wortklassen stecken offensichtlich einen spannenden, geheimnisvollen Handlungsrahmen ab, wie er dem erzählenden Gedicht mit balladesken Elementen eigen ist. Wie entsteht dieser Eindruck? Das Gedicht enthält zwei Gruppen von Wörtern: lexikalisierte, d. h. unserem vertrauten Sprachbesitz zugehörige, und nicht-lexikalisierte, lautlich verfremdete „Unsinns"-Wörter. Die Verteilung kann durch farbliche Markierung schnell sichtbar gemacht werden. Einige der verfremdeten Wörter zeigen nur geringe Abweichungen von uns bekannten (stohl – stahl, grüben – trüben, stuben – stoben. ....). Andere weisen bekannte Teilelemente unterschiedlicher Art auf: s/appte – schw/appte, hö/bbte – ver/ebbte, Zu/mpfe – Kla/mpfe. Diese semantische „Anreicherung" stimmt jedoch nur in Einzelfällen mit dem syntaktischen Stellenwert überein. Offensichtlich läßt sich z. B. „stohl" nicht durch „stahl", viel eher durch „spielte" ersetzen: man stiehlt nicht auf etwas! Das syntaktische Gefüge hat also eine dominante Funktion. Bestimmte Satzbaupläne erfordern z. B. Verben einer spezifischen Gruppe. Die Wortklassen der meisten verfremdeten Wörter lassen sich relativ leicht und eindeutig festlegen: Verben, Substantive, Adjektive (Adverbien). An einigen Stellen engen jedoch die Satzglieder ein, vor allem durch die vorgegebenen Substantive (Großschreibung) bedingt. Aber auch die satzübergreifenden, textlinguistischen Elemente gewinnen dabei Steuerungsfunktionen (z. B. die Anschlüsse mit „da", „die" und „er").

Weiter soll die Analyse nicht geführt werden. Deren Abrundung ergibt sich aus den folgenden Arbeitsmöglichkeiten am Text:

a) Vortrag und Freude an den ungewohnten Klängen und lautlich-morphologischen Prägungen der Unsinns-Wörter – freies Spiel mit inhaltlichen Assoziationen;

b) strukturelle, die syntaktischen, textlinguistischen und auf Wortklassen bezogenen Hilfen nutzende Erschließung des Textes:

Er . . . (Verb) . . . auf seiner (Substantiv)
und . . . (Verb) vor sich hin

Versuch der Ausfüllung der Leerstellen mit möglichen lexikalischen Elementen;

c) Versuch der vollen Lexikalisierung: Es entsteht ein verständliches, syntaktisch und semantisch einwandfreies Gedicht. Dessen geringe Wirkung (der Spaß ist weg, obwohl das „Rätsel" gelöst ist) wird getestet und verbalisiert;

d) Versuch, unsinnige Wörter zu erfinden, u. U. Unsinnsverse, die sich reimen. Hilfen: Konstruktionen mit Wortteilen, Silben, Häufigkeitsgruppen der Binnenstruktur von Wörtern, auch mit sog. Mantelwörtern, Beispiele: *brül*len und krei*schen* zu *brülschen*, *t*oben und ru*fen* zu to*fen*;

e) Variante zu d): Die nicht-lexikalisierten Wörter des Gedichts durch eigene Erfindungen klangkräftiger Wörter ersetzen. Hilfe: Vokalvariationen bei Vergangenheitsformen starker und schwacher Verben (schlug – schläg, rief – reuf, stoppte – stappte, lachte – luchte).

Die aufgelisteten Arbeitsmöglichkeiten können in wechselnden Kombinationen genutzt werden. Alle Lexikalisierungsversuche sollten jedoch den Schwebezustand der nicht vollen bzw. eindeutigen semantischen Auflösung zu erhalten versuchen und auch bewußtmachen.

Obwohl die beiden analysierten Texte unabhängig voneinander erschlossen und als Anregungspotential für Sprachspiele genutzt werden können, bietet ein Vergleich die Chance vertiefter struktureller Betrachtung. Die ganz unterschiedlichen Formen der nicht-lexikalisierten Wörter weiten die Palette der Unsinnswörter aus (Vokalvariation gegenüber Vokaltilgung), Text- bzw. Gattungsformen bieten ganz unterschiedliche Lösungshilfen zur Semantisierung (Abzählvers gegenüber Erzählgedicht), ebenso stehen Lautmalerei und spielerische, a-semantische Lautvariation einer Lautvariation als Klangverfremdung gegenüber. Interessant ist auch die Entdeckung, daß der Text, der kein lexikalisiertes Wort enthält, besser „verständlich" ist als der, der noch zahlreiche sinnadäquate Wörter aufweist. Die Texte vermitteln schließlich unterschiedliche und sich ergänzende Anstöße für kreativ-konstruktive Produktion: Vokaltilgung und Konsonantenhäufung (z. B. Krach zu Krch, Treppenlaufen zu Trppnlfn), Anlautvariation einerseits sowie Vokalvariation bei Verbformen der Vergangenheit und Mantelwörter als Möglichkeit der Erfindung nicht-lexikalisierter Wörter andererseits.

Abschließend ist auf eine dritte Gruppe von Lautspielen zu verweisen, die im Rahmen der Konkreten Poesie häufig auftritt und eine Ergänzung im Sinne paralleler Angebote darstellt. Während die besprochenen Beispieltexte vorrangig Ästhetizität und spielerische Qualität durch regelverletzende Abweichung gewinnen, operiert Jandl in „ottos mops" durchgehend mit regelverstärkender Abweichung, also mit Äquivalenzen: hohe Frequenz des „o"-Lauts und systematische Variation, 15 Wörter bauen das 41 Wörter umfassende Gedicht auf: ottos mops trotzt / otto: fort mops fort / ottos mops hopst fort / otto: soso usw. Anhand dieses Modells erfahren die Schüler also weitere Möglichkeiten spielerisch-unsinniger Verfremdung der phonologisch-morphologischen Ebene von Texten.

Bei der vorausgehenden fachlichen und didaktischen Analyse wurde vorrangig das Strukturgefüge der beiden Unsinnstexte in den Vordergrund gerückt. Erfahrungen belegen, daß es Lehrern oft schwerfällt, den literaturwissenschaftlichen und unterrichtspraktisehen Stellenwert von Nonsens-Literatur zu erkennen und zu reflektieren. Deshalb wurde die Analyse bei diesem Modell quantitativ ausgeweitet.

Wie bereits erwähnt, sind abstrakte Lautgedichte und vergleichbare Konstellationen nicht auf die bisher angesprochene Altersstufe beschränkt. Als Anregungen für das 2.–4. Schuljahr können folgende Texte dienen (aus Platzgründen sind drei Texte in fortlaufenden Zeilen notiert): Das Zuselwusellied von Käthe Recheis (in: Domenego 1996, S. 10), Kleine Turnübung von Hans Halbey (in: Gelberg 1973, S. 214), krims krams von Ernst Jandl (1970, S. 108) und Stimmloser Schnellsprecher von Alfons Schweigert (1976, S. 131).

Das Zuselwusellied (könnte auch ein Auszählreim sein) Zusel wusel / lusel musel / schlutzenbusel / schludriani / timperani / kakerea / omenea / schludriwupp und / wuselzupp // Ringel rangel / zingel zangel / zutzelwangel / zomowomo / lomosomo / wiklafuri / miriuri / wudrischlupp und / zuselwupp

Kleine Turnübung / Aufgezwackt und hingemotzt / angezickt und abgestotzt / jetzt die Köpfe auf die Bliesen / langsam butzen, tapfen, schniesen / dreimal schwupf dich / knitz dich / lüpf / siehstewoll – da flatzt der Büpf.

krims krams / krems / krums kroms // kroims // krums krems / krims / kroms krams // kraums // kroms krims / krums / krams krems // kreims // krams krums / kroms / krems krims // kriums // krems kroms / krams / krims krums // kruams

Anm: Die Strophen können anders geordnet werden. Die Anteile der Selbstlaute können verändert, die dann entstehenden Klangwirkungen beobachtet werden. Bezogen auf Glocken, große und kleine, kann mit anderen Spielwörtern gespielt werden, z. B. bim-bam-bum, brim-bram-breum usw.

f s sch ch		
f s sch ch		
f s sch ch		

p k t ch	s z x sch
p k t ch	s z x sch
p k t ch	s z x sch
p k t ch	s z x sch

Anm.: Der stimmlose Schnellsprecher bietet sich als Sprach-, Druck- und Schreibspiel an. Andere Gruppen von Mitlauten und Mitlautverbindungen können zu neuen Strophen zusammengefügt werden. – Eine Anschlußform sind Ratespiele zu Wörtern mit ausgelassenen Vokalen, z. B. Was ist ein Rllr – Roller, eine Pppl – Pappel, Bttdcke – Bettdecke usw.

4.8 Achterbahnträume

Die Spielgruppe wurde bereits im Abschnitt 4.4 angesprochen. Bei der Darstellung verwandter Formen der spielerischen Erschließung der Binnenstruktur von Wörtern stießen wir auf die Möglichkeit der Ersetzung von Teilkomplexen durch bildliche oder andere graphische Mittel, u. a. Ziffern. Der Spielwitz beruht auf der Tatsache, daß lautlich-graphische Teilstrukturen von Wörtern (Silben, Morpheme, Häufigkeitsgruppen) mit Zahlennamen, vor allem von eins bis zehn, identisch oder zumindest ähnlich sind. Beispiele:

Vereinssitzung	= Ver1sitzung
zweifelhaft	= 2felhaft
Dreiergruppe	= 3ergruppe
Klavier	= Kla4
Fünflinge	= 5linge
Sextett	= 6tett
versiebenfachen	= ver7fachen
versieben	= ver7
krachte	= kr8e
neunmal	= 9mal
am zehnten	= am 10ten
Prozentrechnung	= Pro10trechnung

Zu unterscheiden ist einmal zwischen semantischer Korrespondenz, bei der das Sinngefüge des Zahlwortes zu den semantischen Merkmalen des Spielwortes gehört (3ergruppe), und semantischer Diskrepanz. In diesem Falle kann das Zahlwort das Spielwort gleichsam semantisch verkehrt aufladen, so daß wir in den Bereich des Nonsens rücken (Verd8 und Kla4). Eine Art Zwischenform bilden solche Wörter, die unter heutigem Sprachgebrauch asemantisch erscheinen, unter geschichtlichem jedoch zur ersten Gruppe gehören, noch relativ durchsichtig bei *zwei*felhaft, nur mehr etymologisch erschließbar bei *Zwei*g.

Eine zweite Unterscheidung ergibt sich dadurch, daß die durch Ziffern abgebildeten Teilstrukturen entweder graphisch-phonetisch identisch sind (verursacht, versieben) oder graphisch und/oder phonetisch abweichen (Klavier / Kla4 = phonetische Abweichung; Scherzen / Scher10 = graphisch / phonetische Abweichung; Sextett / 6tett = graphische Abweichung).

Schließlich ist auf die wortübergreifende, höhergradige Verfremdung wie z. B. bei „ein Sachse" = 1achse zu verweisen. Parallele Formen, die starken Rätselcharakter haben sind:

Ich warne 7zin zu kaufen (Sie, *Ben*zin)
Er sagte: 8eufel noch mal (*Ach*, Teufel)
Sie ist 9achgerückt (*neu* nachgerückt).

Insgesamt erschließt dieses Spiel mit der graphischen Abweichung ein reiches Repertoire. Besonders zahlreiche Möglichkeiten bieten „eins" und „acht". Dies zeigt sehr deutlich der folgende Beleg von Hans Manz (1996, S. 39), dessen Ziffern im Original farbig hervorgehoben sind:

Achterbahnträume

8	„**8**ung",
W**8**soldaten	d**8**en die W**8**eln,
bew**8**en	„wir öffnen mit Sp**8**eln
W**8**eln in Sch**8**eln	die Sch**8**eln,
und l**8**en:	denn der Verd**8**,
„Auf der W**8**,	daß man uns hinm**8**,
um Mittern**8**,	ist angebr**8**",
werden Feuer entf**8**,	und entflogen s**8**,
und die W**8**eln geschl**8**et.	abends um
Wir haben lange genug geschm**8**et"	**8**

Die Einordnung in die Matrix ergibt folgendes Ergebnis:

1 Sprachspiel i. e. Sinne (auch Einordnung in 12 möglich: Form der visuellen Poesie)

(a) Spiel mit Lauten: Lautgruppe eines Wortes, die einer Ziffernbenennung entspricht, hier: acht = 8, entsprechende klangliche Strukturierung von Wortmaterial

b Spiel mit Buchstaben / Graphemen und Schrift- bzw. Druckformen
   Operation: Substitution einer Graphemfolge durch ein Zeichen einer anderen Kategorie, nämlich ein Ziffernsymbol, Nacht = N8

c Spiel mit Wörtern: Strukturierung von Wörtern, bezogen auf die Lautkörper oder die Buchstabenkette, die der Ziffer bzw. Mengenangabe „acht" entspricht (die graphische Abweichung gegenüber der normalen Schrift oder der Druckform von Wörtern ist hier dominantes Spielmerkmal)

(d) Spiel mit dem Sinn: Mischform einer semantisch-morphemischen und asemantischen, nichtmorphematischen Strukturierung von Wörtern (vgl. Acht/el = 8el und Nacht = N8 – hier aufgeladen mit kritisch-satirischen Elementen durch Häufung von entsprechenden Spielwörtern mit un-sinnigen semantischen Korrespondenzen)

Die Einordnung unter „1 Sprachspiel" kann problematisiert werden. Einmal rückt diese Spielform Texten der Visuellen Poesie nahe, was besonders durch die farbliche Hervorhebung der Ziffern im Original betont wird. Zum anderen tritt das Spiel, seiner Strophen- und Reimform nach, vor allem aber wegen der satirisch-persiflierenden Inhaltskomponenten als eine literarische Gattung auf, so daß, hätten wir für unsere Altersstufe in der Matrix Satire / Parodie aufgenommen, ein entsprechender Eintrag dort vorgenommen werden könnte. Demgegenüber ist die linguistische Differenzierung eindeutig. Liede ordnet die Wortabkürzungen durch Zahlen den halbliterarischen Spielen zu und stellt sie u. a. neben Wortungeheuer und Interpunktionsscherze (1963, Bd. 2, S. 46). Er verweist auch darauf, daß Christian Morgenstern diese halbliterarischen Formen in seiner frühen Schaffensperiode favorisierte (1963, Bd. 1, S. 283). Das graphische Spiel der „Achterbahnträume" ist so dominant, daß der Rezipient leicht übersieht, daß neben dieser graphischen und der damit gekoppelten semantischen Unsinnskomponente (der Anhäufung von Wörtern mit dem Teilkomplex „acht") das Gedicht darüber hinaus eine semantisch-ästhetische Superstruktur besitzt. Wir haben erfahren, daß sowohl Germanistikstudenten als auch Lehrer immer wieder auf diese Schicht des Textes erst aufmerksam gemacht werden mußten. Offensichtlich parodiert und persifliert Manz eine spezifische und meist als nutz- und sinnlos erfahrbare Form des Soldatseins, nämlich das Wacheschieben. Wenn dann Studenten und Lehrer dieser wichtigen Komponente ansichtig werden, ist oft die verständliche Reaktion: Aber wie sollen das Kinder unserer Altersstufe erfassen? Die Frage ist berechtigt, sie stellt sich immer dann, wenn sich sprachspielerische Elemente und gesellschaftskritische Aussagen verbinden. Die Entscheidung ist schwierig, wenn die Inhaltsbezüge so abstrakt sind, daß sie den Kindern nicht oder kaum mehr zugänglich sind und der Umgang sich nur in der manipulativ-spielerischen Ebene des Sprachmaterials bewegen kann, so attraktiv dies auch immer sein mag. Sicherlich sind solche Texte eine Gruppe im Grenzbereich, die in der Regel älteren Schuljahren zugeordnet werden sollten. Im Einzelfalle kann das spielerische Element für sich so gewichtig sein, daß eine frühere Hereinnahme gerechtfertigt ist.

Hans Manz selbst verweist auf den Funktionscharakter, den für ihn Spiele mit Sprache haben; denn sie sollen neue Weisen der Sprachbenutzung bzw. der sprachlichen Kommunikation initiieren:

> Man sieht: ein neuer Sprachunterricht würde zu allererst, vor aller Wortschatzerweiterung, Syntax, Grammatik, Poetik und Orthographie, bewußtmachen, daß Laute, Sätze und Wörter ein lebensbestimmendes, lebensgefährdendes, lebenserhaltendes Instrumentarium sind. Der Schüler erfährt, daß man nicht immer miteinander, untereinander, füreinander spricht, sondern gleicherweise gegeneinander, übereinander, aneinander vorbei. – Eine neue Sprachlehre kann es aber nur geben, wenn sie von den Lehrern und anderen Erwachsenen selbst erlernt worden ist, die folglich wissen, was man mit Worten anrichten kann und das Wissen nicht auch schon wieder zu ihrem Vorteil nutzen. (Manz 1996, im Nachwort, S. 345f.)

Unsere zahlreichen Unterrichtsversuche mit dem Text belegen, daß Kinder des 4. und 5. Schuljahres sich zwar zunächst der Spielebene, die durch das Element „acht = 8" vorstrukturiert ist, zuwenden. Mit leichten und indirekten Maßnahmen gelingt es aber nach erster Absättigung des primären Spielreizes, die inhaltlich-kritische Komponente in ihren Fragehorizont zu rücken. Die Verstehensebene ist jedoch selbstverständlich anders strukturiert als beim Erwachsenen, der die bittere historische Erinnerung an einen Militärstaat besitzt.

Die folgenden methodischen Hinweise sind auf 4./5. Schuljahre bezogen. Da der Spielwitz des Textes von Kindern leicht erfaßt wird und die Ausweitung auf andere Ziffern geradezu mitgegeben ist, eröffnen sich zahlreiche unterschiedliche methodische Möglichkeiten, die sich je nach Lernausgangslage anbieten bzw. die wechselweise genutzt werden können:

a) Antizipation durch Vorgabe von Spielwörtern und Aufweis der graphischen Verfremdungsmöglichkeit durch Ziffern. Sonderform: Bilderrätsel.

Ergebnisse eines 4. Schuljahres:

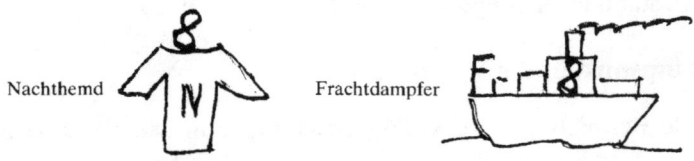

b) Vorgabe der ersten Strophe des Gedichts in Originalform (Tafel oder Arbeitsblatt) – Entdecken und Artikulieren des Spielwitzes; Vorgabe der zweiten, in Normalschrift transponierten Strophe. Die Schüler verschlüsseln sie entsprechend der ersten.

c) Nach der Einführung und dem spielerischen Manipulieren: Leseproben, Aufmerksamwerden auf die banalisierende Wirkung der (fast) unsinnigen Häufung von Spielwörtern mit der Ziffer 8. Bedenken des Inhaltsrahmens, Erfassen der persiflierenden Tendenz („der verspottet die ja" – „die sind aber dumm, lassen sich von den Wachteln rumkriegen" – „das ist doch richtig, die wollen die ja abschlachten").

d) Verfassen von eigenen Texten mit Häufung von Spielwörtern mit „acht".

e) Ausweitung der Spiele auf andere Ziffern, Zusammentragen von Spielwörtern, Schreiben von entsprechenden Texten (am besten unter Nutzung von allen Ziffern, nur die Ziffer 1 eignet sich wegen ihres Häufigkeitswertes zur Textproduktion wie die Ziffer 8).

f) Ausweitung der Spiele auf weitere graphische Formen: bildliche wie ei = $\bigcirc$, ast = ⚓ oder Nutzung der Buchstabennamen.

Die letzte Form ist eine in der vorliegenden Primärliteratur ebenfalls häufig vertretene: gestern = Gstern, Fixstern = FXstern, Zeh = C. Besonders reizvoll sind Mischformen wie im folgenden Text (Bull, in: Wiemer 1974, S. 186):

DR MalR
GestRn früh auf 1 beim T
hatT UW ne ID.
Als dR Wind durch ST WT,
lIf ne Q quR durch dI BT.
UW reckt sich auf dI C,
ruft AH, OH, OW!
Malt BhND auf nen ZL
ST, Q und andrN BettL,
m8 auch WG, roT RD,
und am ND noch 2 PfRD.

Auch in dieser Richtung weitet sich das Spielfeld aus. Eine große Zahl von Anregungen, auch mit kniffligen Beispielen, die Sechstkläßler in besonderer Weise herausfordern, bietet H. Weis (1985, S. 7–12).

Neben der hier präsentierten Form des gebundenen Spielens eignet sich das Modell, weil es nur weniger Spielanstöße bedarf, um auf die Spur gesetzt zu werden, besonders für freies Spielen: Partnerspiel, lustige Gestaltung eines Wochenabschlusses, Gestaltung einer Spielseite für die Schülerzeitung.

4.9 Alles umsonst und alles im Eimer

Die folgende Beispielskizze rückt eine Spielgruppe in den Vordergrund, die in jüngster Zeit besondere Beachtung gefunden hat. Über die „Brücke" der Unsinnspoesie, vor allem jedoch der Konkreten und Visuellen Dichtung sind neue Möglichkeiten des Spielens mit Sprache entdeckt worden. Eingangs wurde darauf verwiesen, daß Spielen mit Sprache bedeutend weiter reicht, als es die reformpädagogischen Entwürfe der 50er und 60er Jahre zeigen. Bei der Darstellung der literaturwissenschaftlichen Bezüge des Spielens mit Sprache (Abschnitt 3.1.2) sind wir ausführlich auf die Unsinns- und mit kurzem Verweis auf Konkrete Poesie eingegangen, zwei literarische Richtungen, die als Spezial- und Hochformen des Spielens mit Sprache gelten. Die unterrichtliche Dimension der Unsinnspoesie ist bereits in den Abschnitten 4.5 und 4.7 angesprochen worden. Hier wenden wir uns der Konkreten Poesie zu. In Veröffentlichungen ist ihre Praxisrelevanz für die Grund- und Sekundarstufe belegt. Wie selten in anderen Teilgebieten des Literaturunterrichts sind auch zahlreiche und überzeugende Schülerleistungen dokumentiert (vgl. Schmieder / Rückert 1977; Langheinrich 1979; Gatti 1979; Watzke 1978). Ihre anhaltende Wertschätzung belegt das bereits genannte Spielkompendium von G. Wolf (1997).

Ein unmittelbarer Bezug der Konkreten Poesie zum Spielen mit Sprache ist zunächst in der Prämisse gegeben, daß sich deren Autoren als Spielgeber verstehen, die den Leser zum Mitspielen auffordern, wie wir an Hand eines Zitats nach Langheinrich herausstellten (s. oben, S. 43). Die strukturellen Ähnlichkeiten zwischen Konkreten Texten, z.B. Ideogrammen oder Konstellationen, und Spielen mit Sprache reichen jedoch bedeutend weiter. Aus diesem Grunde schieben wir hier, ehe wir die unterrichtspraktische Seite ansprechen, einen kurzen Exkurs zu dieser literaturwissenschaftlichen Position ein. Er knüpft an folgenden Text Ernst Jandls an (in: Gomringer 1996, S. 84):

st
  und
    en
  und
  st
  und
    en
  und
  st
  und
    en
  und
  st
  und
    en

Was ist das für ein Textgebilde? Gomringer nennt es eine Konstellation. Versuchen wir, uns an Struktur und Sinn heranzutasten. Auffällig sind zunächst mehrere Aspekte:

Offensichtlich liegt „eine abkehr von gewohnten poetischen vorstellungen" vor (Gomringer 1996, S. 5). Das Sprachmaterial, mit dem gespielt wird, ist eng umgrenzt. Drei Grundelemente, st – und – en, bauen, seriell geordnet und in ungewohnter graphischer Form, den Text auf. „st" und „en" werden je viermal, „und" siebenmal benutzt. Durch die Anordnung der Sprachelemente und die spezifische Form der Nutzung der Druckfläche entsteht eine nach unten sich ziehende wellenförmige Bewegung. Verbindet man die drei Elemente zu dem Wort „stunden", entsteht der Text: stunden und stunden und stunden und stunden. Unter dieser Betrachtungsweise wird mit zwei Wörtern gespielt, „stunden" tritt viermal, „und" dreimal auf.

Wechselt man die Leserichtung derart, daß man einmal von oben links nach rechts unten liest und einmal von links unten nach rechts oben, stößt man siebenmal auf „stunden", wobei einige „en" und „st" doppelt genutzt werden. Auch die akustische Umsetzung ist nicht ohne Spielreiz:

– dreimal senkrecht lesend, entdeckt man viermal das „st", siebenmal das „und" und viermal das „en"

– Dem Wellenband folgend, ergibt sich, rhythmisiert: st, und, en / und / st, und, en ..., oder:

– („stunden" und „und" als Wörter artikuliert) stunden und stunden und stunden und stunden.

Damit haben wir uns bereits auf das Spiel des Konkretisten eingelassen, und zwar auf sprachlich-struktureller Ebene: graphisch-visuell, akustisch-sprechmotorisch. Mit dem Schlüsselwort „stunden" ist jedoch zugleich ein zwar ganz offenes, aber existentiell hochbedeutsames semantisches Element hinzugetreten, das einen weiten semantischen Assoziationshof bildet. Gerade der Verzicht auf syntaktische Einbettung, durch graphisch-räumliche und typographische Elemente partiell ersetzt, läßt das Wort in ganz neuer, mächtiger Weise hervortreten – als Kristallisationszentrum unseres Denkens, Fühlens und Handelns. Zweifelsohne geht es um den unendlichen Fluß der Stunden im Rahmen unseres Lebenshorizonts.

Als ergänzende Analysebelege bieten sich hier die Montage von Hans Manz „Zeitwort", die auf vorformulierte Elemente eines Grammatikbuches zurückgreift und ebenfalls „Zeit" thematisiert (s. oben S. 24) und die in anderem Zusammenhang präsentierte Konstellation „wind" von Gomringer an (s. oben S. 32). Am Rande sei vermerkt, daß das Wortspiel „Weltzeit", ein Wortkasten zu Komposita mit dem Bestimmungswort „zeit" von A bis Z von Max Bartholl (in Gelberg 1997, S. 39), vor dem Hintergrund der genannten Konstellationen als Wortsteinbruch für eigene Versuche im 6. Schuljahr genutzt werden kann. In den aufgeführten Belegen stellt sich Konkrete Poesie unmittelbar dar.

> Die Bezeichnung 'Konkrete Poesie' ist von Eugen Gomringer in Analogie zur Konkreten Kunst und unter dem Einfluß Max Bills, bei dem er Sekretär an der Hochschule für Gestaltung in Ulm war, eingeführt worden. Er verwendet den Terminus für eine Art von sprachexperimenteller Literatur, die – wie die Kunst – die Mittel reflektiert und thematisiert, d. h. hier: die Sprache. (Dabei geht es) nicht um die literarische Abbildung außersprachlicher Wirklichkeit, sondern in der Sprachreflexion um Präsentation von Sprache und Sprachelementen, deren Repräsentationscharakter deshalb methodisch abgebaut werden muß in einem positiv verstandenen Verdinglichungs- und Materialisierungs-Prozeß. (Kopfermann 1974, S. X)

Gomringer gliedert die Texte der Visuellen Poesie in die Untergruppen: Ideogramme, Konstellationen, Dialektgedichte, Palindrome, Typogramme und Piktogramme (Gomringer 1996, S. 165 ff.).

Die Bündigkeit der Aussage Konkreter Texte, wenn auch als ganz neue Weise des Sagens, verweist auf ein zentrales Strukturmerkmal von Lyrik. Sind die vorgestellten Texte aber Gedichte? Heißenbüttel bejaht diese Frage entschieden. „Es sind Gedichte sogar in einem ganz bestimmt auf Tradition bezogenen Sinn" (1971, S. 199), stellt er, bezogen auf Jandls Sammlung „Laut und Luise", fest. Die neue Auffassung von der Weise des Machens von Gedichten, gespiegelt in einem radikal geänderten Selbstverständnis der Autoren, richtet sich gegen herkömmliche poetische Mittel wie Vers und Metapher, überhaupt gegen Stimmungsdichtung (Gomringer 1969, S. 279). So entstehen neue typographische Anordnungen. Das Wort oder einzelne Sprachelement wird räumlich-graphisch hervorgehoben. Die Syntax wird reduziert, jede Letter erhält ihr Eigengewicht. Knappheit, Konzentration, Einfachheit sind die neuen Attribute der Poesie (Gomringer 1969, S. 278 f.). Weiterhin sind Zahl, Zeit und Ort bestimmende Faktoren. Das führt zu den charakteristischen Gruppierungen, bezogen auf wenige Worte, auf das Moment der Wiederholung und eine gewisse Statik, um Sprache aus dem Zeitfluß herauszulösen oder herauszuheben, und aktiviert den visuellen Aspekt (ebd., S. 282 ff.). Die Konstellation ist für Gomringer „eine realität an sich und kein gedicht über ..." (ebd., S. 281).

Vor dem Hintergrund dieser Ausführungen erschließt sich eine interessante Parallele von dem eben analysierten Text „stunden" zu Hans Arps „sekundenzeiger" (1963, S. 98).

Diese Konstellation übt auf 10–12jährige Kinder, wie Unterrichtsversuche belegen, eine besondere Art von Faszination aus.

Sekundenzeiger

daß ich als ich	daß ich als ich
ein und zwei ist	sieben und acht ist
daß ich als ich	daß ich als ich
drei und vier ist	wenn sie steht sie
daß ich als ich	daß ich als ich
wieviel zeigt sie	wenn sie geht sie
daß ich als ich	daß ich als ich
tickt und tackt sie	neun und zehn ist
daß ich als ich	daß ich als ich
fünf und sechs ist	elf und zwölf ist

Motivierend ist auch ein Gedichtvergleich mit dem ebenfalls mit Takt und Rhythmus einer Uhr spielenden Text „Der Kater und die Kuckucksuhr" von Ilona Bodden (1977, S. 5), wie bereits die folgenden Ausschnitte belegen:

Tick und tack / die Kuckucksuhr / Kuckucksuhr – / Kriegte ich den Kuckuck nur ... / Mau, miau, / ich zerkau' / ihn zu lauter kleinen Splittern . . . . Tick und tack / zick und zack / schwingt das Pendel / hin und her/, / kreuz und quer ... (schließlich springt die Katze hoch) Bums und klirr – / Mau, miau, / Holz und Drähte / ein Gewirr – / Das war Mord! / Und der Kater? / Der ist fort!

Erwin Grosche greift das Motiv in dem Text „Vier Uhr Kuckucksuhr" (in: Gelberg 1993, S. 290) in vergleichbarer Rhythmusstruktur wieder auf, inhaltlich leicht persiflierend: ticke tacke hühnerkacke (acht identische Zeilen) / KUCKUCK! (vier identische Zeilen) / Es ist vier Uhr! (als Abschlußzeile).

Im Hinblick auf das Abstrahieren Konkreter Texte von Sinnlichkeit gilt es, auf einige Grenzen zumindest aufmerksam zu machen. Der Unterrichtende wird sich vor allem vergegenwärtigen müssen, daß der Realitätsbezug von Sprache in der Konkreten Poesie gebrochen ist. Die Dreidimensionalität des sprachlichen Zeichens, auf die wir oben mit Hilfe des semiotischen Dreiecks verwiesen, ist auf „Eindimensionalität" reduziert (Kopfermann 1974, S. XXIf.). Der nachweisbare Rückgriff auf Aspekte medienbezogener und informationstheoretisch definierter Kommunikation (Gomringer spricht selbst von der Notwendigkeit schnellerer Kommunikation, der die Schrift sich anpassen müsse, 1969, S. 277) und der Verzicht auf Sinnlichkeit sind in ihrem entwicklungspsychologischen und sprachdidaktischen Stellenwert zu reflektieren. Erfolgt diese Reflexion und wird entsprechend der didaktische Stellenwert Konkreter Texte in Ansatz gebracht, dann können allerdings mit Hilfe dieser Gruppe von Sprachspielen spezifische Aspekte von Sprache transparent gemacht sowie spielerische Ansätze und kreatives Verhalten optimal aktiviert werden.

Nach diesem Exkurs, der gleichsam die oberste Ebene einer didaktischen Analyse zur Thematik Konkrete Poesie darstellt, strukturieren sich die unterrichtlichen Möglichkeiten deutlicher. Die Kinderliteratur hat mittlerweile zahlreiche Anregungen dieser poetischen Richtung übernommen, so daß unter den Stichworten Figurengedichte, Ideogramme (Typogramme) und Piktogramme sogar relativ eigenständige kinderliterarische Formen benannt sind. Das Spielen mit Ideogrammen und Piktogrammen (einschließlich der Figurengedichte) ist besonders intensiv für die Altersstufe 1. bis 6. Schuljahr erschlossen worden. Die Grenzen zwischen Ideogrammen und Piktogrammen sind fließend. Ideogramme aktivieren die semantischen Merkmale eines Wortes vorwiegend mit Hilfe graphischer Mittel. Graphischbildliche Elemente werden, entgegen dem System der Buchstabenschrift, wieder unmittelbar Inhaltsträger, Beispiele sind das tiefgezogene „U" in Grube, das zur Sonne ausgemalte „O" im Wort Sonne oder die durcheinander purzelnden Buchstaben des Wortes „durcheinander". In einigen Fällen gilt auch Farbe als ein solches graphisches Mittel. Zu dieser Gruppe gehören auch die meisten visuellen Texte der Konkreten Poesie und die Konstellationen.

Piktogramme operieren mit bildlichen Elementen, die die semantischen Bezüge umrißhaft und abbildend mittragen. Figurengedichte gehören deshalb zu dieser Gruppe. Häufig handelt es sich um Formen, bei denen mit ikonischen Elementen und arbiträren, d. h. willkürlichen Sprachzeichen gearbeitet wird (in die Umrißform „Auto" wird z. B. das Wort „Auto" flächendeckend eingetragen).

Gewichtiger als die Definitionsversuche ist, die Fülle der Einzelformen und Spielmöglichkeiten zu registrieren. O. Watzke unterscheidet z. B. fünf Gruppen von Ideogrammen (1978, S. 14 ff.). Die zahlreich dokumentierten Schülerleistungen wollen wir hier nicht vermehren. Die Ergebnisse unserer Unterrichtsversuche decken sich weitgehend mit den vorliegenden Schülerbelegen (vgl. Schmieder / Rückkert 1974, S. 40 f. – Watzke 1978, S. 14 ff. – Gatti 1979, S. 34 ff, 130 f. – Ritz-Fröhlich 1974, S. 65, 67 ff. – Weinrebe 1979, S. 96 ff.). Auf die Möglichkeit, das Gedicht „Wind" von Gomringer durch graphische Eingriffe semantisch zu aktivieren, haben wir oben bereits aufmerksam gemacht. Beim Spielen mit Ideogrammen einschließlich der Konstellationen ist bedeutsam zu erkennen, welche Wörter oder anderen Sprachelemente sich jeweils für bestimmte Spielformen eignen. Dabei sind die semantischen Bezirke (z. B. Wörter, die räumliche Lage und Richtung markieren, wie treppauf), die es abzutasten gilt, ebenso gewichtig wie die graphischen Möglichkeiten des einzelnen Elements, z. B. das „t" als Kreuz im Palindrom „stets" (in: Gomringer 1996, S. 143), oder das „O" als Loch, als Sonne usw.

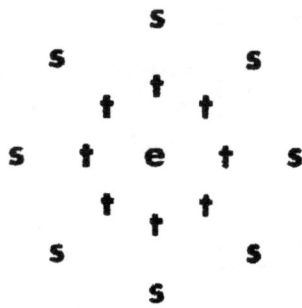

Dieses Abtasten auf graphische Möglichkeiten hin spielt auch bei dem folgenden Modell eine Rolle. Burckhard Garbes Konstellation „alles umsonst" (in: Wiemer 1974, S. 167) war die Anregung für dem eigenen Versuch „alles im Eimer".

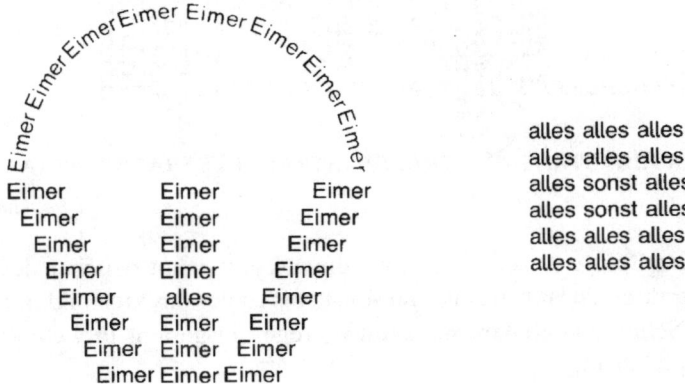

Bei Garbe dominiert die graphisch-räumliche Form. Zwei von drei Elementen des Aussagekerns sind vorgegeben: alles, sonst. Die semantische Addition des „um" muß aus der räumlich-graphischen Anordnung erschlossen werden: „alles" ist um „sonst" herumgedruckt. Dem Finden der Lösung, bezogen auf die stimmige Druckfigur in Form eines Quadrats, schließt sich zumeist eine semantische Irritation an: alles umsonst – wirklich alles umsonst? Die graphische Konstellation weist semantisch über sich selbst hinaus in ein offenes Feld inhaltlicher Assoziationen, die aber keine festgelegte Lösung erfahren wie das Rätsel der Konstellation auf graphisch-verbaler Ebene.

Der zweite Text ist weitgehend analog. „alles" und „Eimer" sind vorgegeben, das „im" muß aus der räumlichen Lage der anderen Elemente erschlossen werden. Hinzu tritt jedoch als Attribut eines Piktogramms der bildhafte Umriß eines Eimers. Damit nähert sich dieser Text dem bekannten Beispiel A. Döhls „Wurm im Apfel" an (in: Gomringer 1996, S. 38). In den Umriß eines Apfels, gefüllt mit dem Wort „Apfel", ist das Wort „Wurm" versteckt: Wurm im Apfel.

```
              Einen König
        und   einen  Baum
    erkennt   man   ohne
        Krone      kaum!
        Der  Baum  ist auf
        die  Krone stolz
        und   auf   den
              Baum=
              stamm
              ganz
              aus
  .......... HOLZ!..............
```

Eine noch stärkere Verbildlichung liegt vor in den Spieltexten „Baum" und „Auto" von Paul Maar (1977, S. 258 u. 253).

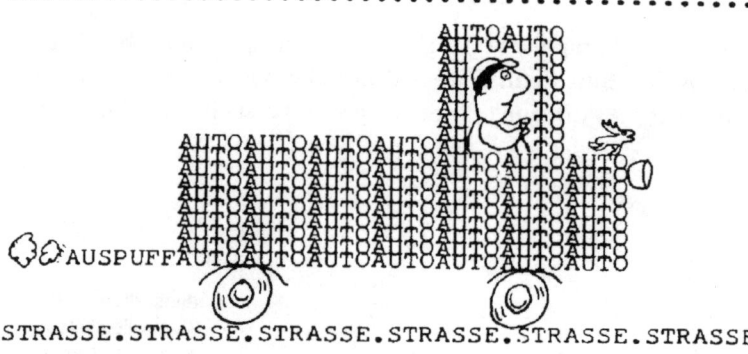

Paul Maar

Die einzelnen Belege dieser Textgruppe, die sich ausspannt zwischen der mehr graphisch-abstrakten Form von „alles umsonst" bis zu der direkten bildhaften Gestaltung beim Schreibmaschinenspiel „Auto", regen insgesamt in vielfältiger Weise zum Nachspielen an.

Der Matrixeintrag für die Texte „alles im Eimer" und „alles umsonst" lautet wie folgt:

12 Konkrete Poesie / Visuelle Texte

b Spiel mit graphischen Elementen, Schrift, Druck und Fläche

c/d Spiel mit Wörtern und Syntagmen

e Spiel mit Sinn / Inhalt: semantische Irritation, semantische Bezüge über mehrere Zeichenklassen hin

Operationen: regelverstärkende Abweichungen (hohe Wortfrequenzen) – graphische Permutationen (als Abweichungen von herkömmlichen Druckformen) – semantische Addition im morphemischen Bereich als Substitution verbaler Elemente durch räumliche Konfigurationen (zugleich als Bild-Schrift-Äquivalenz zu interpretieren)

Beide Texte haben appellativen Charakter. Sie fordern weitaus stärker zum Mitspielen als zum Interpretieren auf. Wenn die Schüler den „Spielwitz" erfaßt haben, setzen sich kreative Prozesse unmittelbar in Gang: etwas muß in, vor, hinter, um, neben, über, unter etwas anderem sein:

- (einen) Stein im Brett (haben)
- ein Loch im Käse
- ich vor dir, ich hinter dir, du über mir
- Krach über uns
- unter jemandem leiden
- das Gute / Böse in dir
- nichts im Kopf
- vor allem: Ordnung

Die aufgewiesenen didaktischen Faktoren spiegeln sich deutlich im folgenden Unterrichtsverlauf (die Stunde war mit der oben im Abschnitt 4.5 dargestellten im Rahmen eines Projektes „Spielen mit Sprache" verzahnt):

1. Anknüpfung: Das Spiel der vorhergehenden Tage „Seltsame Turnstunde" – a) den anwesenden Studenten erklären, b) durch einige Spielbelege dokumentieren.

2. Zielangabe (für die Schüler): Kennenlernen eines neuen Spiels – zu den drei Texten des Arbeitsblattes (Wurm im Apfel, alles im Eimer, alles umsonst) – a) nach Lösung des Rätsels eine Überschrift (eine Unterschrift, einen Titel) finden, b) mit dem Partner Erfahrungen austauschen, den „Spielwitz" erklären.

3. Einführung / Erarbeitung: Selbständiges Arbeiten an den Texten.
   (Die meisten Kinder fanden die Lösung, aber erst nach angestrengtem Suchen. Einige markierten die Schlüsselelemente auch farblich.)

4. Vertiefende Analyse (Tafel):

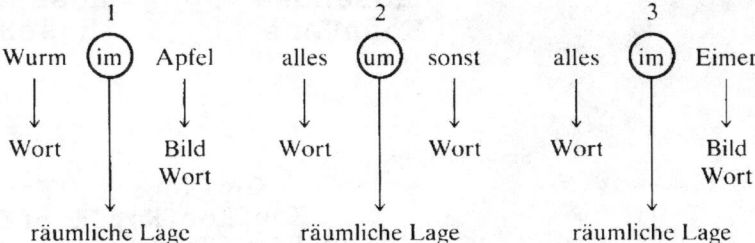

5. Klärung des Spielansatzes der drei Spielmodelle, Sammlung von

   a) Lagewörtern, die durch räumliche Lage (graphische Konstellation, Zueinander der graphischen Elemente auf der Fläche) darstellbar sind: im, in, um, über, unter, neben, auf, aus, vor, hinter, zwischen

   b) Redensarten, die ein solches Lageelement enthalten und entsprechende Spielmöglichkeiten eröffnen (Reihenfolge der Nennungen der Kinder):

      Flugzeug (Vogel) über den Wolken
      Herz in der Hose
      Floh im Ohr
      unter dem Meer
      sein Herz ausschütten
      alles in Butter und Mann im Ohr

6. Gemeinsames Erarbeiten zweier Beispiele, der Lehrer gibt zunächst vor: Haar in der Suppe – der Vorschlag „Suppenschüssel" als äußere Form, hineinge-schrieben das Wort „Suppe" und einmal gut versteckt das Wort „Haar" kam von den Kindern. Die Vorgabe „Vor allem Ordnung" (die die Gruppe sofort mit häuslichen Erfahrungen verband), führte zu einem beobachtbaren Problemlö-sungsverhalten. Ergebnis war ein Block von sieben Zeilen mit je dreimal dem Wort „allem", davor senkrecht das Wort „Ordnung", in Großbuchstaben, um die Nachdrücklichkeit der Aussage zu unterstreichen.

7. Erfinden eigener Spiele mit Rückgriff auf die Sammlung der Lagewörter, die Sammlung der Redensarten oder weitere, selbst erdachte Beispiele. – Ergeb-nisse:

das Herz ist in die Hose gerutscht

```
HoseHoseHoseHose
Hose HoseHoseHose
HoseHoseHoseHose
HoseHoseHoseHose
HoseHose  HoseHose
HoseHose  HoseHose
HoseHose  HoseHose
HoseHose  HoseHose
HoseHose  HoseHose
HoseHose  HoseHerz
HoseHose  HoseHose
HoseHose  HoseHose
```

Stroh im Kopf

```
             Kopf
      KopfKopfKopfKo
   KopfKopfKopfKopfKo
  p fKopfKopfKopfKopfKo
  pfKopfKopfKopfKopfKopf
 KopfKopfKopfKopfKopfKopf
 KopfKopfKopfKopfKopfKopf
 KopfKopfKopf StrohKopfKop
 fKopfKopfKopfKopfKopfKo
  pfKopfKopfKopfKopfKopf
  KopfKopfKopfKopfKopfK
   opfKopfKopfKopfKopf
    KopfKopfKopfKop
      fKopfKopfKo
```

Vögel über den Wolken

```
VogelVogelVogelVogel
VogelVogelVogelVogel
VogelVogelVogelVogel

WolkenWolkenWolken
WolkenWolkenWolken
WolkenWolkenWolken
```

sein Herz ausschütten

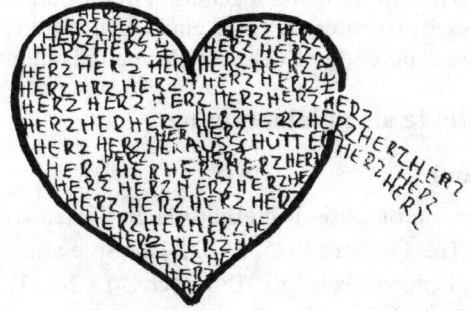

Anm.: Der Phasenverlauf der Stunde zeigt deutliche Parallelen zu dem Verlaufsmodell kreativer Prozesse bzw. zu den Faktoren, die den schöpferischen Prozeß durchwirken. Die fremden, ungewohnten Spieltexte führten zunächst zum Stutzen und Staunen. In einer Probierphase wurden Lösungen durchgespielt und wieder verworfen: Der zentrale blockierende Faktor war, daß die Lösung die Kombination mehrerer Bezugssysteme, der graphisch-räumlichen, der bildlichen, der verbalen erforderte. Wenn dann die erste Lösung gefunden (zumeist bei dem einfacheren Apfelmodell) und die Bisoziation geleistet war, erfolgte offensichtlich ein Transfer. Dieser glückte sofort bei Modell 3 (Eimer), erforderte bei Modell 2 (umsonst) jedoch die Überwindung einer weiteren Barriere, bis die Einsicht gewonnen wurde (das Wort „alles" ist um die Wortteile „sonst" herumgeschrieben). – Nach diesem kreativen Rezeptionsprozeß erwies sich die Festigung und Absicherung des Erkenntnisertrags im Stundenabschnitt 4 als besonders fruchtbar, zumal die Kinder durch farbliche Markierung diesen Lernschritt bereits selbst angebahnt hatten. – Die graphische Hervorhebung der Lagewörter erleichterte offensichtlich die Einsicht, daß dies die zentralen Elemente des Spielens sind. Es wurde hervorgehoben, von den Kindern verbalisiert, daß sie weder bildlich noch als Wort auftreten, aber doch gefunden werden können. Der vom Lehrer den Kinderaussagen (z. B. „In, das ist innen drin, der Wurm ist in den Apfel reingeschrieben") zugeordnete Begriff „räumliche Lage" wurde sofort erfaßt und selbst verwendet. – Die Sammlung der Lagewörter und der Redensarten (diesen Begriff brachte ein Junge bei der Notierung der Lösungen unter Punkt 4) verlief flüssig, fast ohne Anstoß.

Bei der Produktion eigener Spieltexte, und zwar bereits bei der gemeinsamen Erprobung, zeigte sich ein neuer Prozeßabschnitt, fast spiegelbildlich zu dem des Rezeptionsteils. Die Erstellung des Modells „vor allem: Ordnung!" war für die Kinder, die Zuhörer und den Lehrer ein erregender Abschnitt: werden wir das schaffen, wie wird unser Produkt aussehen? Anhand des fertigen Textes wurde dann die inhaltliche Assoziation, nämlich die Dominanz von „Ordnung" im Sprechen und Denken dessen, der diese Redewendung ständig gebraucht, mit Verweis auf die graphischen Signale hervorgehoben. Bei der Erstellung eigener Spielbelege mußten sich einige „schnelle" Schüler bremsen, korrigieren, erst wieder um die Lösung ringen. Deutlich waren Inkubationsphasen zu beobachten: in die Luft starren, den Kopf abstützen, auf dem Bleistift kauen ..., bis ein Einfall einschoß (Inspiration). Das Spielmodell erforderte vor allem auch Elaboration, also das Durchstehen der vierten Phase, nämlich Denkanstrengungen und Fleiß bei der Ausführung der nicht unbeträchtlichen Schreibarbeit sowie Korrekturen nach längerem Schreibhandeln. Hier gab es auch einige wenige Motivationszusammenbrüche, die durch Zuspruch und Ermutigung abgefangen werden mußten. Schließlich spielte der Erfahrungsaustausch in mehreren Phasen eine wichtige Rolle, wie Jutta Wermke dies in ihrem Phasenmodell unter dem Stichwort „Kommunikation" betont.

4.10   Prosatexte als Spielanregung

4.10.1 Niemand

Mit der folgenden didaktisch-methodischen Skizze stellen wir den Prosatext von R. O. Wiemer (in: Gelberg 1975, S. 22f.) als Spielanlaß in den Mittelpunkt. Damit wird an die Beispielverweise zu „Prantocox" (s. S. 43) und „Bumfidel hat Fieber" (S. 39f.) angeknüpft.

Es war jemand, der hieß Niemand. Niemand hätte ihn für jemand anderen gehalten als Niemand, denn Niemand war niemandem unbekannt. Und wenn Niemand auf der Straße jemandem begegnete, oder gar, wenn Niemand jemanden grüßte, was selten vorkam, denn Niemand freundete sich nur zögernd mit jemandem an, so konnte man jemanden den Hut ziehen sehen und sagen hören: „Habe die Ehre, Herr Niemand." Und es konnte vorkommen, daß Niemand, der, weil er kurzsichtig war, nie jemanden genau zu erkennen vermochte, seinerseits jemanden grüßte, der vor Niemand gar nicht den Hut gezogen hatte und der niemandem weniger gern Reverenz erwies als Niemand, wozu auch niemand jemanden gezwungen hätte.

Niemand war von Beruf Amtsvorsteher. Und, zur allgemeinen Heiterkeit, geschah es natürlich, daß jemand der Niemand in seinem Büro aufsuchen wollte, bei der Auskunft, Niemand sei anwesend, sogleich umkehrte, in der Absicht, zu besserer Stunde Niemand anzutreffen. Andererseits konnte es passieren, daß Niemand selber, wenn er bei jemandem vorstellig wurde und auf jemandes Frage: „Wer ist da?" antwortete: „Niemand", lange warten mußte, bis jemand, der wußte, daß jemand Niemand heißen kann, ihn vorließ.

Noch schlimmer wurde es, wenn jemand, der sich über jemanden beschwerte, den Bescheid bekam, dieser Jemand sei kein anderer als Niemand. Man braucht sich deshalb nicht zu wundern, daß jemand, mit Recht erzürnt, in einem Leserbrief schrieb:

Was ist das für eine Behörde, von der man, will man jemanden zur Rechenschaft ziehen, erfährt, Niemand wäre verantwortlich?

Niemand hatte auch eine Frau. Sie liebte niemand anderen als Niemand. Und obgleich sie bisweilen bezweifelte, ob es richtig sei, ein ganzes Leben lang Niemand zu sein, mochte sie doch mit niemandem tauschen. Denn niemand behandelte sie so rücksichtsvoll wie Niemand, der oft erklärte, er hätte niemanden finden können, der zu Niemand so gut paßte wie jemand, der sich nicht scheute, Niemand zu heiraten, in Niemandes Haus zu wohnen, Niemandes Brot zu essen, Niemandes Ansichten zu teilen, Niemandes Kinder aufzuziehen, die, wie jemand, der im Ort wohnt, weiß, bei niemandem anders als die Niemandskinder genannt wurden.

Nun ja, trotzdem gab es immer wieder merkwürdige Begegnungen. Neulich zum Beispiel bin ich mit Niemand im Auto gefahren. Und als Niemand beim Parken jemanden, der sich dort mit jemandem unterhielt, versehentlich streifte, fragte der von jemandem herbeigerufene Polizist: „Wer war das?" – „Niemand", antwortete ich. „Wie?" entgegnete der Polizist, der anscheinend kein Ortskundiger war, „niemand, sagen Sie? Wo ich doch jemanden, der jemanden anfuhr, vor mir habe?" – „Niemand hat jemanden angefahren", wiederholte ich, „verstehen Sie das nicht?" – „Nein", erwiderte der Polizist, sichtlich verwirrt: „Niemand kann auch niemanden anfahren, das ist logisch." – „Erlauben Sie", sagte ich, „Niemand kann sowohl jemanden wie auch niemanden anfahren. Aber Niemand, das heißt sich selber, kann Niemand keinesfalls anfahren." – „Aha", sagte der Polizist aufatmend, „Sie meinen Niemand in Person. Das kann doch niemand ahnen, wenn niemand einem das sagt." Worauf der von Niemand angefahrene Passant den Bescheid erhielt, er würde demnächst von Niemand hören.

Am schlimmsten wurde es, als Niemand sich von jemandem bereden ließ, die Niemand-Partei zu gründen. Die Wahlparolen waren allerdings vielversprechend: Niemand sorgt für Stabilität der Verhältnisse! Niemand kämpft gegen Inflation und für höhere Löhne! Niemand kümmert sich um die Rentner! Niemand schafft den Umweltschmutz! Niemand sorgt für Entspannung und Frieden! Bürger, wenn ihr diese Bestrebungen unterstützt, wählt Niemand!

Der Erfolg: Niemand wurde mit großer Mehrheit gewählt. Und Niemand gelang es, obwohl niemand das für möglich hielt, sein Programm zu verwirklichen. Niemand war glücklich.

Später hat er, da niemand Niemand an Bescheidenheit übertraf, auf seinen Grabstein setzen lassen: Niemands Ruhe.

So lebt Niemand unter uns fort. Und wenn jemand von jemandem gefragt wird, wen er sich zum Vorbild nehme, so antwortet er ohne Zögern: „Niemand." – Möge Niemand damit einverstanden sein!

Mit Hilfe des Wortes „niemand" und seiner semantischen Struktur (Benennung der Abwesenheit einer Person) wird durch die Möglichkeit der Personifizierung (Substantivierung), die das grammatisch-semantische System bietet, der Herr „Niemand", eine logische Irrealität geschaffen. Helmers siedelt diese Art der logisch-semantischen Verkehrung „im Grenzbereich zwischen Verkehrter Welt und Lügendichtung" an und nennt die Nemo-Literatur „eine Sonderform der umgekehrten Welt" (1971, S. 106ff.).

Sie operiert mit der Möglichkeit der Sprache, jede x-beliebige Phonem-Sequenz als Personennamen zu akzeptieren. Nimmt man nun als Personennamen einen im semantischen Repertoire der Sprache bereits vorhandenen Begriff, so wird in der syntaktischen Fügung eine doppeldeutige Wirkung ausgeübt. In der Nemo-Literatur setzt man als Eigennamen Negationen und kehrt damit an den Nullpunkt des Denkens zurück. Keiner, Niemand, Nirgendwo, Nimmermehr, Niemals sind solche Begriffe, die seit der 'Odyssee' zur Produktion einer Lügendichtung benutzt werden, die sich syntaktisch selbst aufhebt. Unter Kindern kursieren, wie die empirischen Untersuchungen gezeigt haben, nicht nur im deutschen Sprachgebiet solche Niemand-Keiner-Witze. (Ebd., S. 107)

Helmers exemplifiziert diese Aussagen mit dem Gedicht „Das Königreich von Nirgendwo" (James Krüss 1959, S. 67).

Wie bei Helmers anklingt, handelt es sich bei der Nemo-Literatur um ein Urmodell des Spielens mit Sprache, das die Geschichte der Literatur von der Antike über das Mittelalter, die besonderen Höhepunkte im 16. und 17. Jh. bis zur Unsinnspoesie des 19. Jhs durchzieht (Liede 1963, Bd. 2, S. 218 ff.). Vor allem die Kinderliteratur der Reformpädagogik wurde von ihr beeinflußt. Sie ist heute noch ebenso lebendig, wie ihre Aktivierung im kinderliterarischen Bereich beweist, z. B. Michael Krausnick „Unerhörte Nullgeschichte", eine Art dedektivischer Moritat (in: Fuhrmann 1980, S. 111) und Matthias Duderstadt „Karoly", eine in das Nemomotiv gekleidete moderne Gesellschaftskritik zum Themenbereich „vernachlässigte Kinder" (in: Gelberg 1997, S. 197).

Wiemers Text, den wir dem 6. Schuljahr zuordnen, stellt unter mehreren Gesichtspunkten eine anspruchsvolle Form dar. Es ergibt sich folgender Matrixeintrag:

2   Kurzprosa mit sprachspielerischen Elementen – Kinderkurzgeschichte (mit Bezug zu 7, Verkehrte Welt – Nemomotiv)

(d) Spiel mit syntaktischen Figuren / Wortklassen: Substitution von Indefinitpronomen – Operation: Substitution von Wortklassen

e   Spiel mit Sinn / Inhalt. Zentrale Operation: Substitution der semantischen Merkmale von „niemand" durch diejenigen, die sich an die Person „Niemand" binden lassen. Ergebnis: logisch-semantische Verkehrungen von Sinnbezügen im menschlichen Handeln

(f) Kommunikation: gesteigerte und übersteigerte Verwendung von jemand, niemand, Niemand, Ergebnis: komische Zuspitzungen im Rahmen alltäglicher sozialer Sprechhandlungssituationen, zum Teil auf dem Mißverständnis niemand – Niemand beruhend

Der differenzierte Matrixeintrag verdeutlicht im Sinne eines didaktischen Strukturgitters bereits die Komplexität des Textes und dessen Rezeptionsanspruch. Lese- und Verstehensbarrieren schafft auch die syntaktische Organisation, indem Wiemer vorrangig mit hochdifferenzierten hypotaktischen Strukturen arbeitet (der letzte komplexe Satz des ersten Abschnitts umschließt sieben Haupt- und Nebensätze, die durch Einschübe so verschachtelt sind, daß der Leser zehn Teilstücke zusammenfügen muß). Die angesichts der dargestellten Alltagsprobleme und -handlungen syntaktisch stark „abweichende" Sprache verstärkt die ironisierende Wirkung und korrespondiert dem Spiel auf semantischer Ebene.

Gleichsam gegenläufig ist die deutliche Strukturierung nach Inhaltsfeldern und Situationen, die sich, vom Schlußteil abgesehen, auch in der Abschnittgliederung unmittelbar spiegelt:

– Niemand auf der Straße – Situation des Grüßens
– Niemand im Beruf – Situation des Suchens in Behörde / Verwaltung

- Niemand als Adressat von Beschwerden – Situation des Leserbriefs
- Niemand und seine Frau – Situation der Anrede mit dem Namen „Niemand"
- Niemand im Straßenverkehr – Unfallsituation, Beweisaufnahme
- Niemand als Politiker – Situation der politischen Werbung
- Niemands Ende und Vermächtnis – Situation der Vorbildnahme

Kompositionstechnisch ist auffällig, daß sich der Erzähler im fünften Abschnitt selbst ins Spiel bringt. Weiterhin verstärken sich zum Schluß hin schrittweise die satirisch-kritischen Elemente.

Wiemer präsentiert ein in Form und lexikalischem Sprachbezug gebundenes Spiel, auf unterschiedliche Lebenssituationen bezogen, das aber im phantasievollen Umgang mit dem Spielelement niemand / Niemand zugleich offen ist. Es ist einerseits auf einen lesetechnisch nicht leicht zu bewältigenden Lese- und Vorlesespaß hin angelegt und andererseits auf ein Weiterspielen im Sinne kreativen Schreibens. Die klare Abschnittgliederung ermöglicht ein schrittweise additives Erlesen. Farbliche Unterstreichungen von niemand und Niemand können Lese- und Verstehensschwierigkeiten ausräumen. Die überzogene syntaktische Differenzierung – hier Element der Ironisierung – verlangt in der Regel, mehrere Stufen der lesetechnischen Bewältigung (Erlesen, Einlesen, lesetechnisches Absichern) einzuplanen.

Kreative Schreibspiele sind besonders fruchtbar, wenn sie an problemhaltige und im Lebenshorizont der Schüler gelegene Situationen gebunden sind, wie im folgenden Beispiel eines 6. Schuljahres.

Niemand in der Schule

Die Lehrerin stellt außer Niemand niemanden der Klasse vor. Niemand setzt sich auf einen Stuhl, auf dem sonst niemand sitzt. Die Mathematik-Stunde beginnt, außer Niemand meldet sich niemand. Die Lehrerin ruft Niemand an die Tafel. Niemand rechnet jetzt die Aufgabe, die niemand außer Niemand rechnen kann. In der nächsten Stunde schreibt die Klasse eine Englischarbeit, die niemand außer Niemand mit Leichtigkeit bewältigt. Am nächsten Tag sagt die Lehrerin zu der Klasse: Die Englischarbeit ist für niemand so gut ausgefallen wie für Niemand. Nehmt euch ein Beispiel an Niemand. Wenn ihr so gut werdet wie Niemand, wird niemand schlechte Noten kriegen.

4.10.2 Weitere Anregungen zum kreativen Schreiben

Das Repertoire an Sprachspieltexten in Prosaform, das die Kompendien der jüngeren Kinderliteratur präsentieren, wird weithin noch wenig unter dem Aspekt des spielerisch-kreativen Schreibens aktiviert. Dabei bieten diese aufsatzdidaktische Anregungen besonderer Art, wie das vorausgehende Beispiel einschließlich des Schülertextes belegt. Auf weitere Möglichkeiten soll zumindest in einem summarischen Überblick verwiesen werden.

Bei einigen der Beispieltexte dieses Abschnitts ergeben sich Überschneidungen zu Ausführungen des Verf. in dem Band „Schreiben lernen" (Payrhuber 1998, 201–207). Dies ist insofern gerechtfertigt, als dort vorrangig auf den schreibdidaktischen, hier auf den spiel- und kreativitätsdidaktischen Aspekt abgehoben wird.

Eine Fundgrube für Anregungen zum Weiterschreiben, zum Eingreifen in Texte, zum Verfassen analoger oder offener, weiterführender, das vorliegende Modell kreativ überschreitender Muster bieten einige Geschichtensammlungen. Auf Elisabeth Stiemerts Buch mit dem Titel „Angeführt! Angeführt!" (1977) wurde bereits aufmerksam gemacht. Es berührt in besonderer Weise die Schreibanfänger Ende des ersten und Anfang des zweiten Schuljahrs bis in das dritte Schuljahr hinein. Die Machart der einfach strukturierten Kindergeschichten vor der Folie volksliterarischer Formen ist transparent. Sie sind, wie z. B. „Eine Huhngeschichte", „Eine Eßgeschichte" und „Eine Anziehgeschichte", unmittelbar dem kindlichen Erfahrungsraum entnommen. Die gleichsinnigen Handlungsfolgen sind additiv aufgereiht. Die jungen Leserinnen und Leser nisten sich gleichsam in dem Schema der identischen Teilgeschichten ein, von denen sich dann jeweils der Schlußteil als Überraschung abhebt. Der Rezipient ist „angeführt".

Eine Eßgeschichte
Ein Kind hat sehr großen Hunger gehabt.
Es ist alleine zu Hause gewesen,
und es hat nachgesehen,
was die Mutter zum Essen da hatte.

Das Kind hat ein Schälchen mit Pudding
im Kühlschrank gefunden,
und es hat diesen Pudding gegessen.
(Entsprechend geht es weiter mit Bananen, Schokolade, Erdbeeren.)
Das Kind hat Negerküsse
in einer Schachtel gefunden,
und es hat ...

Angeführt! Angeführt!
Es hat gesagt:
„Jetzt kann ich nicht mehr,
jetzt bin ich satt."

Bei dieser Geschichte mit ihren geringen Lesebarrieren reihen die Kinder mündlich und schriftlich analoge Abschnitte mit anderen Eßwaren und ihren Behältnissen auf, zum Schluß variieren sie z. B.: Angeführt! Angeführt! Jetzt will ich nicht mehr. Mein Bauch platzt schon.

Bei der Huhngeschichte – das Huhn legt jeden Tag ein Ei: ein Montagsei, Dienstagsei usw. – übertragen Kinder dies auf das Jahr und seine Monate, um für den Dezember zu verkünden: Angeführt! Weihnachten mache ich Pause. Die einzelnen Abschnitte können auf Blätter geschrieben und mit Attributen des jeweiligen Monats versehen werden (vgl. Steffens 1986, S. 155 ff. und in: Payrhuber 1998, S. 201 f.). – Bei der Anziehgeschichte stöhnt ein Mann beim Anziehen, auch am Ostersonntag tut er das: Er hat sein Hemd angezogen und gesagt: So, das wäre geschafft usw. Bei den Hausschuhen heißt es dann: Angeführt! Angeführt! Er hat gesagt: „Was ist denn das?" Im linken Hausschuh haben drei Ostereier gelegen. – Die Kinder finden andere Anlässe, z. B. Geburtstag, und entsprechend andere Dinge im Hausschuh.

Einer der anregendsten Texte dieser Sammlung stellt für die Kinder „Eine Blätter-geschichte" dar. Ein Kind spielt im Park und findet Blätter unter verschiedenen Bäumen: unter der Birke Birkenblätter, unter der Linde Lindenblätter usw. Wie kaum ein anderer Text der Sammlung entspricht gerade dieser der Sichtweise sprachschöpferischen Tuns der Brüder A. und E. Kern. Hier kommt nun aber wieder die Überraschung hinzu – Unter der Tanne: „Angeführt / Angeführt! / Unter der Tanne hat das Kind eine Glasmurmel gefunden. / Das Kind hat sie in die Hosen-tasche gesteckt / und mit nach Hause genommen." Die vorliegenden Spielhefte mehrerer Schulklassen verraten Spielfreude, Freude am Schreiben und eine Fülle kindnaher Einfälle.

In zweiten Schuljahren wird der Schreibprozeß unterstützt, wenn die Eingangszei-len und die Angeführt-Passage auf Arbeitsblättern vorgegeben sind. Im abge-druckten Beispiel füllt Lars sie so aus:

> Eine Blättergeschichte
> Einmal hat ein Kind Blätter gesucht
> Es ist im Park über den Rasen gelauf
> und von einem Baum
> zu dem nächsten gegangen
> Unter der Buche hat das Kind Buchen
> Blätter gefunden. Unter dem Ahorn
> Baum hat Kind Ahornblätter
> gefunden.
> Unter der Eberesche hat das Kind
> Angeführt! Angeführt!
> Unter der Eberesche hat das Kind
> einen Würfel gefunden Das Kind
> hat ihn mit nach Hause genommen.
> Und Mensch ärgere dich nicht:
> gespielt.

Unter der Buche hat das Kind Bu-chenblätter gefunden. Unter dem Ahornbaum hat das Kind Ahorn-blätter gefunden. (Zur Eberesche kommt das Angeführt!) Unter der Eberesche hat das Kind einen Wür-fel gefunden. Das Kind hat ihn mit nach Hause genommen. Und Mensch ärgere dich nicht gespielt. –

Katharine schließt ihre Geschichte:

> Unter der Eberesche hat das Kind eine leeres Vogelnest gefunden. Das Kind hat es mit nach Hause genommen und hat es in seine Eisammlung hineingetan.

Eine weitere Textgruppe, die oben mit einem Beispiel vertreten ist, sind die Bumfi-del-Geschichten (v. Luttitz 1975ff). Die Hefte enthalten zahlreiche Vorlagen für kreatives Schreiben vom 2.–6. Schuljahr. Oswald Beck, der mit seiner Formulie-rung „Vom Sprachspiel über das Spiel mit Sprache zum Herstellen eigener Texte" das Anliegen dieses Abschnitts auf den Punkt bringt, präsentiert in seinen Beispiel-skizzen die Geschichte „Bumfidel denkt sich was ziemlich verrücktes aus" (Beck 1981, S. 142). Sie fußt, wie das obige Beispiel „Niemand", auf dem Nemo-Motiv, allerdings mit einem weniger komplexen Text.

Eine Kinder ebenfalls spontan motivierende Vorlage bilden Helme Heines Geschichten „Fantadu" (1979). Sie nennen sie gern „Vorstell-Geschichten".

Fantasie und Fantadu
schließen beide Augen zu.
Stell Dir mal vor, Du bist Musik. Da möchtest Du am liebsten Dein eigenes Orchester sein und Dein eigener Dirigent.
Dein Radio könntest Du dann verkaufen.

Fantasie und Fantadu
schließe beide Augen zu.
Stell Dir mal vor, Du bist der Mond. Abends, wenn die Kinder schlafen, wanderst Du über den Sternenhimmel und leuchtest in die Schlafzimmer.

Die beiden Beispiele belegen, daß hier eine andere Kategorie des Spielens, besser des kreativen Aktivierens von Sprache vorliegt. Sie zielen nicht wie die Mehrzahl der angesprochenen Spieltexte auf das strukturelle Gefüge von Sprache und seine literarischen und linguistischen Elemente, sondern berühren eine Tiefenschicht sprachlichen Handelns. Kinder offenbaren sich in feinsinniger Weise mit ihren Träumen, Wünschen und auch Ängsten beim Verfassen eigener Vorstell-Geschichten. Die Vorlage regt dazu an, unmittelbar die eigene Phantasie in Bewegung zu setzen (vgl. dazu das Unterrichtsmodell: Steffens in: Payrhuber 1998, S. 205−207). Die beiden folgenden Ergebnisse stecken den Rahmen der Vorstellungen zwischen bewegenden Realbezügen und Phantasievorstellungen ab. Ein Mädchen des 2. Schuljahrs schreibt:

Stell dir mal vor, du bist ein Schwimmlehrer und bringst den Kindern das Schwimmen bei. Du zeigst ihnen wie man taucht und Ringe aus dem Wasser holst. Du freust dich, wenn einige Kinder schon vom Dreimeterbrett springen können. Du wirfst ein paar Kinder ins Wasser und sie haben einen Riesenspaß.

Der folgende Text stammt von einem Jungen:

Fantasie und Fantadu
schließe beide Augen zu!
Stell dir mal vor du bist eine Wolke und kannst die Stadt von oben sehen und wirst auch mal von dem Wind fort geweht werden und du kannst auch mal die andere Länder sehen. Und läßt auch mal Wasser runter.
wenn dich der Wind vor die Sonne weht dann wirst mehr du ganz warm und es wird langsam Nacht und dich kann man nicht mehr sehen.
Und es wird wieder Tag und du kannst die Vögel zwitschern hören

Stell dir mal vor, du bist eine Wolke und kannst die Stadt von oben sehen und wirst auch mal von dem Wind fort geweht und du kannst auch mal andere Länder sehen. Und läßt auch mal Wasser runter. Wenn dich der Wind vor die Sonne weht dann wirst du ganz warm und dich kann man nicht mehr sehen. Und es wird wieder Tag und du kannst die Vögel zwitschern hören.

Neben Schwimmlehrer und Wolke weist das geheftete „Fantadubuch der Klasse 2a" folgende Figuren aus: Katze, Denkmal, Stift, Krokodil, Schildkröte, Maus, Pfarrer, Fahrradreifen, Wildpferd, Telefon, Roboter und Wal.

In eine andere sprachliche und literarische Welt führen Horst Bulls „Geschichten von Herrn Zünglibrech" (1973):

> Als mein Großvater noch ein Junge war, lebte in unserer Stadt ein Mann, den jedermann als Herrn Zünglibrech kannte. Herr Zünglibrech redete immerfort in Zungenbrechern, daher stammte sein seltsamer Name.
>
> Ein Zungenbrecher ist, das wißt ihr sicher, ein Satz, bei dem man sich leicht versprechen kann. Ein berühmter Zungenbrechersatz heißt: Die Katze tritt die Treppe krumm.
>
> Herr Zünglibrech nun sprach nur in Zungenbrechern, und das ist sehr schwer, wenn man die Zungenbrechersätze schnell und fehlerfrei aussprechen will. Aber er verstand seine Kunst bis ins hohe Alter hinein. (Er starb im gesegneten Alter von 96 Jahren an Altersschwäche und nicht an gebrochener Zunge, wie böse Leute behaupten).

Der Dialogpart des Herrn Zünglibrech, der wegen seiner Vorliebe die „Traben-Trarbacher-Zeitung" hält, besteht in jeder Situation aus einem Zungenbrecher, z. B.:

> ... er antwortete freundlich: „Geliebtes Täubchen Trude! Der Traben-Trarbacher Trabrennreporter Tartarben berichtet vom Trabrennen der Trakehner in Traben-Trarbach, bei denen Traberhengst Tirpitz den Trabrennsieg davontrug.

Die kreativen Textproduktionen, die sich an diese Geschichten von Herrn Zünglibrech anbinden lassen, liegen auf der Hand (eine entsprechende methodische Skizze wurde dazu 1982, S. 50 ff., erstmals veröffentlicht):

– Übertragung in den Erfahrungsbereich der Kinder;
– Herrn Zünglibrech einen entsprechenden Dialogpartner zuordnen;
– eine größere Sammlung von Zungenbrechern zusammentragen, in kinderliterarischen Kompendien zusammensuchen, auf einem Arbeitsblatt vorgeben, aber auch eigene Zungenbrecher erfinden (s. dazu oben, S. 4) bzw. vorliegende variieren;
– die so gewonnenen Montageelemente für die Produktion eigener humoristisch-unsinniger Geschichten verwenden;
– diese Geschichten im Lesekreis, Wochenabschlußkreis vortragen, bei Häufung von schnell zu sprechenden Zungenbrechern auch auf Tonband aufnehmen und gemeinsam abhören (also Verbindung von Schreib-, Lese- und Hörspaß).

Die Komponente des analogen Schreibens, die auch bereits bei dem skizzierten Modell stark gelockert ist, kann dann noch einmal zugunsten kreativer Freiräume zurückgedrängt werden, wenn anstelle der Zungenbrecher andere Sprachspielelemente als stereotyper Dialogpart einer Figur, für die ein Name zu erfinden ist, gewählt werden:

- eine Frau Vörnöhmspröch, die aus allen Vokalen ein „ö" macht und vornehm-gestelzt
  spricht (Anregungen dafür finden sich bei Jandl, z. B. in Wolf 1997);
- ein Herr Neinsager / Jasager;
- eine Frau Wortundwörtlich, die jede Redensart wörtlich nimmt;
- ein Herr Sprichwörtlich, der auf alles mit einem Sprichwort antwortet (oder auch mit
  einer an bestimmte Sach- und Inhaltsfelder gebundenen Redensart),
- eine Frau Sprichwortpurzel, die auf alles mit einem gewürfelten (durcheinanderge-
  purzelten), also aus zwei unterschiedlichen Sprichwörtern zusammengesetzten
  Sprichworten antwortet. Als Vorlage hierzu kann ein Text von Roland Barry eingege-
  ben werden (1979, S. 75):

Verdrehte Sprichwörter

Steter Tropfen – kommt von oben. / Frisch gewagt – aufgehoben. / Aufgeschoben –
höhlt den Stein. / Unrecht Gut – muß fröhlich sein. / Wer schaffen will – gedeihet
nicht. / Wie gewonnen – beißen nicht. / Alles Gute – so zerronnen. / Hunde, die bel-
len – halb gewonnen.

Der nächste Komplex, der im Zusammenhang dieser Beispielreihe erwähnt werden soll, sind die ins Humoristische oder auch Phantastisch-Irreale führenden Erfindergeschichten. Genannt seien die Kinderbücher: Paul Maar „Summelsarium
oder 13 wahre Lügengeschichten" (1973) und Gina Ruck-Pauquet „In jedem Wald
ist eine Maus, die Geige spielt" (1970). In diesem Band wird der Erfinder Bubbelkühm vorgestellt.

Herr Bubbelkühm, der ein Erfinder ist, lebt ganz bescheiden im Hinterhaus. Seine
Tochter Flämmchen lebt bei ihm ... und dazu noch der Kater Mollibum. Morgens
zieht Herr Bubbelkühm seine Erfinderhosen an, dann beginnt er zu arbeiten. Viele
großartige Dinge hat er schon erfunden: Eine Buchseitenumdrehmaschine und sogar einen künstlichen Hund. Heute aber ist Herr Bubbelkühm traurig, denn es will
ihm gar nichts Neues einfallen.

An diesem Tag nun erfindet er noch viereckige Seifenblasen, einen Warmluftpuster
zum Mitnehmen, wenn man spazieren geht, Plastikäpfel, und, weil das Jahr gerade
zu Ende geht, ein neues Jahr.

Zunächst sind die Erfindergeschichten ein Lesespaß, nahezu spontan versuchen
die Kinder, lustige Erfindungen zu benennen: Komposita als Wortneuschöpfungen. Zur Vorbereitung einer anspruchsvolleren Textproduktion – eigene Erfinder-
geschichten schreiben – empfiehlt sich als Zwischenschritt eine textorientierte Erschließung ein oder zweier Geschichten. Dabei geht es um ein präziseres Erfassen
von und ein erstes kreatives Operieren mit wesentlichen Konstituenten des Textes:
die Erfindungen, die sprachspielerische Namensfindung, die angemessene situative Einbettung, die Dialogstruktur einiger Textpassagen, die komisch wirkenden Si-
tuationszuspitzungen.

Die Kinder werden somit nicht in ein freies, assoziativ geprägtes Feld von Phantasievorstellungen entlassen, weil Spielen mit Sprache immer auch Spielregeln ein-
schließt (vgl. Sanner 1973, S. 26ff.). Das Schreibspiel, eine andere Bubbelkühm-
Geschichte zu erfinden, wird also durch einige inhaltliche und sprachliche Vor-

gaben bzw. Spielregeln umgrenzt. So können z. B. häusliche Situationen oder andere, die Kinder interessierende Situationsfelder wie „Besuch erwarten", „einen Ku-
chen backen", „beim Hausaufgabenmachen" auf die Personenkonstellation Bubbelkühm, Flämmchen und Mollibum projiziert werden. Vor dem Hintergrund dieser knappen didaktisch-methodischen Verweise ist das folgende Ergebnis eines 5.
Schuljahrs zu lesen.

Doktor Kummelkamm ist ein sehr ernster Erfinder. Seine Tochter Füsselinchen ist
ein nettes, fröhliches Mädchen. Eines Tages kam ihr ein niedlicher kleiner Kater entgegen, sie nannte ihn Hinterbeinchen. Immer, wenn sie weg mußte, lief er hinter ihr
her, so daß sie ihn behielt. Doktor Kummelkamm jedoch hatte heute sehr schlechte
Laune. Als sie das merkte, meinte sie, er solle mal eine Fröhlichmachmaschine bau-
en. Er war immer sehr schnell bei der Sache, und als sie fertig war, erzählte die Fröhlichmachmaschine ihm ganz tolle Witze, so daß er den ganzen Tag fröhlich und ver-
gnügt war. Da fiel ihm gerade ein, daß er noch für Herrn Eingeschnappt eine Superausschnappmaschine bauen sollte, weil Herr Eingeschnappt bei jedem bißchen be-
leidigt war. Als er diese Maschine fertig gemacht hatte, kam auch gleich Herr Eingeschnappt herein. Der Doktor Kummelkamm mußte sehr mit seinen Worten aufpas-
sen, sonst schnappte Herr Eingeschnappt gleich wieder ein. Als er dann die Superausschnappmaschine anstellte, war Herr Eingeschnappt nicht mehr Herr Eingeschnappt, sondern Herr Übermütig, und Herr Kummelkamm freute sich sehr darüber, daß die Superausschnappmaschine so gut gelungen war.

Einige weitere Erfindernamen:
Dubbelbrumm, Blitzstrahl, Trödelbamm, Knallebum, Apfelgrün, Wuwelwutz,
Schwammbabbel.

Weitere Erfindungen:
Sonnenblumensämaschine, automatische Regenauffanganlage, Hundefütterma-
schine, Hundeausführmaschine, Baumschüttelmaschine, Hundemachfangmaschi-
ne, Manschettensuchmaschine, Hundeberuhigungsmaschine, Teigausrollmaschine,
unsichtbare Bäume, automatische Fernseheinschalter, Spiegeleiwürzer, Brennholz-
zubereiter, Krimiaufwachmaschine.

Weitere Namen für die Tochter:
Pflaumie, Fallifüh, Siligu, Klößchen, Pfläumchen, Wangennase, Rollherum.

Weitere Namen für das Tier:
Kater Schnurrhaar, Hund Walwuh, Hund Pfannifüm, Hund Schnuppibum, Kater
Mümmelmann, Papagei Laberdumm, Kater Hinterbeinchen.

Weitere Namen für den Besteller:
Bumibamm, Trollebum, Bumwappel, Kleidermann, Sumpfhuhn, Esel, Kummer-
klatsch.

Zuordnung der Namen und der Situationen:
Daniel Düsentrieb baut für einen Herrn Esel ein tragbares Auto. Seine Tochter Fri-
dolin hilft ihm dabei. Als das Auto beim Aufblasen explodiert, klopfen die Nachbarn
an die Wände, als wäre es ein Erdbeben. Deshalb erfindet Daniel, ehe er weiterbaut,
erst eine schalldämpfende Tapete.

Herr Lederstrumpf erfindet für seine Tochter Veilchenblau eine Aufwaschmaschine,
für Herrn Flatter eine Sockenlochstopfmaschine und für den Frosch Grünhaut, der
erschöpft in der Badewanne liegt, eine Fliegenfangmaschine.

In vergleichbarer Weise setzt der folgende Text von Vera Ferra Mikura (in: Domenego 1996, S. 37) kreative Sprachhandlungen frei:

Die Pille „Dauerputzig"

Herr Professor Alberich Zusammenstaucher vom Institut für Gartenzwergfor-
schung hat nach jahrelanger Arbeit eine neue Pille entwickelt. Das Präparat soll in
Kürze mit der Bezeichnung „Dauerputzig" in den Handel kommen.

Welchen Sinn und Zweck hat „Dauerputzig"?

„Dauerputzig" hat eine kleinartige Wirkung, obwohl „Dauerputzig" wirklich großar-
tig ist.

Gibt man einem jungen Hündchen regelmäßig „Dauerputzig", wird das Hündchen
bis ins hohe Alter klein, jung und putzig bleiben. Genauso verhält es sich mit Haus-
katzen, Tigern, Löwen, Krokodilen und Braunbären. Die Tiere behalten garantiert
Spielzeuggröße. Durch „Dauerputzig" wird es möglich sein, in jeder Zimmer-Kü-
che-Wohnung ein Nashörnchen, ein Elefäntchen oder ein Gänsegeierlein zu halten.
Mit „Dauerputzig" behandelte Bernhardiner oder Schäferhunde bleiben dauerputzige, drollige, milchzahnige, streichelsanfte Wollknäuel. Aus keinem Äffchen wird
ein großer Affe, aus keinem Pferdchen ein Pferd, aus keinem Lämmchen ein Schaf,
kein Vogelkind wächst sich zu einem Adler oder Habicht aus.

Die dauerputzigen Tiere werden Kindern und Erwachsenen stets Freude bereiten.
Sie sind kuschelfreudig, tolpatschig und puppensanft. Außerdem begnügen sie sich
mit bescheidenen Futtermengen.

„Dauerputzig" muß allerdings hinter Schloß und Riegel aufbewahrt werden. Kinder,
die „Dauerputzig" naschen, bleiben nämlich auch garantiert klein, jung und dauerputzig bis ins hohe Alter und können nie einen Beruf erlernen und sich selbst ernäh-
ren. Die Errichtung von Heimen für dauerputzige Menschen wäre für unsere Gesellschaft eine große Belastung. Herr Professor Alberich Zusammenstaucher abeitet
bereits an einem Gegengift, das „Unputzig" heißen soll.

Laßt eure Kinder rechtzeitig mit „Unputzig" impfen, damit große, starke Erwachsene aus ihnen werden!

Da die methodische Anlage dem der Erfinder-Geschichten in etwa entspricht, beschränken wir uns auf die Dokumentation eines Textes, der in dem vierten Schuljahr einen herausragenden Beleg darstellte und deshalb als repräsentativ für die Al-
tersgruppe der 10- bis 12jährigen angesehen werden kann (vgl die Unterrichtsskizze des Verf. und den Originalbeleg in: Payrhuber 1998, S. 205):

Die Pille Schleckschmeck

Herr Professor Immerschlecker hat ein Supermittel erfunden. Stellen Sie sich mal
vor, Sie sind bei Bekannten. Das Abendbrot wird aufgetischt. Es gibt Spinat, den Sie
überhaupt nicht gern essen. Sie essen bei vornehmen, ordentlichen Leuten. Der Spinat treibt Sie zum Wahnsinn, was tun? Ja, Herr Professor Immerschlecker hat „das"
Mittel dafür gefunden. Die Pille Schleckschmeck der Renner. Eine Pille schnell und
heimlich unter den Spinat gemischt und Sie könnten eine ganze Tonne davon essen,
so gut schmeckt Ihnen der Spinat. Ja, das haut Sie um, was?

Doch „VORSICHT" die Pille darf bei Tieren nicht angewendet werden, sonst fres-
sen sie Ihnen die Haare vom Kopf.

Hans Manz bietet weitere beachtenswerte Beispiele der Entfaltung von Sprache und Kinderwelt. In „Da kichert der Elefant" (1998) spielen Eva und ihr Großvater auf eine offene und sensible Weise mit Sprache. Sie erfinden und erzählen sich Geschichten, zumeist durch Wörter, ganz im Sinne Rodaris (s. S. 2), angeregt. Es zeichnet sich damit in diesem Abschnitt eine Anzahl unterschiedlicher sprachspielerischer Akzentuierungen ab. Wir gingen von sprachspielerisch anreizenden Strukturen der „Angeführt"-Geschichten aus, die entsprechende sprachliche Vorgaben nutzen und damit eine engere Bahn des Gestaltens abstecken. Noch sprachstrukturell gebundene, aber insgesamt deutlich freiere Formen liegen vor bei den Erfinder–, den Zünglibrechgeschichten und Texten wie „Die Pille Dauerputzig". Die Linie mündet ein in offene Formen, die über Sprache die eigene Erfahrungs–, Erlebnis- und Gefühlswelt erschließen. Dies gilt, wie oben vermerkt, in besonderer Weise für die Fantadu-Texte von Helme Heine und ebenso für das Kompendium von Hans Manz.

Als Beispiel sei die Hausaufgabe genannt, die Eva machen soll: „Ja, ich muß etwas von unserem Baum vor dem Haus schreiben .. ." (S. 26) Sie beginnt konventionell: Unser Baum hat Wurzeln. Er hat einen Stamm. Er hat eine Krone. (S. 36) – Der Großvater vermerkt: „Das ist noch kein Baum." Dies regt Eva an, etwas vom Baum in den vier Jahreszeiten zu erzählen, offener, aber immer noch an ein Satzschema gebunden: Im Frühling macht der Baum Knospen und Blätter usw. (S. 33) Auf einen neuen Einwand des Großvaters hin schreibt sie:

Vögel wohnen in ihm.
Käfer und Bienen besuchen ihn.
Der Wind spielt
mit seinen Blättern.
Die Sonne wärmt seine Krone.
Der Regen tropft von den Zweigen.
Der Schnee liegt auf seinen Ästen. (S. 34)

Ein Lob des Großvaters schließlich entbindet gleichsam noch tiefer liegende Bezüge zum Erfahrungs- und Gefühlsfeld des Kindes.

Der Baum duftet.
Er flüstert und rauscht.
Sein Stamm ist rauh.
Aber die Blätter sind glatt und fein.
Wenn es heiß ist,
lege ich mich in seinen Schatten.
Einmal habe ich unter ihm
einen toten Vogel begraben.
Und wenn ich
in seine Krone klettere,
nimmt er mich in seine Arme.
Er
gleicht
meinem
Großvater.

Eva packt dann schnell das Heft weg. Offensichtlich soll der Großvater das Lob nicht lesen. (S. 36) – Später geht es u. a. um Geschichten von der Mücke, vom Schrank, vom Teppich, vom Stuhl.

Spätestens hier sind Schreibanregungen für die Kinder mit Händen zu greifen: eine Geschichte vom vertrauten Ball, der Glaskugel, dem Teddy oder einem anderen Spielzeug oder Lieblingsbuch, auch von vertrauten, benutzten, aber wenig beachteten Gegenständen wie dem Schulranzen, dem Bücherregal. So kann eine Geschichte vom Ball mit den sattsam bekannten, stereotypen Eingangssätzen beginnen: Mein Ball ist rund. Er ist glatt. Er ist rot. Nach dem Einwand einer anderen gewählten Bezugsperson gewinnt der Text eine andere Dimension: Manchmal ist mein Ball so fröhlich wie ich. Er springt vor mir die Treppe hinunter. Und ich hüpfe hinter ihm her.

Abschließend wird auf eine Gruppe von Prosa-Textsammlungen verwiesen, die vergleichbare Anregungen wie die zuvor genannten vermitteln:

Martin Auer (o. J.) – Roland Barry (1979) – Hans Baumann (1975) – Gärtner / Kernke 1995 – H. J. Gelberg (10 Jahrbücher der Kinderliteratur 1971 – 1997) – Peter Härtling (1993) – Margret Rettich (1977) – Jürg Schubiger (1995) – Stiemert / Altenburger (1975) – Stiemert / Helias (1974) – Ursula Wölfel (1969, 1974).

4.11 Redehandlungen – Redefloskeln

Medien, Medienverbund, Werbung, aber auch Bemühungen um symmetrische Kommunikation und demokratische Offenheit sowie immer intensivere Teilnahme des Einzelnen an den kommunikativen Verbundnetzen sind prägende Sprachhandlungselemente unserer Gesellschaft. Seit der eingangs vermerkten kommunikativen Wende der Deutschdidaktik ging damit eine kommunikative und pragmalinguistische Sensibilisierung einher. Diese ist jedoch kein schulisches Kunstprodukt, sondern korrespondiert gesellschaftlichen Notwendigkeiten einerseits, Dispositionen der Sprachteilhaber und damit der Kinder andererseits. Die Kinderliteratur der letzten Jahrzehnte hat darauf sensibel reagiert, und auch im literarischen Feld des Spielens mit Sprache schlägt sich dies nieder. Dialoghandlungen, regional und sozial gebundene Sprechweisen und andere Kommunikationsbezüge sind tatsächlich Spielmaterial, mit dessen Hilfe alltägliches Sprachhandeln spielerisch, aber auch kritisch aufgearbeitet werden kann. Zwei Texte rahmen diese Entwicklung geradezu ein. Hans Manz präsentiert ein Kommunikationsspiel – eine Dimension, die bei seinen Texten eine auffällige Rolle spielt (1974 und in der neuen Sammlung 1996, S. 28):

Sprachveränderungen

Junge, der spät nachts heimkommt:
(zur weinenden Mutter)
„Ach, ich hab mir gedacht, du würdest schon lange schlafen und überhaupt nichts bemerken!"
(zum zornigen Vater)

„Ich hab halt nicht auf die Uhr geschaut. Tut mir leid. Soll nicht mehr vorkommen."
(zu den Geschwistern)
„Denen hab ich aber mal gezeigt, daß ich mache, was ich will."
(zu sich selbst)
„Geschieht ihnen ganz recht, sie kümmern sich sonst auch nicht um mich."
Schwester zum Bruder:
(wenn Besuch da ist)
„Darf ich dich bitten, das Brot herüberzureichen? Danke schön."
(wenn die Eltern da sind)
„Gibst du mir das Brot? Danke."
(unter sich)
„Das Brot! Rasch, du Schafskopf!"

Der nächste Text von Hannelies Taschau (in: Gelberg 1997, S. 215) geht nicht von einem Dialog aus, sondern reiht Sprechhandlungen monologisch aneinander, die aber durch Situationserfahrungen von Kindern ausgefüllt werden können. Die Sensibilität gerade für die kommunikative Struktur häuslicher Redehandlungen schlägt sich in einer Fülle vergleichbarer Redemonologe nieder, die mündlich eingebracht oder niedergeschrieben werden.

Kinderleben

Nicoschätzchen?
Süße ...
Ni ko lle.
Wirds bald!
Ni koll!
Wenn ich dich rufe!
Ich glaub es geht los!
Jetzt aber marsch!

Die Beispielskizze des Haupttextes dieses Abschnitts greift auf einen Beleg zurück, der im weitesten Sinne auch der Konkreten Poesie zugerechnet werden kann, dessen zentrales Spielelement jedoch nicht im Graphisch-Visuellen liegt, sondern wie obige Beispiele auf redehandlungsbezogene Kommunikationsfaktoren ausgerichtet ist (Wiemer 1974, S. 189):

Floskeln

offengestanden	na klar
mir fehlen die worte	mach keine Geschichten
immerhin	im übrigen
andersherum gefragt	ganz unter uns
mag sein	da kann man nichts machen
überhaupt	ehrlich
bei lichte betrachtet	und außerdem
find ich ja witzig	was soll das
allen ernstes	kurz und gut
das ist nun mal so	angenommen
jedenfall	sich denke
ohne langes gerede	nun mal genau

Bei Wiemers Text handelt es sich um eine spielerische Dokumentation inhaltlich re-
dundanter Redefloskeln, die hier in ihrer Häufung komisch wirken. Denkt man sie
sich jedoch eingeordnet in Sprechakte, signalisieren sie die kommunikative Bezie-
hungsebene in zum Teil intensiver Weise. Deren Ausprägung und Wirkung sind wir
uns im alltäglichen Sprachhandeln meist kaum bewußt, zumal sie durch gesellschaftliche Normen weithin geregelt sind (Status, Rolle, Rollenerwartung). Ihre
Isolierung im vorliegenden Text richtet nun die Aufmerksamkeit des Rezipienten in
spezifischer Weise nicht auf den Kommunikationsinhalt, sondern auf die sprachliche Kommunikationsform. Die Einordnung in die Matrix ist in der linguistischen
Dimension eindeutig der Spalte f zuzuordnen, in der literarischen entweder der
Zeile 1 oder 12. Vom Textgefüge her ergibt sich: Nicht die inhaltsbezogene Interpretation, sondern der Mitspieler ist gefragt. Der Autor versteht sich als Spielgeber, der auf den Spielsinn zum Zwecke des Mitspielens verweist. Das Mitspielen in
unserem Falle kann vielfältige Formen annehmen, die Zeilen können gewürfelt
werden, neu gruppiert werden (Gesichtspunkte, neue Wirkung?), der Text kann
verlängert oder verkürzt werden, mündliche Vortragsformen können erprobt, Elemente der Textkollage (Kollage von Redefloskeln) können in kurze Dialoge eingebaut werden, Redehandlungen können auf Tonband aufgenommen und auf Floskeln hin abgehört werden. Vielleicht verweisen solche Redeanalysen in parallele
oder auch ganz andere Spielrichtungen. Diese Ausweitung des Spielfeldes kann
auch durch Eingaben weiterer Texte angeregt werden. Gerade bei solchen Konstellationen oder Textkollagen erweist sich die Textgruppe als anregungsreich. Beispiele für unser Modell sind (von Norbert Höchlen 1973, S. 40):

Das Gespräch

Mmm.   Hmmm.
Was?   Ha, ha, ha.
Hmmm.   Hmmm.
Hä.

Von Hans Manz (1996, S. 64):

Gespräch

Na, so was!
Was so was?
Na, so was wie das da!
Wieso was wie das da?
So wie, na, wie sowas!
Ach so, so wie das da, sowie was wie so was?
Ja, so wie, na, das da da!
Wie das da da da?
Sowieso!
Ach was!

Die folgenden Schülertexte sollen vor allem belegen, daß auch diese Textgruppe
vielfältige motivierende Sprech- und Schreibanlässe bietet. Sie stammen von einem

fünften Schuljahr, und zwar von der Klasse, die auch die oben abgedruckten Texte zum Modell „Erfindergeschichten" schrieb. Die Kinder zeigten sich von dem Text, mit dem sie ohne Vorbereitung konfrontiert wurden, überaus motiviert. Vor allem rieben sie sich an der ihnen nicht vertrauten Art der Kollage. Die spontanen Äußerungen exponierten zur Überraschung des Unterrichtenden fast alle wesentlichen Strukturmomente: die additive Reihung, die reduzierte Syntax, das fehlende Sinnelement, die notwendige Rückbindung an Redehandlungen, die Möglichkeit der Ergänzung von korrespondierenden Redeteilen eines Partners, die durchgängige Kleinschreibung, die fehlenden Satzzeichen, die Druckform eines Gedichts, die inhaltliche Bedeutungslosigkeit der Aussagen („das sagt man so hin"). Der Begriff „Floskeln" war nicht vertraut und wurde im Analogieverfahren präzisiert (der L. erzählte kleine Dialoghandlungen, bei denen ein Partner nur mit Floskeln antwortete). Bei der Frage nach der eigenen Redepraxis fiel auf, daß die Kinder meinten, sie würden keine Floskeln gebrauchen. Durch ein weiteres Redebeispiel eines Pausenhofgeschehens und einer entsprechenden Sammlung an der Tafel lockerten die Kinder diese Abwehrhaltung schnell. – Sie erkannten auch, daß der Text zum handelnden Umgang einlädt. Sie schlugen einen dialogischen Lesevortrag vor, der viel Freude bereitete und unterschiedliche Intonationsmuster zur Geltung brachte. Entsprechend wurden dann auch die eigenen Belege inszeniert. Sie verwiesen auf das Umgruppieren der Textelemente (die besser zueinander passen), das Hinzufügen selbst gefundener Floskeln und vor allem das „Ausfüllen" des Redevorgangs, damit die im Text präsentierten Redeelemente in einen Sinnbezug gestellt werden könnten.

Textgruppe 1:

Umbauen der Vorlage, Einsetzen einiger selbst gefundener Floskeln (hier kursiv gesetzt), Gruppierung nach Strophen:

na gut	mir fehlen die Worte
wieso	*aber*
was	im übrigen
warum	*ehrlich gesagt*
sehr schön	mag sein
mach keine geschichten	*na ja*
auf jeden fall	*nun so*
nur so	im übrigen

Texgruppe 2

Einbau ausgewählter Redefloskeln in ein fingiertes Telefongespräch – die Floskeln auf einen oder beide Redepartner verteilt – Unterscheidung zwischen alleinstehenden Floskeln und solchen, die in eine Redehandlung eingebaut sind.

A: Hallo, Frank, wie geht's dir?
B: Naja, ganz gut.
A: Ich gehe heute zum Hohen Gras, Ski fahren.

B: Mach keine Geschichten.
A: Da liegen 20 cm Schnee.
B: Na, so was.
A: Was machst du denn heute?
B: Offengestanden, nichts.
A: Na, dann noch einen guten Tag. Tschüß!
B: Ohne langes Gerede. Tschüß!
A: Hallo, hier spricht Carmen.
B: So was.
A: Ich fahre heute zum Pferderennen.
B: Was soll das?
A: Vielleicht hättest du Lust, mitzukommen?
B: Mag sein.
A: Vielleicht treffen wir Hannelore.
B: Immerhin.
A: Und wir essen alle drei ein Eis.
B: Na gut.
A: Ich setzte zwanzig Mark auf King.
B: Ehrlich?
A: Und ich bin mir ganz sicher, daß er gewinnt.
B: Ja.
A: Wenn ich das Geld gewonnen habe, können wir uns was dafür kaufen.
B: Toll.
A: Kommst du jetzt doch mit?
B: Natürlich.
A: Tschüß.
B: Tschüß.

Auch für diese Textgruppe kommunikativ-pragmatischer Belege gilt, daß zahlreiche Aspekte sprachlicher Beobachtung und Reflexion mit Hilfe von Sprachspielen in den Frage- und Interessenshorizont von Schülern gerückt werden können, seien es Redehandlungen, die in spezifischer Weise an soziale Rollen gebunden sind, seien es Kommunikationsstrategien in wechselnden Situationen und sozialen Kontexten, seien es Überredungskünste, Werbetexte oder Appelle. Die Sprachspielkompendien, die im Literaturverzeichnis aufgeführt sind, weisen einen beachtlichen Anteil dieser Gruppe auf. Der Grad der Sensibilisierung, den Kinder heute auf dieser Sprachebene aufweisen, wurde dem Verf. bei der Erschließung des Kinderbuchs „Sonntagskind" von Gudrun Mebs (1983), einem psychologischen Kinderroman, besonders deutlich. Das Erkennen der Redehandlungen, die als Erlebte Rede oder Innerer Monolog im Sonntagskind inwendig ablaufen, führte u. a. zu selbst verfaßten, in den eigenen häuslichen Erfahrungshorizont verlagerten dialogischen Texten, in denen auf als Zumutungen empfundene Äußerungen von Erwachsenen oder Geschwistern entsprechend „inwendig" reagiert wurde. Die spielerischen Kommunikationshandlungen korrespondieren in Struktur und Niveau den in diesem Abschnitt aufgeführten Texten (s. Steffens 1990, Teil 2, S. 28–35).

5 Zusammenfassender Überblick und ergänzende Spielanregungen

In dem Hauptkapitel vorliegender Untersuchung wurden elf umfassende Beispiele resp. Beispielgruppen dargestellt. Nimmt man die ausgewiesenen Verzweigungen hinzu, ist der Durchstieg bis vor Ort der Unterrichtspraxis geleistet. Dem Lehrplankonzept sind weiterhin mehr als zwanzig Beispielverweise in den theoretisch fundierenden Abschnitten der Kapitel 1–3 zuzuordnen. Insgesamt ist damit dreierlei dokumentiert:

a) eine didaktisch reflektierte unterrichtliche Realisierung, fundiert durch pädagogische, kreativitäts- und spieltheoretische, literarische und linguistische Begründungsfaktoren,

b) ein erstes Abstecken der Spielfelder, nach denen sich die überbordende Fülle der Sprachspieltexte gliedern läßt,

c) ein detailliertes Erschließen des einzelnen Sprachspieltextes, literarisch und linguistisch im Blick auf seine Binnenstruktur, unterrichtstheoretisch auf seine allgemeindidaktischen und methodischen Implikationen, kindbezogen auf seine Wirkungskomponenten und seinen Leserbezug, der hier vorrangig der des Mitspielens bedeutet.

Die vertiefende Dokumentation von reflektierter Unterrichtspraxis einschließlich der Schülerbelege erfordert jedoch einen Verzicht auf raffende Überblicke der aufgedeckten literarischen und linguistischen Dimensionen und der sie einschließenden Spielbelege. Entsprechende Lücken sollen in diesem Schlußteil, soweit der Raum dafür reicht, mit den folgenden Belegen geschlossen werden. Sie sollen die Darstellung der Fülle der Möglichkeiten mit den fast unzählbaren sprachlichen Spielformen komplettieren.

Die folgenden Übersichten sind insofern eine Abstraktion, als sie von der konkreten unterrichtlichen Einbettung absehen. Die Freiräume der Schüler und die offene pädagogische Situierung seitens der Lehrenden sind davon nicht berührt.

5.1 Spielen mit Lauten und Buchstaben

Laut- und Buchstabenspiele berühren bereits die deutschdidaktischen Konzepte des ersten Schuljahrs in besonderer Weise, einmal, weil die Lautspiele im vorschulischen Alter als eine wichtige Komponente des Sprachlernprozesses von Bedeutung sind, und zum andern, weil Lesen- und Schreibenlernen beide Elemente nachdrücklich in den Vordergrund rücken. Der Buchstabe tritt dabei als Organisationselement der Schrift hervor, daran sind u. a. die Abc-Spiele gebunden. Die Möglichkeiten der graphisch-bildlichen Strukturierungen von Druck- und Schreibschrift klammern wir hier aus. Wir behandeln sie als Untergruppe im Abschnitt 5.3 „Spiel mit Worten, Sätzen und Texten". Dies gilt auch für einige Texte der Konkreten Poesie, die zwar als einen Matrixeintrag „Spiel mit Lauten und Buchstaben" haben, aber mehrdimensional sind.

Laut- und Buchstabenspiele verhelfen den Kindern dazu, Sprache akustisch, sprechmotorisch und optisch intensiv und lustbetont zu strukturieren und auch Frustrationen, die Schrift als eine hohe Lernbarriere hervorrufen kann, zu vermeiden oder zu überwinden. Der Komplex Spielen mit Lauten und Buchstaben ist differenziert. Vor allem ist es oft kaum möglich, zwischen Laut- und Buchstabenspiel zu trennen, weil eine lautliche Hervorhebung in der Regel zugleich auch eine optische bedeutet und umgekehrt. Wir gruppieren im folgenden nach konkreten und abstrakten Lautgedichten, Buchstabenspielen i. e. Sinne, Abc-Spielen und Lautspielen (Zungenbrecher, Fremde Sprachen).

5.1.1 Konkrete Lautgedichte

Kennzeichen: Hervorhebung der Laut- (und Klang-)Struktur, gefügte Form, grammatisch-semantisch und syntaktisch ohne Abweichung, morphologische Abweichungen in Form von klanglich geprägten Spielwörtern.

Beispielverweis: Bumdidi (Abschnitt 4.2)

Mit dem genannten Unterrichtsbeispiel ist diese Gruppe mit ihren Möglichkeiten nahezu abgedeckt. Belege finden sich in allen gängigen Sammlungen. Genannt seien als Autoren James Krüss („Der Uhu und die Unken", 1965, S. 146, und „Die Brabbelberta", 1969, S. 54–56), Josef Guggenmos, Jürgen Spohn und Hans Manz. Auf Jandls „ottos mops" wurde bereits verwiesen (S. 92f.). Der Anreiz, auf dieser Ebene zu spielen, hält offensichtlich unvermindert an, wie drei Texte belegen sollen (Max Kruse 1968, S. 17; Hans Manz 1996, S. 115; Erwin Moser, in: Gelberg 1997, S. 283).

> Pirr
>   schirr
> kabirr
>   puff
>   knuff
>   kabuff
>   witsch
>   kabbelwitsch
> knall
>   Ich bin überall! *(Kruse)*

Kleinkindertragödie

(Aus vergangener Zeit)
Ging in Matsche.
Trat in Patsche:
Platsche, Platsche.
Kriegte Watsche:
Klitsche, Klatsche. *(Manz)*

Schwipp-Schrack

Der Schwipp-Schrack
klackt
und sein Bruder,
der Twist.
ungeschickt wie er ist,
kippt in einen
Topf mit Lack.
Mist! *(Moser)*

5.1.2 Abstrakte Lautgedichte

Kennzeichen: Hervorhebung der Laut- (und Klang-)Struktur, gefügte Form, grammatisch-semantische und morphemische Abweichungen in unterschiedlichen Graden.

Beispielverweise: Krebsesser und Kremulinisches Geschlumpfe, Abschnitt 4.7 – dort zahlreiche Längs- und Querverweise – durchgehend zahlreiche Textbelege für das 1.–6. Schj., vgl. auch die Texterwähnungen S. 44.

5.1.3 Buchstabenspiele i. e. Sinne

Kennzeichen: Der Buchstabe als Element der Schrift wird hervorgehoben, Wörter werden auf- oder abgebaut, Wortlücken gebildet, mit den Buchstabennamen (zum Zwecke der Vereinzelung) wird operiert.

Beispielverweise: Neles Entdeckungen am eignen Namen, die Anfangsbuchstaben, die Wortlänge – indirekt bzw. als eine Schicht „Wörter, die in Wörtern stecken" (4.4). Wie die Matrixeinträge dort belegen, sind viele der Texte Mischformen zwischen Buchstaben- und Wortbauspielen.

Buchstabenspiele i. e. Sinne sind:

„Die Purzelgeschichte" von Mira Lobe (in: Domenego 1975, S. 20). Der Wichtel Purzel verliert sein „u" und wird Parzel, Porzel, Przel. –

Was ist ein Rller, eine nurreatze? (Roller, Schnurrekatze). Beliebt sind in dieser Gruppe Tilgung der Anfangs- oder Endbuchstaben oder auch Vokalvariation: Mira Lobe (in: Domenego 1975, S. 25):

Lob der Endbuchstaben

Ich kenne einen, der will die Endbuchstaben abschaffen. Aber ohne Endbuchstaben ist die Sprache ohne Saf und Kraf, ohne Sal und Schmal.

Was werden wir tun, wenn wir in Wal und Fel, in Hau und Ho, bei Ta und Nach lauter Wörtern ohne Endbuchstaben begegnen?

Nein, das halte ich nicht au! usw.

Hans Manz 1996, S. 116:

Mach es selbst fertig! Ost – Ast / Nocken – Nacken / zogen – zagen / Wogen – Wagen / Roben – Raben / Föhnchen – Fähnchen / Bürgerwohlkosten – Bürgerwahlkasten / Horte Locher – Harte Lacher / knollige Motten – ... / schnorrender Boß – ... / Rosthäuser ... / Krönchen – ... (es folgen: loben, Sohne, bocken, hocken, Wonne, Omen)

Ernst Jandl 1983, S. 38:

die tassen

bette stellen sie die tassen auf den tesch / perdon / stellen sie die tassen auf den tesch / perdon / die tassen auf den tesch / perdon / auf den tesch / perdon

nöhmen / nöhmen / nöhmen sö söch / nömen sö söch eune / nöhmen sö söch eune tass / eune tass / donke / donke

5.1.4 ABC-Spiele

Kennzeichen: Die im letzten sachfremde und mechanische Anordnung von Wortreihen, Versen, Texten erfolgt in der Reihenfolge des Abc. Die dadurch bedingte heterogene semantische Struktur erregt Aufmerksamkeit, erzeugt komische Wirkung und stellt eine (gemäßigte) Unsinnsform dar. – Abc-Spiele, seit der Erfindung des Letterndrucks eine beliebte Spielform, haben in jüngerer Zeit, auch mit kritischen Tendenzen, neuen Zuspruch gefunden, was die immer wieder überraschenden Einfälle belegen. – Wegen des festgelegten formalen Organisationsprinzips sind Abc-Spiele auch beliebte Produktionsmuster von Kindern, wobei mit aufsteigendem Alter die Aufladung mit semantischen (kritischen) Bezügen immer wieder neu motiviert.

Beispielbelege sind oben nicht aufgeführt.

Das Sprachbastelbuch (Domenego 1996, S. 25–29) präsentiert mehrere Gruppen: das neue Schimpfwörter-ABC, das Was-ich-mag –, Was-ich-nicht-mag-Alphabet, Vor- und rückläufige ABC-Geschichten usw. Für jüngere Kinder lassen sich daraus ableiten: Das Was-ich-gern-esse / trinke-Abc, Was-manche-Kinder-tun-ABC, ein Vor- oder Nachnamen-ABC; für ältere ein Städte-, Fluß-, Länder-ABC.

In den Phantasiebereich führt das *D*rachenabeceh von Dieter Bremsch (in: Gelberg 1986, S. 96): *A*kumander, *B*lomotram, *C*laculac und *D*aschitil ... *Y*sopryl und *Z*ammelzot ...

Jatzek / Röckener warten mit einer neuen, für das 6. Schj. zweifelsohne attraktiven Form zum Weiterspielen auf, nämlich mit einer Art komischem Lexikon, „Professor Tüftels Wörterbuch" (in: Gelberg 1997, S. 127–135). Daraus zwei Texte:

Ausschlag: Die Reaktionen eines Pferdes, wenn es am Schwanz gezogen wird. Trittfreudige Pferde werden auch als ausschlaggebend bezeichnet.

Landstreicher: Begabter Maler, der sich darum kümmert, daß die Natur schön bunt bleibt. Am eifrigsten arbeitet er im Frühling und im Herbst. Im Winter geht er auf Urlaub.

Anm: Zu jedem Buchstaben ist weiterhin ein Bild gemalt, das zu entsprechenden Lexikoneinträgen ermuntert, etwa zum Bild: Zwillings Zahnbürste.

5.1.5 Lautspiele: Zungenbrecher und Fremde Sprachen

Kennzeichen: „Lautspiele nennen wir jene Texte des lyrischen Humors, bei denen eine Abweichung im phonematischen Bereich in Richtung auf einen bestimmten Laut (oder wenige bestimmte Laute) durchgehend die Struktur bildet." (Helmers 1971, S. 60). Lautspiele umfassen zwei Formen. Zungenbrecher sind durch Häufung von variierten Konsonantenfolgen charakterisiert, die dadurch artikulatorische Barrieren bilden. Sie können am Wortanfang oder im Wortinnern stehen. Die stärkste Wirkung wird mit Konsonantenfolgen erzielt, die im Deutschen selten sind, zumindest in der Häufung. – „Fremde Sprachen" ist die zweite Untergruppe. Durch Substitution von Lauten (meist Vokalen) oder charakteristische Häufung ungewohnter Lautfolgen werden Klangmuster erzielt, die fremde Sprachen, Dialekte oder Soziolekte abbilden (nachahmen). – Parallelen bestehen zu einigen Buchstabenspielen und konkreten Lautgedichten.

Beispielverweise zu Zungenbrecher: Erfundene Zungenbrecher eines 4. Sch.s, S. 4. – Geschichten von Herrn Zünglibrech, S. 115. – Sammlungen im Sprachbastelbuch (Domenego 1996, S. 70–77), Marlene Reidel 1983, im Kunterbunten Sprachspielbuch (Barry 1979, S. 85–93).

Beispielverweise zu Fremde Sprachen: Die Frau Vörnömsprech, S. 116, Jandl „die Tassen",
S. 127. –

Spatzensalat Auf dem Kirschbaum Schmiroschmatzki / saß ein Spatz mit seinem
Schatzki, / spuckt die Kerne klipokleini / auf die Wäsche an der Leini. / Schrie die Bäurin Bulowatzki: / „Fort, ihr Tiroteufelsbratzki!" / Schrie der Bauer Wirowenski: / „Wo
sind meine Kirschokenski? / Fladarupfki! Halsumdratzki! / Hol der Henker alle Spatzki." (Friedrich Hoffmann, in: Gelberg 1971, S. 164). – Vergleichbar ist die **Kleine Banditen-Ballade** von Fritz Graßhoff (1968, S. 62 f.), die sich mit ihrem Moritatencharakter in dramatisierter Form mit Musik für bunte Abende von Sechstkläßlern anbietet:

Tief in Urwald Brasiliano / auf Plantage von Banano / wohnen Signor Don Juano / mit
sein Schatz. / Signor spielen Pianino, / Donna liegen, trinken Vino / auf Matratz. / O,
prosito, sito, sito, / il finito, nito nito / erster Satz.

Es folgen weitere fünf Strophen mit dem Refrain. Der Überfall des Räubers Petrolino
wird spaßhaft abgewehrt. Die fünfte Strophe lautet:

Tief in Urwald Brasiliano / spielen Signor Don Juano, / Donna singen zu Piano / schön
wie Katz. / Alten bösen Baditillio / Längst gefressen Krokodillio / mit sein Schatz. / O,
prosito ...

5.2 Spielen mit Klang, Reim und Rhythmus

Kinder spielen bereits im vorschulischen Alter mit den Klang–, Rhythmus- und
Reimbezügen von Sprache, wie die sprachentwicklungspsychologischen Untersuchungen sowie Kinderreime und Kinderverse belegen, wobei zunächst keinerlei
Isolierung der Elemente auftritt. Das Unterrichtsbeispiel „Bumdidi" (4.2) ist ein
Beleg dafür, daß Klang–, Reim- und Rhythmusfiguren in der Regel eng verwoben
sind. Sofern sie isoliert auftreten, sind entsprechende Texte dem Spiel mit Lauten
zuzuordnen (5.1.1, 5.1.2).

Klang, Reim und Rhythmus galten der älteren Poetologie als die zentralen Merkmale des poetisch-lyrischen Textes. Unter dem Aspekt eines erweiterten Lyrikbegriffs, vor allem angesichts moderner Lyrik, ist deren Dominanz relativiert worden. Dennoch haben die drei sprachlichen Phänomene sowohl unter der Perspektive ästhetischer Wirkung als auch spielerischen Umgangs mit dem Material „Sprache" einen wichtigen Stellenwert. Im übrigen verdeutlicht auch der spielerische
Umgang mit ihnen den angesprochenen umstrukturierten und erweiterten Lyrikbegriff.

Die wenigen Hinweise belegen, daß Umgang mit Kinderlyrik als Teilbereich des
Deutschunterrichts das Spielfeld dieses Abschnitts nahezu abdeckt. Auf das Standarwerk von M. Motté wurde oben verwiesen (S. 13). Für sie ist Spielen mit Sprache ein gewichtiges Kernstück moderner Kinderlyrik. Die ebenfalls bereits erwähnte Gedichtdidaktik von G. Schulz (1997) schließt Sprachspiele i.e. Sinne,
Konkrete Poesie und Ideogramme selbstverständlich ein. Nimmt man Helmers'
Untersuchung zur komischen Versliteratur hinzu (1971), sind die auf Klang-, Reim-
und Rhythmus bezogenen Sprachspiele in ihren theoretischen und unterrichtspraktischen Bezügen umfassend dokumentiert. Aus diesem Grunde begnügen wir uns
hier mit der folgenden Auflistung und einer kurzen Anmerkung zur jüngsten Entwicklung. – Nach dominanten Akzenten der Texte lassen sich unterscheiden:

Klangspiele (Klanggedichte)

Kennzeichen: Gefügte Formen mit dominanten Klangwirkungen (nicht auf Reime bezogen), lautliche Abweichungen als sekundäres, lautliche Äquivalenzen als primäres Merkmal (Häufigkeit, Verteilung), meist mit realen oder phantastischen Inhalten verbunden (z. B. Lautmalerei).

Beispielverweis: Bumdidi (Abschnitt 4.2)

Rhythmusspiele

Kennzeichen: Neben lautlich-klanglichen Elementen tritt der Rhythmus als ein dominantes oder gleichrangiges Merkmal hervor, meist mit inhaltlichen Bezügen (z. B. Bewegungsformen) gekoppelt.

Beispielverweise: Bumdidi in indirekter Weise (Abschnitt 4.2) – Der Kater und die Kuckucksuhr (S. 110) – Sekundenzeiger (S. 101)

Reimspiele

Kennzeichen: Lautliche / phonologische Äquivalenz, vorrangig im Verszeilenausgang, selektiert im Blick auf Spiel- und Rätselformen, die Kindern im Sinne von Textproduktion zugänglich sind, eingeschlossen Spielformen des Strophenbaus und textlinguistische Verkettungen.

Beispielverweise: Das große, kecke Zeitungsblatt (Abschnitt 4.3) – zwicke zwein (Abschnitt 4.1) – Scherze und Tricks mit Reimen (s. Barry 1979)

Anm.: Über die genannten Spielbelege hinaus, insbesondere im Bereich kreativen Schreibens, ist auf das Verfassen von Heikus und Elfchen zu verweisen (Schulz 1997, Kohl 1998 a; Wildemann 1998).

Heiku ist eine in Japan verbreitete Gedichtform. Sie unterliegt folgenden Regeln: 3 Zeilen, 17 Silben mit der Verszeilenverteilung 5-7-5.

> Der Kirschbaum blühte
> in meinem stillen Garten
> mit Amselgesang

Eignes Empfinden, Naturstimmung und in Reflexion gehobene Alltagsbeobachtungen lassen sich damit ausdrücken. Gute Anstöße für Kinder bilden die Vorgabe der Anfangszeile.

Eine vergleichbare Form, Kindern nicht nur zugänglich, sondern bei ihnen als Kompositionsform beliebt, sind die sog. Elfchen: geformte Texte aus 5 Zeilen mit der Wortverteilung 1-2-3-4-1 (elf Wörter). Das Anfangswort kann leitmotivische Funktion gewinnen. E. M. Kohl druckt folgenden Text einer 10jährigen Schülerin ab (1998a, S. 19):

> Mond
> Helle Scheibe
> Siehst du mich
> Schläfst noch am Tag
> Mondgesicht

5.3 Spielen mit Wörtern, Sätzen und Texten

Die Gliederung dieser umfassenden Gruppe von Sprachspielen als Anstoß des Spielens mit Sprache stößt auf große Schwierigkeiten. Zahlreiche Texte bilden komplexe Spielformen, die in mehrere linguistische und literarische Ebenen hineinreichen. Im Textrahmen kann z. B. zugleich mit Wörtern graphisch und akustisch, mit Buchstaben und Lauten, mit syntaktischen und semantischen Figuren gespielt werden. Eine didaktisch-methodische Positionsbestimmung, die für Unterrichtsvorbereitung und Unterrichtsverlauf hinreichend ist, kann im letzten nur die Einordnung in ein komplexes Bezugssystem leisten. Das wurde oben mit Hilfe des didaktischen Strukturgitters in Form der Matrix vielfach belegt. Dennoch kommen wir auf Lehrplanebene und für die Bereitstellung schulbezogener Textsammlungen nicht umhin, eine transparente Gliederung aufzuzeigen. Dabei gehen wir von dominanten Textmerkmalen aus und glätten Unstimmigkeiten in Grenzbereichen durch entsprechende Querverweise. Zunächst ist zu unterscheiden, ob ein Text mehr bedeutungsunabhängig oder mehr bedeutungsaktiv ist und ob er akustisch oder optisch dominant ist. Bei den Spielen im Wortbereich kann der Akzent auf der Wortgestalt und optischen Strukturierung liegen, auf grammatischer Strukturierung (Deklination, Konjugation, Pluralbildung) oder auf semantischer Strukturierung (Homonyme, Metapher / Vergleich, Komposita). Diese Spielformen können in Sprichwörter oder Redensarten, Witz oder Rätsel, Kindervers oder Erwachsenenlyrik eingebettet sein. Eine eindimensionale linguistische oder literarische Gliederung erreicht dabei eine hinreichende Konsistenz, verliert aber auch leicht die jeweils andere Perspektive aus dem Auge. Wir werden deshalb wieder eine Mischform wählen. Die rein wortbezogenen Spiele bilden eine Gruppe, die syntaktischen Formen eine zweite und die textbezogenen eine dritte. Die literarischen Formen Witz und Rätsel werden ausgeklammert, ebenso Verkehrte-Welt-Texte (z. B. Niemand-Motiv). Redensarten und Sprichwörter sowie Metaphern werden der syntaktischen Komponente zugeordnet. Grammatische Spiele im engeren Sinne verteilen sich auf die Gruppen Wörter und Sätze.

5.3.1 Spielen mit Wörtern / Morphemen

Wörter sind lexikalische Einheiten. Morpheme sind die kleinsten bedeutungstragenden Elemente. Zu unterscheiden sind freie Morpheme (Moneme) und gebundene Morpheme (Flexions- und Wortbildungsmorpheme). Wörter können somit aus einem (Haus) oder mehreren freien Morphemen (Haustürschloß) oder aus einer Verbindung von freien und gebundenen bestehen (Auto/s = freies + Flexionsmorphem; Reit/er = freies + Wortbildungsmorphem). Bei der Binnenstrukturierung von Wörtern stößt man auf Teilkomplexe mit semantisch / grammatischen Funktionen, aber auch auf solche außerhalb dieses Bezugs (H/aus). Bereits hier öffnen sich unzählige Spielmöglichkeiten. Noch größer sind sie im Bereich der Wortbildung, die immer wieder neue Kombinationen, unerwartete Prägungen, Ausfüllen von Baulücken im System des Deutschen ermöglicht, wobei die Wortneuschöpfung einen Grenzbereich bildet. Das Wort als Träger von Grund- (Denotation) und übertragenen Bedeutungen, von mehreren verwandten oder fremden zugleich, aber auch von regional-dialektalen, individuell-ideolektalen und schichtgebundenen-soziolektalen Bedeutungen und Bedeutungsnuancen, also Konnotationen, eröffnet ein nicht auszuschöpfendes Spielarsenal. Die Klassifizierung nach Wortarten und deren syntaktische Funktionen weiten das Spielfeld in Richtung Syntax ebenfalls aus. Wir wiederholen deshalb an dieser Stelle unsere oben vertretene Auffassung, daß den Kindern des 1. bis 6. Schuljahrs weite Bereiche der Grammatik über Spielen mit Sprache in motivierender Weise transparent gemacht werden können.

Palindrome:

Kennzeichen: Rückwärts gelesene Wörter, Syntagmen, Sätze; Ergebnisse: das gleiche Wort (Syntagma usw.), ein anderes Wort, ein wortähnliches Gebilde, Wortverfremdung.

Beispielverweis: „stets", s. S. 103

Max Kruse offeriert folgendes Lese-, Sprech- und Ratespiel (in Gelberg 1973, S. 161):

Verquatschter Morgen

Am Morgen trinke ich Oakak, ich esse dazu eine Scheibe Torb, beschmiere sie mit Rettub und Ginoh, kaue mit den Nenhäz, ergreife meine Eppam mit den Nrechüb, sause in die Eluhcs, setze mich in die Knab, tobe mit meinem Dnuerf herum, sage später:

„Netug Negrom, Rreh Rerhel!" Und wenn er mich fragt: „Was soll der Unsinn?" antworte ich aus Versehen: „Oh, Verzeihung, es ist mir nur so thcsturegsuareh!"

Ilona Bodden erzählt die lustige Geschichte vom „Lidokork" (1977, S. 41). Weitere Anregungen finden sich im Sprachbastelbuch (Domenego 1975, S. 68). Die Kinder warten selbst mit zahlreichen Beispielen auf. Beliebt sind z. B. Dialogspiele folgender Art:

Das versteh' ich nicht!

Annette:	Heut' nachmittag spiel ich mit meinem REDURB.
Thomas:	Was? – Ach so! – Und ich spiele mit meiner NHABNESIE.
Manuela:	Ihr seid ja blöde, das versteh' ich nicht!
Thomas:	Paß mal auf: Ich spiel' mit der EPPUP meiner Schwester.
Manuela:	Ja, jetzt habe ich's! – Ich mag ESEL gern.
Annette:	Quatsch! Wir drehen doch die Wörter herum!
Manuela:	Na, und? – Das habe ich doch getan: ESEL-LESE, ich lese halt gern!
Annette:	Toll, das kann man ja vorwärts und rückwärts verstehen!

Homonyme

Kennzeichen: Ein Wortkörper ist Träger mehrerer Bedeutungen. Varianten sind Homographe (gleiches Schriftbild, ungleiche Aussprache) und Homophone (gleiche Aussprache, ungleiches Schriftbild).

Beispielverweise: Rede und Gegenrede (Hans Manz, s. S. 3 f.) – Bumfidel hatte Fieber (Bernhard-von Luttitz, s. S. 39 f.) – Die Geschichte vom Prantocox (Ursula Wölfel,

s. S. 43) – s. auch die Hinweise unter Wortkomposita, S. 133 unten, und Redensarten, S. 135

Binnenstruktur, Segmentierung

Kennzeichen: Das Buchstaben- und Lautgefüge von Wörtern dient in vielfältiger Weise als Spielmaterial, gebunden an die grundständigen linguistischen Operationen. Grundmodelle sind Anagramme und „hnliche Formen, das Schütteln von Buchstaben der Silben- oder Teilwortanlaute, Wörter im Wort und „Geheimsprachen". Die Abgrenzung gegenüber Buchstabenspielen ist fließend. Als Kriterium kann der Bezug auf die morphologische und semantische Struktur des Spielwortes gelten (beim Anagramm z. B. die Lösung).

Beispielverweise: Wörter, die in anderen Wörtern stecken (s. 4.4 mit einer größeren Zahl von Spielgruppen) – Un/Sinn, s. S. 42 – lichtung, s. S. 44

Helga Gebert öffnet mit dem folgenden Rätseltext (1986) ein Spielfeld, das zu unterschiedlichen Aktivitäten führt: Partnerspiele, Erstellen entsprechender Rätseltexte mit der wortübergreifenden Segmentierung und das zugleich eine Brücke zu einer Zahl von Konstellationen, z. B. den Oden von Gomringer, schlägt:

Kau der welsch

Hier sind wohl die Wörter verrutscht ...
A ufe inerwi esesch läf te inri ese,
ersch läftsch onse itsi eben undsi eb zigjah ren,
e inra beni stet inse in enha aren,
inse in erna sewohn te insch af.
Weck tihnnich taufa usse inemsch laf!

Wortkomposita

Kennzeichen: Die Koppelung einer oder mehrerer freier Morpheme, auch unterschiedlicher Wortklassen, ist zentrales Wortbildungsprinzip im Deutschen. Wegen der freien Verfügbarkeit der Teilwörter ergeben sich durch Permutation Neuwörter mit oft überraschenden semantischen Wirkungen. Die subsemantischen Bezüge, die Grund- und Bestimmungswort einbringen, lassen semantische Sprünge und Umdeutungen zu (Homonyme, Metaphern bzw. Vergleiche).

Anm.: Entsprechende Spiele mit der Morphemstruktur von zusammengesetzten Wörtern, bei denen gebundene mit freien gekoppelt werden, ordnen wir dem Komplex „Grammatische Spiele" zu.

Beispielverweise: Seltsame Turnstunde, Abschnitt 4.5, einschließlich einiger Verzweigungen – Bumfidel hat Fieber, s. S. 39 – Stellt euch vor, wir hätten, Abschnitt 4.6.1 – So viele Steine und Uhren, Abschnitt 4.6.2 – Gespräch mit einem Wassermann, Abschnitt 4.6.3 – Was Erfinder alles erfinden, s. S. 116ff. – Die Pille Dauerputzig, s. S. 118

Eine weitere Spielrichtung mit Komposita, die bereits auf den Umgang mit grammatischen Komponenten i.e. Sinne verweist, erschließt folgender Text mit der Überschrift „Langeweile? Tu was!" (Nora Clormann-Lietz in: Gelberg 1993, S. 109). Sie werden getrennt, damit stellt sich eine Konjugationsform ein, die auf semantischer Ebene überrascht:

Roll möpse	Fang körbe
Speise eis	Schüttel reime
Mal stifte	Lösch blätter
Rate spiele	Schnür senkel
Bau klötze	Weck gläser

Die weiteren Spielwörter sind: Angelruten, Backerbsen, Füllhörner, Wählscheiben, Ziehfedern, Zerrspiegel, Drehtüren, Trittbretter, Kippschalter, Tippfehler, Gießkannen, Lesezeichen, Fahrspuren, Stoßstangen, Klammerbeutel, Lenkstangen, Schaukelpferde, Pusteblumen, Kneifzangen

Die breite Streuung der Spielmöglichkeiten sei abschließend mit einem Beispiel von Hans Manz belegt (1996, S. 214). Sie läßt sich auf eine Vielzahl von Sachfeldern projizieren (Spielsachen, Möbel, Kleidungsstücke usw.)

Das Kosespiel

(Ihr braucht einen roten und einen schwarzen Würfel. Der rote Würfel ist für die vorderen Wörter, der schwarze für die hinteren. Sie werden einfach zusammengesetzt. Beispiel: Du würfelst mit dem roten Würfel eine 3 und mit dem schwarzen eine 5: Folglich bist du ein Seelenengel.)

rot	*schwarz*
1 ZUCKER	PUPPE
2 HERZ	KÄFER
3 SEELEN	WÄRMER
4 AUGEN	TROST
5 HONIG	ENGEL
6 SCNUCKI	PUTZI

Graphische Formen: Ideogramme, Piktogramme – Druck- und Schreibmaschinenspiele,

Kennzeichen: Die morphologische Struktur und/oder die semantischen Bezüge von Wörtern werden durch graphische und ikonische Elemente, auch durch Zeichen anderer Kategorien (z.B. Ziffern, Buchstabennamen), dargestellt.

Beispielverweise: Alles umsonst und alles im Eimer, didaktisch-methodische Skizze, Abschnitt 4.9 – Achterbahnträume, didaktisch-methodische Skizze Abschnitt 4.8

Anm.: Dieser Komplex ist durch zwei didaktisch-methodische Skizzen mit zahlreichen Texten der Spielgruppe so umfassend erschlossen, daß hier auf weitere Darstellungen verzichtet wird. Lediglich auf die Beispielreihe des Sprachbastelbuchs (Domenego 1996, S. 34–41) und zwei Sammlungen von Konstellationen sei verwiesen (Gomringer 1983, Jandl / Spohn 1983).

5.3.2 Spielen mit Sätzen und Syntagmen

Bei dieser Gruppierung überwiegen didaktische und methodische Gründe. Das Spiel mit syntaktischen Figuren, wie sie die Sprach- und Literaturwissenschaft auflistet (Ellipse, Parenthese, Parallelismus, s. Plett 1975, S. 225ff.), ist der hier angesprochenen Altersstufe nur in Grenzbereichen und unter pragmatischen Aspekten möglich. Deshalb sind wesentliche Spiele des syntaktischen Felds dem Bereich „Verkehrte Welt", s. unten, Abschnitt 5.4, zugeordnet. Einige der Konstellationen umschließen ebenfalls syntaktische Spielformen, vor allem der Permutation und der Tilgung (reduzierte Syntax). Die syntaktische Substitution jedoch (Ersetzung der Wortklasse, sofern nicht auf Komposita bezogen) spielt in diesem Abschnitt eine Rolle. Wegen der genannten Einschränkungen bietet sich eine Gliederung nach zwei Untergruppen an: Sprichwörter / Redensarten und Grammatische Spiele: Konjugation, Deklination. Die Verschränkung von syntaktischen, morphologischen und semantischen Bezügen muß dabei jeweils beachtet werden.

Sprichwörter und Redensarten

Kennzeichen: Redensarten und Sprichwörter sind kurze, syntaktisch und semantisch überschaubare, formelhaft geprägte Bausteine unseres alltäglichen kommunikativen Sprachhandelns. Sprichwörter basieren auf volkstümlich überlieferten Lebensregeln und haben zumeist behauptenden Charakter. Sie beziehen sich auf allgemeine Lebenssituationen und zumeist den Erfahrungskreis bäuerlich-handwerklicher und bürgerlicher Prägung. Sie haben eine Erweiterung, Verdichtung und Präzisierung im Blick auf ihren appellativen Charakter in der Werbung erfahren (Bausinger 1968, S. 66). Mit der Appellstruktur und der vordergründigen Vermarktung wird allerdings eine semantische und pragmatische Abwertung oder Verfälschung bewirkt. Sprichwörter haben einen hohen Allgemeinheitsgrad und bestehen aus einem geschlossenen Satz (Morgenstund hat Gold im Mund). Redensarten haben syntagmatischen Charakter, bestehen also in der Regel aus einem Satzteil (alle Hände voll zu tun haben). Redensarten sind formelhafte Wendungen, die in den Satz oder in die Rede eingebaut werden. Oft handelt es sich dabei um uneigentliches, metaphorisches Sprechen (ebd., S. 93 – zu weiteren Strukturmerkmalen s. Koller 1985). Dessen Zurückführung auf den „eigentlichen" Sprachgebrauch, das Wörtlichnehmen also, ist ein wichtiges Spielmotiv der Volksliteratur, wie die meisten Eulenspiegel-Geschichten belegen (zur historischen Dimension vgl. Pape 1985). Ein weiterer Spielansatz liegt in der Formelhaftigkeit und der damit verbundenen Gedankenlosigkeit des kommunikativen Gebrauchs, die in persiflierender Gegenrede oder anderen Umstrukturierungen schlagartig transparent werden kann. Schließlich reizt überholtes Erfahrungspotential, wie es im Sprichwort zum Teil vorliegt, zu kritischem Umgang. Bausinger weist auch auf den Verlust sprichwörtlicher Redeprägung und die damit gegebene Distanzierung als Motiv des Parodierens hin. (Bausinger 1968, S. 91.)

Beispielverweise: Zuhause von Peter Fringeli, s. oben S. 5f., Redensarten wie „Stroh im Kopf haben" als Vorlage für Konstellationen und Piktogramme, s. S. 103ff. – Redensarten und Sprichwörter im Rahmen kreativen Schreibens, s. S. 116.

Die Spielgruppe ist in nahezu allen Sprachspielkompendien breit belegt. Besonders der Altersbereich 4.–6. Schj. zeigt sich von diesen Spielangeboten immer wieder motiviert und fasziniert. Eine Fundgrube an Spielanregungen sind das vierbändige „Lexikon der sprichwörtlichen Redensarten" von Lutz Röhrich (1973) sowie „Deutsche Sprichwörter und Redensarten. Arbeitstexte für den Unterricht" (Hrsg. W. Mieder 1998). – Da der Praxisteil nur sporadische Verweise enthält, sollen im folgenden einige Spieltexte abgedruckt werden.

B. H. Bull wählt die Einbettung in eine Geschichte (1976, S. 53):

Verhexte Sprichwörter

In der Schule sprach der Lehrer von Sprichwörtern. Alle hörten ihm zu, nur Peter nicht. Der war mit seinen Gedanken woanders. Der Lehrer diktierte den Schülern die Sprichwörter. Alle schrieben auf, was der Lehrer sagte. Nur Peter war unaufmerksam. Er dachte an Fußballspielen, Schwimmengehen und an sonst noch was. Als er am Nachmittag seine Hausaufgaben machen wollte und sein Heft aufschlug, stand da zu lesen:

Morgenstund ist aller Laster Anfang.
Dummheit und Stolz haben kurze Beine.
Müßiggang hat Gold im Mund.
Übermut muß fröhlich sein.
Wer schaffen will, tut selten gut.
Sich regen macht noch keinen Sommer.
Lügen wachsen auf einem Holz.
Eine Schwalbe bringt Segen.
Was hat Peter falsch gemacht? Wie müssen die Sprichwörter richtig heißen?

Einen nicht eingekleideten Spieltext vergleichbarer Form bietet R. Barry mit „Verdrehte Sprichwörter": Steter Tropfen – kommt von oben usw. (1979, S. 75).

Kirsch & Korn (1976, S. 74) wählen ebenfalls die Einbettung. In der Geschichte „Die schreckliche Krankheit des Herrn Hahn" summieren sich Redensarten aus dem Tierbereich: Herr Hahn heult wie ein Wolf, er hat einen Bärenhunger, er springt wie von der Tarantel gestochen aus dem Bett, er sitzt wie ein begossener Pudel im Sessel usw.

Roland Barry situiert Redensarten in dem Text „Beim Wort genommen – na und?" in den (möglichen) Herkunftsfeldern (1979, S. 14): Als Boxer eins auf die Nase bekommen – Als Fischer im trüben fischen – Als Schauspieler aus der Rolle fallen – Als Schwimmlehrer sich nicht über Wasser halten können usw.

Grammatische Spiele mit syntaktischer Einbettung

*Kennzeichen:*An Flexionsmorpheme gebundene Spielformen mit syntaktischer Einbettung: Konjugation, Deklination, Pluralbildung, Steigerung, Wortklassentausch, Wortbildung. Syntaktisch-semantische Permutation, Substitution, Addition (sofern nicht dem Modell Verkehrte Welt zugehörig, s. auch dort, S. 141 f.).
Beispielverweise: Beugung, oben S. 22 f. – Egosie, oben S. 24 – Land auf dem Sonntag, oben S. 77 f. – Zeit-Wort, oben S. 24.

Franz Mon spielt mit den Präfixen „auf" und „zu" in einer Konstellation (in: Wolf 1997, S. 92): hören ohne aufzuhören / sehen ohne aufzusehen / atmen ohne aufzuatmen / geben ohne aufzugeben ... rufen ohne aufzurufen / schreien ohne aufzuschreien usw. – Hans Manz operiert ebenfalls mit Präfixen in der Konstellation „Kleine Veränderungen, große Wirkung" (1995, S. 30): erraten, verraten – erziehen, verziehen ... verklingen, erklingen – verhören, erhören usw. – Das Präfix „un", das zu Wortspielen anregen kann, wird von Hans Manz „aktiviert" in dem Text „Umgang mit einer Vorsilbe" (1996, S. 318): Was soll man mit dem verflixten

UN- / am besten tun? / Nun: / Vom Glück / vom Fall / vom Wetter / vom Rat / soll man's verjagen. / Für den GEHORSAM jedoch / sollte man's immer / bei sich tragen. / Wer weiß, wann man's braucht! – Entsprechend rückt Nora Clormann-Lietz das Wortbildungsmorphem „ling" in den Spiel- und Reflexionshorizont von Schülern in folgendem Text (in: Gelberg 1993, S. 67):

> **Gelingelt**
> Ein Handschuh für die Faust ist ein Fäustling.
> Ein Hering, gebraten, ist ein Brätling.
> Ein Stein, riesengroß gefunden, ist ein Findling.
> Eine Märchenfigur, daumengroß, ist ein Däumling.
> Ein Mensch, beschützt, ist ein Schützling.
> Ein Mensch, neu in irgend etwas, ist ein Neuling.
> Ein kleines Kind, das noch saugt, ist ein Säugling.
> Ein Schüler, im Internat erzogen, ist ein Zögling.
> Ein Geschwisterkind, spät nachgekommen, ist ein Nachkömmling.
> Ein Mensch, in der Lehre lernend, ist ein Lehrling.
> Ein Mensch, sonderlich, ist ein Sonderling.
> Ein Mensch, geliebt, ist ein Liebling.
> Eine Raupe oder Larve, beengt in der Erde lebend, ist nicht in jedem Fall ein Engerling.
> Ein Mensch, Feigen liebend, ist noch lange kein Feigling.
> Ein schönes Insekt, zartflatternd und ganz und gar nicht schmetternd, heißt nur so zum Trotz: Schmetterling.

Eine scherzhafte Form der Transposition von Wortkomposita in Konjugationsreihen präsentiert Hilde Leiter (in: Domenego 1996, S. 116 f.). Neben dem Spielspaß eröffnet sie jedoch ebenfalls Einblick in die Baugesetze von Wortzusammensetzungen.

> Lesezeichen: ich lese Zeichen, du liest Zeichen . . . – Kochlöffel: ich koch Löffel, du kochst Löffel . . . – Magnet: ich mag net (nicht), du magst net . . . – Rollmöpse: ich roll Möpse, du rollst Möpse . . . – Satire: ich sah Tiere, du sahst Tiere . . . – Serum: ich seh Rum, du siehst rum usw.

Der folgende Spieltext von Hans Debray vermag in den engeren Bereich des übenden Spielens führen (in: Gelberg 1993, S. 53). Er kann zu Spielen mit anderen Formwörtern wie „weil", „oder", „als" usw. ausgeweitet werden.

> Wenn // Wenn du ein Wolf bist, / wirst du mich fressen? // Wenn du ein Pferd bist, / wirst du mich tragen? // Wenn du ein Wurm bist, / werd ich dich treten? // Wenn du ein Rätsel bist, / werd ich dich lösen?

Mit der logischen Fügung „nicht nur – auch" spielt Erwin Grosche (in Gelberg 1997, S. 306). Dabei entstehen (raffinierte) logisch-semantische Irrationen, die oft an der Grenze zwischen Sinn und Unsinn angesiedelt sind – ein spezieller Spielanreiz für Sechstkläßler.

> **Übermütige Sätze** // Die Tür war nicht nur geschlossen / sie ging auch nicht auf // Es war nicht nur am regnen / man wurde auch naß // Das Auto war nicht nur kaputt / es

sprang auch nicht an // Ich hatte nicht nur Hunger / ich bekam auch nichts zu essen //
Ich war nicht nur am Weinen / ich hatte auch Angst // Ich war nicht nur allein / es
sprach auch niemand mit mir // Die Geschichte war nicht nur zu Ende / sie hörte auch
auf

5.3.3 Spielen mit (Sprech-)Texten

Längere Texte, die Spielen mit Sprache dokumentieren, sind zumeist komplexe
Gefüge, die mehrere der vorgestellten Spielformen umschließen können. In diesem Sinne ist Spielen mit (längeren) Texten vorab eine didaktische Kategorie, die
im Grundstufenbereich vor allem lernpsychologisch begründet ist (Kinder registrieren z. B. immer sehr genau, ob sie mit Wörtern, mit Sätzen oder Gedichten
oder Prosatexten spielen). Dennoch berührt Spielen mit Texten unter zwei Aspekten auch die fachwissenschaftliche Ebene. Bei den Spielformen „Aufbau eines
Textgefüges nach vorgegebenen Textelementen" (Beispiele „Das große, kecke Zeitungsblatt", Abschnitt 4.3, und „Pille Dauerputzig", s. S. 118) tritt das Spielen mit
textlinguistischen Elementen deutlich hervor, daß zumindest die Frage aufgewor-
fen ist, ob es sich nicht doch um eine spezielle Gruppe handelt. Weiterhin gibt es eine Gruppe von lautspielartigen Texten, die neben den lautspielerischen Bezügen
übergeordnete kommunikative Aspekte enthalten. Sie sind zum Teil Dialoge, und
dem Dialog, also dem Text insgesamt, gilt die spielerische Zuwendung. Man kann
diesen Texten z. B. die pragmalinguistischen Systemelemente fast unmittelbar als
Analyseinstrumente zuordnen. Die auffällige pragmalinguistische Sensibilisierung, die die Kinderliteratur seit den 70er Jahren spiegelt, ermöglicht deshalb,
auch diese grammatischen Kategorien in spielerischer Form in den Beobachtungs-
und Fragehorizont von Schülern zu rücken.

Kennzeichen: Dialoghandlungen, regional und sozial gebundene Sprechweisen und andere Kommunikationsbezüge sind Spielmaterial, mit dessen Hilfe alltägliches Sprachhandeln spielerisch, aber auch kritisch aufgearbeitet werden kann.
Beispielverweis: Redehandlungen – Redefloskeln, Abschnitt 4.11, mit fünf Spieltexten
dieser Gruppe.

Zwei weitere Belege, die repräsentativ für zwei Untergruppen sind, sollen diesen
Spielkomplex abrunden.

Ganz und gar bejahender Text	Interpunktion
ja	was willst du mehr?
jaja	was willst du mehr?
o ja	was willst du mehr?
ach ja	was, willst du mehr?
aber ja	
na ja	
jawohl	
ja doch	
ja eben	
ja klar	
jaso ?	

Dem bejahenden Text von Hans Manz (1995, S. 52) können zeilenweise Situationen zugeordnet werden, z. B. kleine verschriftliche Redehandlungen, deren Zentrum eine entsprechende Redeeinheit darstellt. – Ebenso kann eine Konstellation „Ganz und gar verneinender Text" danebengestellt und wieder situiert werden. – „Interpunktion" von Manfred Bosch (in: Wiemer 1974, S. 155) führt zu den Interpunktionsspielen. Hans Weis bietet dafür in dem Kapitel „Verrückte Satzzeichen" zahlreiche Beispiele (1985, S. 40–44).

5.4 Spielen mit (Sprach-)Rätseln, (Sprach-)Witzen und Verkehrte-Welt-Texten

Diese letzte vorzustellende Spielgruppe gewinnt ihren Stellenwert unter literarischer Perspektive. Es handelt sich nämlich um Prototypen gefestigter und tradierter literarischer Formen, die Spielen mit Sprache implizieren können. Jeder dieser Texte ließe sich, unter linguistischer Betrachtungsweise, in eine der vorausgehenden Gruppen einordnen; denn in jedem Sprachrätsel, Sprachwitz oder Verkehrte-Welt-Text wird zumindest auf einer der Sprachebenen gespielt, sei es mit syntaktischer oder semantisch-logischer Verkehrung, mit dem Buchstabengefüge eines Wortes, der graphischen Form oder anderen linguistischen Elementen. Während die vorausgehenden Gruppen mit Hilfe der Spielbelege relativ umfassend abgedeckt sind, handelt es sich hier um exemplarische Verweise. Das liegt vor allem in den Formen Witz und Rätsel selbst begründet, die in einen offenen, zumeist mündlichen Kommunikationshorizont gestellt sind. Sie zielen auf einen lockeren, offenen Umgang und verweigern sich intensiverer Didaktisierung.

5.4.1 Rätsel

Kennzeichen: Der Witz oder die Pointe des Rätsels sind vorrangig sprachbezogen. „In allen diesen Fällen ist das Rätsel im Wort verankert; es handelt sich vielfach um Sprachspiele im engeren Sinn. Es ist einleuchtend, daß diese Gruppe für das Kunsträtsel eine besondere Bedeutung hat; von der Scharade, bei der die Teile eines Wortes getrennt verrätselt werden, über die Homonyme, die mit verschiedenen Bedeutungen gleichlautender Wörter spielen, bis zu den verschiedenen Buchstabenrätseln gibt es hier eine breite Skala von Rätselfragen ..." (Bausinger 1968, S. 123 f.). Es zeichnet zahlreiche Rätsel aus, daß von einer initiierten Aussagerichtung auf eine andere gesprungen werden muß, bei Sprachrätseln oft von der semantischen auf die Struktur der Laut- oder Buchstabenkette. Daneben gibt es jedoch auch einfache Vorformen, die sprachlich herausfordern, die aber Sachrätsel sind. In den unteren Schuljahren lassen sich die Formen nicht immer hinreichend klassifizieren, weil die didaktischen Bezüge überwiegen. Rätsel als Form des Spielens, insbesondere des Spielens mit Sprache, haben in der Kinder- und Jugendliteratur einen bedeutsamen Stellenwert. „Dem Rätsel werden seit langem vielfältige positive Wirkungen zugesprochen. Als eine der beliebtesten, reizvollsten und kurzweiligsten Unterhaltungen der Kinder diene es der Kommunikation und Geselligkeit, aber auch der Selbstbeschäftigung, rege zum Fragen und Nachdenken an, vermittle Wissen, schule das Gedächtnis und übe Scharfsinn wie Verstand, errege und erhalte das Interesse am Poetischen, erheitere, erziehe aber auch zugleich zur Ausdauer beim Lösen komplizierter Aufgaben wie auch zum kritischen Verhalten gegenüber der jeweils erzielten persönlichen Leistung. Vor allem werde durch die besonderen Techniken der Verrätselung wie z. B. Verwendung von Wörtern mit mehreren Bedeutungen, mit gleichem oder ähnlichem Klang (Homonym); Metaphern; Verlagerung der Satzbetonung oder Interpunktion; Bildung neuer Wörter und Sätze durch Umstellen der Buchstaben (Anagramm), Umkehrung der Silben oder Buchstabenfolge (Palindrom), Auslassung oder Hinzufügung einzelner Buchstaben (Logogriph); Ersetzung der Vokale durch andere Vokale und der Ziffern ('Geheimsprache') die Freude am Spiel mit der Sprache geweckt und damit die sprachliche Entwicklung gefördert." (Ch. Freitag, in Doderer 1979, S. 117.) Das Zitat verdeutlicht einen weitgefaßten Rätselbegriff. Es belegt zugleich, daß zahlreiche der oben aufgeführten Spiele als Sprachrätsel definiert werden können. Wir sprachen deshalb mehrfach von Rätselcharakter als einem Strukturmerkmal.

Folgende Sammlungen bieten eine Fülle von Belegen für Rätselspiele: Glonnegger 1965, Schlupp 1972, Gebert 1986, Gärtner 1993.

5.4.2 Witze

Kennzeichen: „Witz" wird hier im weiteren Sinne gefaßt und umschließt einige Scherzformen, die von Kindern aber als Witze erfahren werden. Während das Rätsel eine Frage stellt, die es über unterschiedliche Lösungsversuche, auch Irrwege, zu beantworten gilt, gibt der Witz die Antwort bzw. ist eine Antwort, deren Frageansatz bzw. Bezugspunkte rätselhaft sind. Diese Beziehungen müssen blitzschnell erraten werden. Der Witz im engeren Sinne ist durch vier Kriterien gekennzeichnet, die über seine Qualität entscheiden, „die Distanz der Normbereiche, die Verständlichkeit, das 'Gewicht' der Normbereiche und die Pointierung" (Bausinger 1968, S. 133). Wenn Heini (s. unten) einem alten Mann DM 0,50 geben will, die Mutter über diese Hilfsbereitschaft erfreut ist, Heini aber den Eisverkäufer meint, stoßen tatsächlich zwei Normbereiche aufeinander, die in deutlichem Gegensatz zueinander stehen (Distanz). Der Witz wirkt, wenn beide Bereiche vom Rezipienten „gewußt" werden, d. h. wenn er die sachlichen, sprachlichen und sozialen Implikationen durchschaut (Verständlichkeit). Beide Normbereiche haben im Lebenshorizont 8/9-jähriger Kinder ihr „Gewicht" (Kriterium 3). Die Pointe ist angemessen inszeniert, in direkter Zuspitzung, und sie ergibt sich vor allem wie nebenbei, fast wie in einem „unwesentlichen Nachsatz" (Kriterium 4). Die Geschichte selbst gibt „Antwort", während die verrätselten Beziehungspunkte (eben als sich widersprechende Normgefüge) blitzschnell zu erschließen sind. Darin liegt vor allem der Lustgewinn, auf den Sigmund Freud in seiner Witzanalyse abhob (1912). – Eine übersichtliche, hinreichend detaillierte Analyse der sprachspielerischen Komponenten im Witz findet sich bei W. Ulrich (1979). Die didaktische und methodische Dimension erschließt H. Weinrebe (1979) mit einer Zahl von Unterrichtsbeispielen, insbesondere zu Wortwitzen einschließlich der Übertreibungswitze, und zu Bildwitzen. Die Kapitel Konkrete Poesie, Klangkollagen und Sprachspiele, Kernstücke vorliegender Untersuchung, dehnen jedoch den Witz-Begriff über Gebühr aus. – Hier sei noch einmal auf die bereits erwähnte Darstellung jüngerer Untersuchungen zu Entwicklungsstufen, die Kinder im Umgang mit Witzen durchlaufen, verwiesen (Andresen / Januscheck 1995).

Der erste Beispielbeleg diente zuvor als Analysemodell (in: Pregel / Blumenthal 1972, S. 58):

Heini fragte seine Mutter: „Kannst du mir wohl fünfzig Pfennig geben? Ich brauche sie für einen alten Mann."

„Aber gern Heini. Es freut mich, daß du einem alten Mann helfen willst. Wo ist er denn?"

„Er steht nebenan vor dem Kaufhaus und verkauft Himbeereis."

Der folgende Beleg ist ein Sprachwitz i. e. Sinne (in: Krämer 1958, S. 7):

„Mutti, morgen haben wir keine Schule; der Lehrer hat zu uns gesagt: Morgen fahre ich fort." – „Warum fährt euer Lehrer fort?" wollte die Mutter wissen. – „Ich weiß es nicht, er sagte nur: Schluß für heute, morgen fahre ich fort."

Bei dem folgenden Text handelt es sich um einen der beliebten Übertreibungswitze (in: Krämer 1958, S. 33):

Ein Farmer brüstet sich im Gasthaus: „Stellt euch vor, meine Farm ist so groß, daß ich zehn Tage reiten muß, um an die Grenze der Farm zu kommen." Da sagt ein anderer Farmer: „Ja, so einen lahmen Gaul hatte ich auch mal."

5.4.3 Verkehrte-Welt-Texte

Kennzeichen: Im Mittelpunkt des Textes steht eine logische, semantische oder syntaktische Verkehrung. – Einige Texte des Abschnitts 5.3.2, Spielen mit Sätzen und Syntagmen, könnten auch hier eingeordnet werden.

Prototypisch für die unteren Schuljahre sind Vertauschungsgeschichten, die in zahlreichen Varianten vorliegen. Sie sind in der Regel in vertraute alltägliche Handlungsräume eingebettet, wie es bei folgendem Beleg von U. Wölfel der Fall ist (1969, S. 42):

**Die Geschichte von der Frau,
die immer an etwas anderes gedacht hat**

Einmal wollte eine Frau Wäsche waschen und Kartoffeln kochen und die Küche putzen. Sie hat aber an etwas anderes gedacht, und dabei hat sie den Eimer mit dem Putzwasser auf den Herd gestellt, und die Kartoffeln hat sie in die Waschmaschine geworfen, und das Waschpulver hat sie auf den Fußboden geschüttet. Dann hat sie gemerkt, daß alles falsch war. Sie hat schnell den Eimer vom Herd genommen und die Kartoffeln aus der Waschmaschine geholt und das Waschpulver aufgefegt. Jetzt wollte sie alles richtig machen. Aber sie hat wieder an etwas anderes gedacht! Sie hat das Putzwasser in die Waschmaschine geschüttet, und das Waschpulver hat sie in den Kochtopf getan, und die Kartoffeln hat sie in den Putzeimer geworfen. Als sie anfangen wollte zu putzen, sind überall die Kartoffeln umhergekollert, und als die Frau gerade die Kartoffeln wieder aufsammeln wollte, ist das Seifenwasser im Kochtopf übergekocht, und die ganze Küche war voll Waschbrühe. Die Frau hat gelacht und gerufen: „Jetzt ist die Küche wenigstens sauber!" Und dann hat sie wirklich alles richtig gemacht.

Stellvertretend für die breite Palette von Texten dieser Gruppe für die unteren Schuljahre – s. bes. James Krüss und Michael Ende – wird ein Beleg von R. Bletschacher abgedruckt (1973, S. 80):

Neuigkeiten / die Küken fahren aus der Haut / und tanzen um die Eier / die Goldfischkinder quietschen laut / das weiß ich von Frau Meier // die Hasen rudern übern See / auf Rollschuhn läuft der Geier / die Frösche baun ein Haus aus Schnee / das weiß ich von Frau Meier // ich hab's mit eignen Ohren nicht / gerochen und gesehen / doch wenn so die Frau Meier spricht / dann ist es auch geschehen

Einen anspruchsvollen Text dieser Gruppe präsentiert P. Hacks (1973, S. 99–102). Das Verkehrte-Welt-Gedicht operiert auf mehreren Ebenen: neben den sachlichlogischen Verkehrungen treten Spiel mit Wortkomposita, Vokalvariation, redundante Erzählfloskeln und partiell Enjambement mit komischen Effekten auf. Alle diese Faktoren verdichten sich in der Tiefenstruktur zu subtiler Kritik gegen Anpassungsdruck politischer und gesellschaftlicher Systeme.

Das Pflaumenhuhn

In Pleischte lebte einst ein Huhn
Das Ärgernis erregte,
Weil es (was Hühner sonst nicht tun)
Statt Eier Pflaumen legte.

Es gackerte und legte froh
Die Pflaumen rot und dicklich.
Doch schien den Dorfbewohnern so
Ein Pflaumenhuhn nicht schicklich.

Sogar die Bäurin fand es dumm
Und briet bei großen Feiern
Verdrießlich und mit viel Gebrumm
Rührpflaumen statt Rühreiern.

Der Bauer sagte rundheraus,
Sehr unbekömmlich schmeckten
Gekochte Pflaumen, die, o Graus,
Im Eierbecher schmeckten.

Und kurz und gut und jedenfalls
Und ganz im allgemeinen:
Das arme Pflaumenhuhn fand, als
Es Freunde brauchte, keinen.

Die Köchin, die in ihrem Sinn,
Was sie nicht kennt, verachtet,
Die hat mit einem Dolch aus Zinn
Das Pflaumenhuhn geschlachtet.

Die Eier waren zweifellos
Im Plauschter Land die besten.
Sie waren frisch und weiß und groß
Und hingen an den Ästen.

Doch reiften herbstlich ringsherum
Die Äpfel, Birnen, Feigen,
Dann fielen, plim, dann fielen, plum,
Die Eier von den Zweigen.

Sie fielen Mädchen auf den Kopf
Und Buben auf die Mützen.
Und oftmals trat ein dummer Tropf
In tiefe Gelbeipfützen.

Und kurz und gut und jedenfalls
Und ganz im allgemeinen:
Der arme Eierbaum fand, als
Er Freunde brauchte, keinen.

Der Tischler meint, ein Eierbaum
Verderbe gute Sitten.
Er hat ihn für den Frühstücksraum
Zu Möbelholz zerschnitten.

So büßten sie und litten sie,
Weil es die Ordnung heischte:
Der Eierbaum aus Plauschte, wie
Das Pflaumenhuhn aus Pleischte.

In Plauschte stand ein Pflaumenbaum
An einem alten Weiher,
Der trug (ich wag's zu sagen kaum),
Der trug statt Pflaumen Eier.

Und nie ward jemals einem kund,
Wer diese zwei vertauschte:
Das Pflaumenhuhn aus Pleischte und
Den Eierbaum aus Plauschte.

Literaturverzeichnis

Primärliteratur

(Die zur Zeit lieferbaren Sprachspielsammlungen sind mit ☐ gekennzeichnet. Sie enthalten eine große Zahl der in der Untersuchung genannten Spieltexte.)

Andres, Stefan: Der Knabe im Brunnen. München: dtv 1961

Arp, Hans: Gesammelte Gedichte. Schifferli: Zürich 1963

☐ Auer, Martin: Was niemand wissen kann. Seltsame Verse und Sonderbare Geschichten. Weinheim: Beltz u. Gelberg o. J.

Barry, Roland: Kunterbuntes Sprachspielbuch. Freiburg: Herder 1979

Bartsch, Jochen; Kruse, Max: Windkinder. Reutlingen: Ensslin 1968

Baumann, Hans: Leseloewen Spaßgeschichten. Bayreuth: Loewes 1977[3]

Bernhard-von Luttitz, Marieluise: Bumfidel ist nicht auf den Mund gefallen. Lauter Lachgeschichten. Oetinger: Hamburg 1976 (als Sammelband)

Bernhard-von Luttitz, Marieluise: Bumfidel lacht sich krank. 7 × 7 Bumfidel-Geschichten. Reinbek bei Hamburg: Rowohlt 1975 – Bumfidel ist geplatzt. Neue Bumfidel-Geschichten 1976 – Bumfidel bleibt Bumfidel. 47 Geschichten 1977

Bichsel, Peter: Ein Tisch ist ein Tisch. Aus: Kindergeschichten. Luchterhand: Neuwied 6/1970

Bletschacher, Richard: Krokodilslieder. Maier: Ravensburg 1973

Bodden, Ilona: Da blies der Hund den Dudelsack. Freiburg: Herder 1977

Boldt, R. / Wandrey, U. (Hrsg.): Quatsch. Bilder, Reime und Geschichten. Reinbek bei Hamburg: Rowohlt 1974

Bröger, Achim: Der Ausreden-Erfinder und andere Bruno-Geschichten. Hannover: Schroedel 1978

Bull, Bruno Horst: Herr Teddy geht spazieren. Fischer: Göttingen 1973

Bull, Bruno Horst: Schabernack und Lesespaß – heute dies und morgen das. Boje: Stuttgart 1976

Carroll, Lewis: Alice im Wunderland. Übersetzt von Christian Enzensberger. Frankfurt: Insel 1963 (Tabu 42)

Carroll, Lewis: Alice hinter den Spiegeln. Übersetzt von Christian Enzensberger., Frankfurt: Insel 1963a (Tabu 97)

Christen, Viktor; Wulff, Jürgen (Hrsg.): Schnick Schnack Schabernack. Oldenburg und Hamburg: Stalling 1973

☐ Dencker, Klaus Peter (Hrsg.): Deutsche Unsinnspoesie. Stuttgart: Reclam 1995 (1978)

☐ Domenego, Hans, u. a.: Das Sprachbastelbuch. Esslingen, Wien: Esslinger Verl. J. F. Schreiber 1996[12] (Wien, München: Jugend und Volk 1975)

Domenego, Hans; Leiter, Hilde (Hrsg.): Im Fliederbusch das Krokodil singt wunderschöne Weisen. Wien – München: Jugend und Volk 1977

☐ Flemming, Irene; Fritz, Jürgen: Sprech-, Mal- und Schreibspiele für Grundschulkinder. Mainz: Grünewald 1995

Fuchs, Günther Bruno (Hrsg.): Die Meisengeige. Zeitgenössische Nonsensverse. München: Hanser 1964

☐ Fühmann, Franz: Die dampfenden Hälse der Pferde im Turm von Babel. Berlin: Der Kinderbuchverlag 1996 (1978)

Fuhrmann, Joachim (Hrsg.): Gedichte für Anfänger. Reinbek bei Hamburg: Rowohlt 1980

☐ Gärtner, Hans: Leseloewen Kinderrätsel. Bindlach: Loewe 1993

☐ Gärtner, Hans; Kernke, Gabriele: Ich lach mir einen Ast. Spaßgeschichten und Sprachspinnereien. Wien, München: Betz 1995

☐ Gebert, Helga: Das große Rätselbuch. Weinheim und Basel: Beltz 1986 (1979)

☐ Gelberg, Hans-Joachim (Hrsg.): Die Stadt der Kinder. Recklinghausen: Bitter 1969

☐ Gelberg, Hans-Joachim (Hrsg.): Überall und neben dir. Gedichte für Kinder. Weinheim, Basel: Beltz 1986

Gelberg, Hans-Joachim (Hrsg.): Geh und spiel mit dem Riesen. Erstes Jahrbuch der Kinderliteratur. Weinheim, Basel: Beltz 1971

Gelberg, Hans-Joachim (Hrsg.): Am Montag fängt die Woche an. Zweites Jahrbuch der Kinderliteratur. Weinheim, Basel: Beltz 1973

Gelberg, Hans-Joachim (Hrsg.): Menschengeschichten. Drittes Jahrbuch der Kinderliteratur. Weinheim, Basel: Beltz 1975

Gelberg, Hans-Joachim (Hrsg.): Der fliegende Robert. Viertes Jahrbuch der Kinderliteratur. Weinheim, Basel: Beltz 1977

Gelberg, Hans-Joachim (Hrsg.): Das achte Weltwunder. Fünftes Jahrbuch der Kinderliteratur. Weinheim, Basel: Beltz 1979

Gelberg, Hans-Joachim (Hrsg.): Wie man Berge versetzt. Sechstes Jahrbuch der Kinderliteratur. Weinheim, Basel: Beltz 1981

Gelberg, Hans-Joachim (Hrsg.): Augenaufmachen. Siebtes Jahrbuch der Kinderliteratur. Weinheim, Basel: Beltz 1984

Gelberg, Hans-Joachim (Hrsg.): Die Erde ist mein Haus. Achtes Jahrbuch der Kinderliteratur. Weinheim, Basel: Beltz 1988

Gelberg, Hans-Joachim (Hrsg.): Was für ein Glück. Neuntes Jahrbuch der Kinderliteratur. Weinheim, Basel: Beltz 1993

Gelberg, Hans-Joachim (Hrsg.): Oder die Entdeckung der Welt. Zehntes Jahrbuch der Kinderliteratur. Weinheim, Basel: Beltz 1997

Glonnegger, Erwin: Spiel mit. Ravensburg: Maier 1965

Gomringer, Eugen: worte sind schatten. die konstellationen 1951–1968. Reinbek bei Hamburg: Rowohlt 1969

☐ Gomringer, Eugen: konstellationen. ideogramme. stundenbuch.: Stuttgart: Reclam 1983 (1977)

☐ Gomringer, Eugen (Hrsg.): konkrete poesie. deutschsprachige Autoren. Stuttgart: Reclam 1996 (1972)

Graßhoff, Fritz: Halunkenpostille. Duisburg: Mercator 1968

Guggenmos, Josef: Was denkt die Maus am Donnerstag? Recklinghausen: Bitter 1967

Hacks, Peter: Der Flohmarkt. Zürich, Köln: Benziger 1973

☐ Härtling, Peter: Sofie macht Geschichten. Weinheim: Beltz u. Gelberg 1993

Heimeran, Ernst: Sonntags-Gespräche mit Nele. Tübingen: Heimeran 1960

☐ Heine, Helme: Fantadu. Köln: Mittelhauve 1979 (erweiterte Sonderausgabe)

Jandl, Ernst: Der künstliche Baum. Neuwied und Berlin: Luchterhand 1970

Jandl, Ernst: Laut und Luise. Neuwied und Berlin: Luchterhand 1971

Jandl, Ernst; Spohn, Jürgen: falamaleikum. Gedichte und Bilder. Darmstadt, Neuwied: Luchterhand 1983

Kirsch; Korn: Kunterbuntes Tiermagazin. Bayreuth: Loewes 1976

☐ Kohl, Eva Maria: Zauberstift. Schreibspiele Nr. 1–5. Berlin: Volk und Wissen 1993–1994

Krämer, Wolfgang: Aus Kindermund. München: Gäßler 1959[6]

Krüss, James: In Tante Julies Haus. Hamburg: Oetinger 1969

Krüss, James: James' Tierleben. München: Betz 1965

Krüss, James: So viele Tage wie das Jahr hat. Gedichte für Kinder und Kenner. Gütersloh: Bertelsmann 1959

Lindgren, Astrid: Lillebror und Karlsson vom Dach. Hamburg: Oetinger 1956

Maar, Paul: Onkel Florians fliegender Flohmarkt. Hamburg: Oetinger:1977

Manz, Hans: Worte kann man drehen. Weinheim und Basel: Beltz 1974

Manz, Hans: Kopfstehn macht stark. Neues Sprachbuch für Kinder. Weinheim und Basel: Beltz 1978

☐ Manz, Hans: Mit Wörtern fliegen. Neues Sprachbuch für Kinder und Neugierige. Weinheim und Basel: Beltz u. Gelberg 1995

☐ Manz, Hans: Die Welt der Wörter. Sprachbuch für Kinder und Neugierige. Weinheim und Basel: Beltz u. Gelberg 1996[4] (unter Einschluß der Titel 1974 u. 1978)

Manz, Hans: Da kichert der Elefant. Zürich, Frauenfeld: Nagel u. Kimche 1998

Mayer-Skumanz, Lene: ... weil sie mich nicht lassen. Wien: Herder 1977

Mebs, Gudrun: Sonntagskind. Aarau, Frankfurt am Main, Salzburg: Sauerländer 1983

☐ Mieder, Wolfgang (Hrsg.): Deutsche Sprichwörter und Redensarten. Arbeitstexte für den Unterricht. Stuttgart: Reclam 1998 (1979)

Morgenstern, Christian: Alle Galgenlieder. Leipzig: Insel 1944

Morgenstern, Christian: Gesammelte Werke in einem Band. München: Piper 1965

Morgenstern, Christian: Jubiläumsausgabe in vier Bänden. Band 1 Galgenlieder, Palmström und andere Grotesken (Hrsg. C. Heselhaus). München: Piper 1979

Pestum, Jo (Hrsg.): Auf der ganzen Welt gibt's Kinder. Würzburg: Arena 1976

Pregel, Dietrich / Blumenthal. Alfred u. a. (Hrsg.): Texte für die Primarstufe. 2. Schuljahr. Hannover: Schroedel 1972

Pregel, Dietrich / Blumenthal. Alfred u. a. (Hrsg.): Texte für die Primarstufe, 3. Schuljahr. Hannover: Schroedel 1973

Reidel, Marlene: Zungenbrecher. Eching bei München: Sellier 1983

Rettich, Margret: Minni ist die Größte. Bayreuth: Loewes 1977

Ruck-Pauquèt, Gina: In jedem Wald ist eine Maus, die Geige spielt. Recklinghausen: Bitter 1970

Schlupp, Volker (Hrsg.): Deutsches Rätselbuch. Stuttgart: Reclam 1972

☐ Schubiger, Jürg: Als die Welt noch jung war. Weinheim und Basel: Beltz 1996[2]

Schweiggert, Alfons: Seht, wie die Zeit vergeht. Weinheim, Basel: Beltz 1976

Spohn, Jürgen: Der Spielbaum. Gütersloh: Bertelsmann 1970

Steffens, Wilhelm (Hrsg.): Spiel und Spaß mit Sprache. Heft 1, 2. Schj. (zus. mit Gabriele Steffens) – Heft 2, 3./4. Schj. Frankfurt am Main: Hirschgraben Lesereihe 1978 (jetzt CVK)

Stempel, H. / Ripkens, M.: Bammel. Abenteuer eines Angsthasen. München: Ellermann 1973

Stiemert, Elisabeth; Altenberger, Hermann: Warum der Fuchs auf Socken ging. 26 klitzekleine Spaßgeschichten. Oldenburg, Hamburg: Stalling 1975[2]

Stiemert, Elisabeth; Helias, Delia: Die Sammelsuse und zwanzig andere Vorlese-Geschichten. Oldenburg, Hamburg: Stalling 19752

Stiemert, Elisabeth: Angeführt! Angeführt! Oldenburg, Hamburg: Stalling 1977

☐ Weller, Rainer: Sprachspiele. Arbeitstexte für den Unterricht. Stuttgart: Reclam 1995 (1977)

Wiemer, Rudolf Otto (Hrsg.): bundes deutsch. lyrik zur sache grammatik. Wuppertal: Hammer 1974

☐ Wolf, Gerhard: abhanden mit der hand – abfußen mit dem fuß. Antons liebste Wort-Spiel-Verse. Berlin: Janus Press 1997

Wölfel, Ursula: Siebenundzwanzig Suppengeschichten. Düsseldorf: Hoch 1968

Wölfel. Ursula: Achtundzwanzig Lachgeschichten. Düsseldorf: Hoch 1969

Wölfel. Ursula: Neunundzwanzig verrückte Geschichten. Düsseldorf: Hoch 1974

Wortstark. Werkstattheft 5 und 6. Erarbeitet von August Busse, Gabriele Cromme, Dieter Hintz und Ingrid Hintz. Hannover: Schroedel 1997

Sekundärliteratur

Andresen, Helga / Januschek, Franz: Mit Sprache spielen. Sprachbewußtheit – Sprachkritik. In: Praxis Deutsch 1995, H. 132, S. 23–27

Baacke, Dieter: Spiele jenseits der Grenze. Zur Phänomenologie und Theorie des Nonsense. In: Dencker, K. P. (Hrsg.) 1995, S. 355–377

Bausinger, Hermann: Formen der „Volkspoesie". Berlin: E. Schmidt 1968 (1980)

Beck, Oswald: Sprachspiele – Spiele mit Sprache. Zur Verflechtung rezeptiver und produktiver Sprachvorgänge im Deutschunterricht mit Beispielskizzen für Schreibanlässe im 2.–4. Schuljahr. In: Beck, Oswald / Payrhuber Franz-Josef / Steffens, Wilhelm: Praxis des Aufsatzunterrichts in der Grundschule. Freiburg: Herder 1981

Belke, Gerlind: Kinderverse und Sprachspiele im systematischen Sprachunterricht. In: Forytta, Claus / Hanke, Eva (Hrsg.): Lyrik für Kinder – gestalten und aneignen. Frankfurt am Main: Arbeitskreis Grundschule 1989, S. 178–193

Bernstein, Basil: Sozio-kulturelle Determinanten des Lernens. In: Sonderheft 4, Kölner Zeitschrift für Soziologie und Sozialpsychologie 1959

Böseke, Harry: Der Geschichtenzirkus. Kreative Sprach- und Erzählspiele. In: Spielzeit 1995, S. 106–108

Born, Monika: Sprachspiel – Spielen mit Sprache. In: jugendbuchmagazin 1988, H. 1, S. 2–8

Breinl, Josef: Peter Bichsel „Ein Tisch ist ein Tisch". Literarische Erziehung im 6. Schuljahr. In: Die Scholle 1979, H. 12, S. 954–958

Brenner, Gerd: Kreatives Schreiben. Ein Leitfaden für die Praxis. Frankfurt am Main: Scriptor 1990

Callies, Elke: Spielen in der Schule – Motivationale Aspekte. In: Daublewsky, Benita 1973, S. 227–251

Cassirer, Ernst: Versuch über den Menschen. Einführung in eine Philosophie der Kultur. Frankfurt am Main: Fischer 1990 (engl. 1944)

Cromme, Gabriele: Werkstatt Gedichte. Ein eigenes Gedicht zusammensetzen. In: Wortstark. Werkstattheft 5. Erarbeitet von August Busse, Gabriele Cromme, Dieter Hintz und Ingrid Hintz. Hannover: Schroedel 1997, S. 21–26

Cromme, Gabriele: Die Magie des Sprachklangs – Hugo Balls „Karawane" im Deutschunterricht. In: Pohl, Inge / Pohl, Jürgen (Hrsg.): Texte über Texte. Interdisziplinäre Zugänge. Frankfurt: Lang 1998, S. 107–120

Daublewsky, Benita: Spielen in der Schule. Vorschläge und Begründungen für ein Spielcurriculum. Stuttgart: Klett 1973

Dencker, Klaus Peter: Text-Bilder. Visuelle Poesie international. Von der Antike bis zur Gegenwart. Köln: Dumont 1972

Dencker, Klaus Peter (Hrsg.): Deutsche Unsinnspoesie. Stuttgart: Reclam 1995 (1978)

Die Grundschulzeitschrift 1998. Spielen mit Sprache. H. 111

Duncker, Karl: Zur Psychologie des produktiven Denkens. Berlin 1935 (Berlin, Heidelberg, New York: Springer 1974)

Duncker, Ludwig: Spiel und Phantasie. Eine kreative Form von Weltaneignung. In: Spielzeit 1995, S. 4–5

Eco, Umberto: Einführung in die Semiotik. München: Fink 1972 (ital. 1968)

Flechsig, Karl-Heinz: Erziehen zur Kreativität. In: Neue Sammlung 1966, H. 2, S.129–141

Freitag, Christian: Rätsel. In: Doderer, Klaus (Hrsg.): Lexikon der Kinder- und Jugendliteratur. Bd. 111. Weinheim, Basel: Beltz 1979, S. 115–118

Gatti, Hans: Schüler machen Gedichte. Freiburg: Herder 1979

Gerth, Klaus: Lyrische Texte. In: Praxis Deutsch 1975, H. 11, S. 13–16

Gomringer, Eugen: worte sind schatten. die konstellationen. 1951–1968. Reinbek bei Hamburg: Rowohlt 1969

Gomringer, Eugen: konstellationen. ideogramme. stundenbuch. Stuttgart: Reclam 1983 (1977)

Gomringer, Eugen (Hrsg.): konkrete poesie. deutschsprachige Autoren. Stuttgart: Reclam 1996 (1972)

Gössmann, Wilhelm: Sätze statt Aufsätze. Schriftliches Arbeiten auf der Primarstufe. Düsseldorf: Schwann 1976

Grömminger, Arnold / Ritz-Fröhlich, Gertrud: Umgang mit Texten in Freizeit, Kindergarten und Schule. Freiburg: Herder 1974

Grundschulunterricht 1995, Heft 4

Guilford, J. P.: Kreativität. In: Mühle, G. / Schell, Chr. 1970, S. 13–36

Guilford, J. P: Grundlegende Fragen beim kreativitätsorientierten Lernen. In: Mühle, G. / Schell, Chr. 1970, S. 139–164

Haas, Gerhard: Textkombination als Form der Interpretation. In: Westermanns Pädagogische Beiträge 1971, H. 9, S. 473

Haas, Gerhard: Handlungs- und produktionsorientierter Literaturunterricht in der Sekundarstufe. Hannover: Schroedel 1997

Heinelt, Gottfried: Kreative Lehrer. Kreative Schüler. Herder: Freiburg 1974

Heißenbüttel, Helmut: einleitung. In: Gomringer, Eugen 1969

Heißenbüttel, Helmut: Nachwort. In: Jandl, Ernst: Laut und Luise. Neuwied, Berlin 1971

Helmers, Hermann: Lyrischer Humor. Strukturanalyse und Didaktik der komischen Versliteratur. Stuttgart: Klett 1971

Helmers, Hermann: Sprache und Humor des Kindes. Stuttgart: Klett 1965

Hetzer, Hildegard: Kind und Jugendlicher in der Entwicklung. Hannover: Schroedel 1948

Huizinga, Johan: Homo Ludens. Vom Ursprung der Kultur im Spiel. Hamburg 1987 (1938)

Jahn, Günter: Sprachliche Gestaltungsversuche auf der Unter-, Mittel- und Oberstufe. In: Pielow, Winfried / Sanner, Rolf (Hrsg.) 1973, S. 105–120

Karst, Theodor (Hrsg.): Kinder- und Jugendlektüre im Unterricht. Band 1: Primarstufe. Bad Heilbrunn/Obb.: Klinkhardt 1978

Kern, Artur und Erwin: Sprachschöpferischer Unterricht. Freiburg: Herder o. J. (1951)

Kern, Artur: Muttersprache Mutterlaut. Freiburg: Herder 1958

Kleinschmidt / Kolbe: Gefunden. Gedichte für die Grundschule. Lehrerband. Frankfurt am Main: Diesterweg 1987

Kliewer, Heinz-Jürgen: Elemente und Formen der Lyrik. Hohengehren: Schneider 1974

Kochan, Detlev C.: Sprache als soziales Handeln. In: Praxis Deutsch 1974, H. 3, S. 17–20

Köller, Wilhelm: Der sprachtheoretische Wert des semiotischen Zeichenmodells. In: Spinner, Kaspar H. (Hrsg.): Zeichen, Text, Sinn. Zur Semiotik des literarischen Verstehens. Göttingen: Vandenhoek 1977, S. 7–77

Kohl, Eva Maria: Lehrerband zu den Zauberstiften 1-5. Abenteuer Sprache – Freies Schreiben in der Grundschule. Berlin: Volk und Wissen 1994

Kohl, Eva Maria: Für ein Grammatik der Phantasie. Mit Sprache spielen im Unterricht. In: Die Grundschulzeitschrift 1998, H. 111, S. 6–11

Kohl, Eva Maria: Sprachspiele. Anregungen und Ideen für den Deutschunterricht. In: Die Grundschulzeitschrift 1998a, H. 111, S. 23–42

Koller, Werner: Die einfachen Wahrheiten der Redensarten. In: Sprache und Literatur in Wissenschaft und Unterricht 1985, H. 56, S. 26–36

Kopfermann, Thomas: Einführung. In: Wunberg, G. (Hrsg.) 1974

Krüger, Anna: Kinder- und Jugendbücher als Klassenlektüre. Berlin: Luchterhand 1963 (3. Auflage Weinheim: Beltz u. Gelberg 1973)

Kruse, Norbert: Spiele mit Sprache und der Erwerb sprachlicher Mittel. Anmerkungen zum Verhältnis von Spielen und Lernen. In: Die Grundschulzeitschrift 1998, H. 111, S. 46–48

Lange, Günter / Steffens, Wilhelm (Hrsg.): Moderne Formen des Erzählens in der Kinder- und Jugendliteratur der Gegenwart unter literarischen und didaktischen Aspekten. Würzburg: Königshausen u. Neumann 1995

Langheinrich, Claus: Konkrete Poesie. Visuelle Texte. Beispiele für die Grund- und Hauptschule. München: Ehrenwirth 1979

Liede, Alfred: Dichtung als Spiel. Studien zur Unsinnspoesie an den Grenzen der Sprache. 2 Bd.. Berlin: de Gruyter 1963

Mattenklott, Gundel: Kinderliteratur – Eine Reise ohne Ankunft. In: 1001 Buch 1992, H. 4, S. 2–13

Menzel, Wolfgang: Kreativität und Sprache. In: Praxis Deutsch 1974, H. 5, S. 14–21

Menzel, Wolfgang: Kreativität und Sprache. In: Praxis Deutsch 1977, Sonderheft Dez., S. 3–9

Metzger, Wolfgang: Psychologie in der Erziehung. Bochum: Kamp 1971 (TaBu 51)

Mieder, Wolfgang (Hrsg.): Deutsche Sprichwörter und Redensarten. Arbeitstexte für den Unterricht. Stuttgart: Reclam 1995 (1979)

Mon, Franz: Die Buchstaben beim Wort genommen. In: Der Deutschunterricht 1987, H. 3, S. 5–22

Motté, Magda: Moderne Lyrik. Begriff – Geschichte – Literarische Kommunikation – Bestandsaufnahme. Frankfurt am Main, Bern: Peter Lang 1983

Mühle, Günther; Schell, Christa: Kreativität und Schule, München: Piper 1970

Müller, Gerd: Wortbildung und Wortspiel – ein Lehrgang im 5. Schuljahr. In: Der Deutschunterricht 1978, H. 5, S. 5–17

Nöth, Winfried: Semiotik. Eine Einführung mit Beispielen für Reklameanalysen. Tübingen: Niemeyer 1975

Oevermann, Ulrich: Schichtenspezifische Formen des Sprachverhaltens und ihr Einfluß auf die kognitiven Prozesse. In: Begabung und Lernen (Hrsg. Heinrich Roth), Stuttgart: Klett 1969

Pape Walter: Zwischen Sprachspiel und Sprachkritik. Zum literarischen Spiel mit der wörtlichen Bedeutung von Idiomen. In: Sprache und Literatur in Wissenschaft und Unterricht 1985, H. 56, S. 2–13

Payrhuber, Franz-Josef: Gedichte im Unterricht – einmal anders. München: Oldenbourg 1993

Payrhuber, Franz-Josef (Hrsg.): Schreiben lernen. Aufsatzunterricht in der Grundschule. Hohengehren: Schneider 1998

Pielow, Winfried / Sanner, Rolf (Hrsg.): Kreativität und Deutschunterricht. Stuttgart: Klett 1973

Plett, Heinrich F.: Textwissenschaft und Textanalyse. Heidelberg: Quelle u. Meyer 1975 (UTB 328)

Praxis Deutsch: Spiele mit Sprache. 1974, H. 5

Praxis Deutsch: Kreativität. 1977, Sonderheft, Dezember

Praxis Deutsch: Kreatives Schreiben 1993, H. 119

Praxis Deutsch: Handlungs- und produktionsorientierter Literaturunterricht 1994, H. 123

Psaar, Werner: Spiel und Umwelt in der Kinderliteratur der Gegenwart. Ein Beitrag zur Literaturdidaktik in der Grundschule. Paderborn: Schöningh 1973

Reumuth, Karl: Der muttersprachliche Unterricht. Berlin, Bonn, Brannenburg/Obb.: Dürrsche Buchhandlung 1954 (Reumuth/Schorb 1963)

Ritz-Fröhlich, Gertrud: Kreativer Umgang mit lyrischen Texten. In: Grömminger / Ritz-Fröhlich: Umgang mit Texten in Freizeit, Kindergarten und Schule. Freiburg: Herder 1974

Ritz-Fröhlich, Gertrud: Weiterführender Leseunterricht in der Grundschule. Bad Heilbrunn: Klinkhardt 1973 (1978[4])

Rodari, Gianni: Grammatik der Phantasie. Die Kunst, Geschichten zu erfinden. Leipzig: Reclam 1992 (ital. 1973)

Röhrich, Lutz: Lexikon der sprichwörtlichen Redensarten. 4 Bände. Freiburg, Basel, Wien: Herder 1979 (Erstausgabe in 2 Bänden 1973)

Roth, Heinrich: Pädagogische Psychologie des Lehrens und Lernens. Hannover: Schroedel 1957 (1976[15])

Sanner, Rolf: „Spiel" und „Spielregel" im kreativen Prozeß. In: Pielow / Sanner (Hrsg.) 1973, S. 26–40

Schäfer, Gerd F.: Das Selbst im Spiel. In: Zeitschrift für Pädagogik 1980, H. 1, S. 13–27

Scheuerl, Hans: Beiträge zur Theorie des Spiels. Weinheim 1969[9] (1955), jetzt 1991[11] unter dem Titel: Theorie des Spiels)

Scheuerl, Hans: Das Spiel. Untersuchungen über sein Wesen, seine pädagogischen Möglichkeiten und Grenzen. Neuausgabe Weinheim 1979 (1954), jetzt 1990[11]

Schmidt, Klaus: Kreativität im Rahmen kommunikationsdidaktischer Konzepte des Deutschunterrichts. In: Der Deutschunterricht 1979, Heft 3, S. 54–68

Schmieder, Doris / Rückert, Gerhard: Spielen und Lernen mit Ideogrammen. In: Praxis Deutsch 1974, H. 5, S. 40–41

Schmieder, Doris / Rückert, Gerhard: Kreativer Umgang mit konkreter Poesie. Freiburg: Herder 1977

Schneider, Wolf: Wörter machen Leute. München, Zürich: Piper 1976

Schober, Otto (Hrsg.): Sprachbetrachtung und Kommunikationsanalyse. Kronberg/Ts.: Scriptor 1980

Schulz, Gudrun: Umgang mit Gedichten. Berlin: Cornelsen, Scriptor 1997

Schuster, Karl: Das Spiel und die dramatischen Formen im Deutschunterricht. Hohengehren: Schneider 1994

Schuster, Karl: Das personal-kreative Schreiben im Deutschunterricht. Hohengehren: Schneider 1995

Seidel, Brigitte: Schüler spielen mit Sprache. Sprachunterricht vom 1. bis 10. Schuljahr. Stuttgart, Berlin, Köln, Mainz: Kohlhammer 1983

Seidemann, Walter: Der Deutschunterricht als innere Sprachbildung. Leipzig 1926, Heidelberg: Quelle u. Meyer 1965[7]

Spielzeit. Spielräume in der Schulwirklichkeit. Friedrich Jahresheft 1995, XIII, hrsg. von Ulrich Baer, Knut Dietrich, Gunter Otto

Spinner, Kaspar H.: Semiotische Grundlegung des Literaturunterrichts. In: Spinner K. H. (Hrsg.): Zeichen, Text, Sinn. Zur Semiotik des literarischen Verstehens. Göttingen: Vandenhoeck 1977, S. 125–164

Spinner, Kaspar H.: Kreatives Schreiben. In: Praxis Deutsch 1993, H. 119, S. 17–23

Spitta, Gudrun: Kinder schreiben eigene Texte. Klasse 1 und 2. Frankfurt am Main: Cornelsen, Scriptor 1985 (1988[3])

Spitta, Gudrun: Schreibkonferenzen in Klasse 3 und 4. Frankfurt am Main: Cornelsen, Scriptor 1992

Steffens, Wilhelm: Sach- und Sprachunterricht. In: Schmidt, Erhard (Hrsg.): Standardwerk des Lehrers. Das erste Schuljahr. Bochum: Kamp 1973

Steffens, Wilhelm: Deutschunterricht in der Grundschule im Spiegel neuer Lesewerke. In: Lesewerke und Texte für die Grundschule. Frankfurt 1975: Arbeitskreis Grundschule S. 21/22, S. 5–37

Steffens, Wilhelm: Spielen mit Sprache. Aspekte eines kreativen Sprach- und Literaturunterrichts. Frankfurt am Main: Hirschgraben 1981

Steffens, Wilhelm: „Zwicke-Zwein". Ein Sprech-, Lese-, Mal- und Schreibspiel. In: Praxis Deutsch 1981a, H. 46, S. 15–15

Steffens, Wilhelm: Spielen mit Sprache als Schreibanlaß. Eine Perspektive literarischen Schreibens im 5. und 6. Schuljahr. In: Payrhuber, Franz-Josef (Hrsg.): Praxis des Aufsatzunterrichts in der Sekundarstufe. Freiburg: Herder 1982, S. 31–72

Steffens, Wilhelm: Prosaformen der Kinderliteratur. Unterrichtsmodelle für den Deutschunterricht in der Grundschule. Frankfurt am Main: Hirschgraben 1986

Steffens, Wilhelm: Literarische und didaktische Aspekte des modernen realistischen Kinderbuchs. In: Die Grundschulzeitschrift 1990, H. 39, Teil I, S. 30–34, H. 40, Teil II, S. 28–35

Steffens, Wilhelm: Beobachtungen zum modernen realistischen Kinderroman. In: Lange, Günter / Steffens, Wilhelm (Hrsg.) 1995, S. 25–49

Steffens, Wilhelm: Kinderromane im Deutschunterricht der Primarstufe unter besonderer Berücksichtigung der Erzähl- und Kommunikationsstrukturen. In: Lange, Günter / Steffens, Wilhelm (Hrsg.) 1995a, S. 155–179

Steffens, Wilhelm: Projektorientierte Arbeit mit Kindern im Leseunterricht. In: Schulz, Gudrun / Ossowski, Herbert (Hrsg.): Lernen als genußvolles Aneignen der Künste. Hohengehren: Schneider 1997, S. 66–90

Steffens, Wilhelm: Literarische Schreibanlässe. Kinderbücher. In: Payrhuber, Franz-Josef (Hrsg.) 1998, S. 201–202, 222–242, 254–271

Steinbrinker, Günther: Eigenes Gestalten von lyrischen Vorformen in der Grundschule. In: Pielow, Winfried / Sanner, Rolf (Hrsg.) 1973, S. 121–141

Ulmann, Gisela: Kreativität. Neue amerikanische Ansätze zur Erweiterung des Intelligenzkonzepts. Weinheim, Berlin, Basel 1970² (1968)

Ulrich, Winfried: Wortbildungsspiele – Semantik des komplexen Wortes. In: Diskussion Deutsch 1976, H. 3, S. 424–437

Ulrich, Winfried: Linguistik für den Deutschunterricht. Braunschweig: Westermann 1977

Ulrich, Winfried: Der Witz im Deutschunterricht. Braunschweig: Westermann 1979

Vogdt, Ines-Bianca: Wunderhorn und Sprachgitter. Geschichte der intentionalen Kinderlyrik seit dem 18. Jahrhundert. München: Fink 1998

Waldmann, Günter: Produktiver Umgang mit Lyrik. Hohengehren: Schneider 1988 (3. korr. Auflage 1994)

Watzke, Oswald: Umgang mit einem Sprachbastelbuch im 1./2. Schuljahr. In: Karst, Theodor (Hrsg.): Kinder- und Jugendlektüre im Unterricht. Bad Heilbrunn/Obb.: Klinkhardt 1978

Weiler, Rainer: Sprachspiele. Arbeitstexte für den Unterricht. Stuttgart: Klett 1995 (1977)

Weinert, Franz E.: Kreativität – Fakten und Mythen. In: Psychologie heute 1991, H. 9, S. 30–37

Weinrebe, Helge M. A.: Vom Umgang mit Witzen. Zur Didaktik und Methodik von Witz und Witzigem. Frankfurt am Main, Berlin, München: Diesterweg 1979

Weisgerber, Leo: Von den Kräften der Deutschen Sprache. Band I Grundzüge der inhaltsbezogenen Grammatik. Band II Die sprachliche Gestaltung der Welt. Düsseldorf: Schwann 1962³ (1950 in einem Band: Weltbild der deutschen Sprache)

Wermke, Jutta: Kreativität als Paradoxe Aufgabe. Band 1: Entwicklung eines Konzepts der Kreativität und ihrer Förderung durch Literatur. – Band 2: Empirische Überprüfung literaturdidaktischer Möglichkeiten der Kreativitätsförderung. Weinheim: Studienverlag 1994² (1. Aufl. unter dem Titel: Hab a Talent, sei a Genie 1989)

Wertheimer, M.: Produktives Denken. Frankfurt am Main: W. Kramer 1957 (New York 1945)

Whorf, Benjamin Lee: Sprache Denken Wirklichkeit. Beiträge zur Metalinguistik und Sprachphilosophie. Reinbek bei Hamburg: Rowohlt 1963

Wiemer, Rudolf Otto: bundes deutsch. lyrik zur sache grammatik. Wuppertal: Hammer 1974

Wildemann, Monika: Kleiner lyrischer Baukasten. In: Die Grundschulzeitschrift 1998, H. 111, S. 12–15

Winterling, Fritz: Kreative Übungen oder Gestaltungsversuch. Abriß einer Didaktik produktiver Befreiung im Deutschunterricht. In: Diskussion Deutsch 1971, H. 1, S. 243–264

Wunberg, Gotthart (Hrsg.): Deutsche Texte 33. Theoretische Positionen zur konkreten Poesie. Texte und Bibliographie. Tübingen: Niemeyer 1974

Wunderlich, Dieter: Die Rolle der Pragmatik in der Linguistik. In: Der Deutschunterricht 1970, H. 4, S. 5–41

Wunderlich, Dieter (Hrsg.): Linguistische Pragmatik. Frankfurt am Main: Athenäum 1972